아이 중심
상호 놀이

미술·과학·자연·몸·역할 등 상호 창의 놀이 153

아이 중심 상호 놀이

초판 2쇄 발행 2021년 4월 12일

지은이 | 최연주, 정덕영
감수 | 최은정

펴낸이 | 박현주
디자인 | 인앤아웃
편집 | 김정화
사진 | 정덕영, 정기훈
아이 모델 | 강재원, 신희원, 신희은, 안준후, 안온후, 안나후, 엄하윤
오하린, 이누엘, 이루야, 이병호, 이진아, 임리솔, 정다은, 정지유, 하유진
마케팅 | 유인철
인쇄 | 미래피앤피

펴낸 곳 | (주)아이씨티컴퍼니
출판 등록 | 제2016-000132호
주소 | 서울시 강남구 논현로20길 4-36, 202호
전화 | 070-7623-7022
팩스 | 02-6280-7024
이메일 | book@soulhouse.co.kr

ISBN I 979-11-88915-31-6 13590
ISBN I 979-11-88915-32-3 (세트)

미술·과학·자연·몸·역할 등 상호 창의 놀이 153

아이중심 상호놀이

최연주 · 정덕영
감수 최은정

SOULHOUSE

추천사

아이를 성장시켜줄 종합선물세트

아이들에게 놀이란 일상생활과 같습니다. 그런데 요즘 아이들을 보면 아이들의 일상이어야 하는 놀이를 장난감과 키즈카페, 텔레비전이나 주변 매체들이 대신하고 있는 것 같아 안타깝습니다. 놀이는 아동심리치료사인 제게는 직업이기도 하지만, 아이를 있는 그대로 만나는 장을 만들어주고 아이를 성장시켜주는 마술봉이기도 합니다. 놀이는 마음을 열고, 삶에 필요한 능력을 훈련하도록 도와주는 힘이 있습니다.

공원을 자유롭게 뛰놀고, 부모 앞에서 해맑게 웃는 아이를 보면 마음이 녹아내립니다. 하지만 더 놀고 싶다고 떼를 쓰며 자지 않고, 아무리 놀아도 다 못 놀았다고 우는 아이를 보면 당황스럽기도 합니다. 그래서 우리는 때로 너무 피곤하고 힘들어서 놀이를 통해 아이의 마음을 보기보다는, 빨리 아이가 울음을 멈추기를 바라며 공갈젖꼭지를 물리듯 놀이를 숙제처럼 끝내 버리곤 합니다.

아이들이 놀고 싶다는 것은 단순히 장난감 놀이를 하고 싶다는 것이 아니라 '사랑하는 엄마·아빠랑 함께하고 싶어요. 친구와 함께 즐겁게 지내고 싶어요'라는 아이들의 마음입니다. 놀이는 내가 살아있음을 느끼는 즐거움과 관계의 기쁨입니다. 즐거운 놀이는 아이들의 성장 비타민이자 치유제입니다. 둘이 마주 보며 눈 맞추고, 서로 즐거운 정서를 공유하며 마음을 회복하도록 돕지요.

《아이 중심 상호 놀이》는 부모와 아이, 친구들과 우리 아이가 함께하면서 관계의 기쁨을 경험할 수 있도록 안내하는 책입니다. 놀이의 본질적 즐거움을 알려주는 책이자, 엄마로서 아이에게 전해주고픈 사랑과 즐거움이 담긴 따뜻한 놀이로 가득한 책입니다.
이 책의 감수를 맡아 들여다보면서 역시 이 책은 '엄마의 사랑으로 만든 책이구나' 생각했습니다. 모든 놀이가 아이의 창의성을 촉진하고, 사회성과 정서발달, 소근육 발달까지 고려하고 있어 아이를 성장시켜줄 종합선물세트와 같습니다.

이 책에는 아이가 부모나 친구, 혹은 혼자서 놀이하며 경험할 수 있는, 무지개 같은 다양한 즐거움과 성장을 촉진할 수 있는 놀이들이 담겨있습니다. 아이들은 이 책에 나온 놀이를 하면서 자연스럽게 친구와 신나게 놀면서 주의력이 촉진되고, 마음껏 웃으면서 유연해지고, 열심히 놀잇감을 만들면서 손이 야물어지고, 놀이를 통해 친구와 마음을 나누게 될 것입니다. 즐거움, 사랑, 기쁨, 성취와 기대, 아쉬움, 공감 등의 수많은 것들을 경험할 것입니다. 그리고 새로운 것을 창의적으로 시도하는 씨앗이 심길 것이고, 새로운 동기를 실현하며 자신의 엄청난 능력을 발휘할 것입니다.

아이들의 놀이라는 즐거운 활동을 부모가 어떻게 인식하고, 어떤 방법으로 접근하는지에 따라 놀이의 즐거움과 효과는 확연히 달라집니다. 지금부터 이 책에 엮어진 상호 놀이와 창의 놀이를 통해 우리 아이와 놀이의 본질적 즐거움을 마주하는 행복을 경험해보시길 바랍니다.

《육아 고민? 기질 육아가 답이다!》 저자
아동심리전문가 최은정

"엄마도 어릴 때 이거 했어?"

《아이 중심 창의 놀이》를 내고 일 년이 지났습니다. 아이는 여전히 그리며, 만들며, 놀며 그렇게 건강하게 자라고 있습니다. 엄마만 보면 '놀아 달라' 노래를 부르던 아이는 이제 초등학생이 되어 그런지 "심심해, ○○랑 놀면 안 돼?", "나 언제 마실 가?"란 말을 더 자주 합니다. 엄마와 노는 것도 좋지만 친구랑 노는 것이 더 재미있어서입니다.

성미산 어린이집을 졸업한 후에도 집에서 성미산 친구들과 함께하는 마실이 잦다 보니 아이들끼리 노는 것을 자주 관찰하게 됩니다. 그렇게 애타게 찾던 친구와 사이좋게 놀다가도 어느 순간 툭탁거립니다. "내 장난감 허락 없이 손대지 마!", "왜 너 맘대로만 놀려고 해?", "왜 너만 좋은 거 하려고 해?" 수없이 토라지고 다시 놀기를 반복합니다. 외동이어서 그런가, 배려심이 부족한 건 아닌가, 싸우지 말라고 잔소리를 해야 하나 고민을 하다가도 잠시 마음을 비우고 지켜봅니다.
이 모든 것이 경험이고 성장이겠죠. 오늘 저렇게 세 번 다투면 다음엔 두 번 다투겠지 하면서 아이들이 노는 것을 지켜봅니다. 엄마와 놀이를 통해 자라던 아이는 이제 친구들과 열심히 관계를 쌓고 공감을 형성하며 사회성을 발달하고 있습니다. 놀이를 통해 조금씩 상대방에 대한 배려를 배워나가고, 자신이 주도할 수 있는 부분을 찾아 나갑니다.

《아이 중심 상호 놀이》에는 친구들과 같이하는 놀이를 많이 다루었습니다. 그리고 예전에 제가 어릴 적 하던 전래놀이도 실었습니다.
"엄마도 어릴 때 이런 놀이를 했어?", "엄마도 이거 알아?" 같이 놀이하면서 지유에게 자주 듣는 말입니다. 엄마도 자기처럼 일곱 살이었다는 게, 자기처럼 사방치기를 좋아했었다는 게 아이에게는 매우 신기한 모양입니다. 그런 놀이를 지금 자기도 한다는 걸 자랑스러워하는 모습이 한없이 귀엽고 사랑스럽습니다.
'해골바가지' 노래 그림을 아이와 같이하면서 아이만의 노래도 만들었습니다. 비가 오면 공벌레들이 담쟁이 사이로 잔뜩 나오는 것을 기억한 아이는 "공벌레 세 마리가 꾸물거려요." 하면서 지렁이 대신 점을 마구 찍습니다. 그래서 주름 대신 점이 많은 해골바가지가 그려졌지요. 이렇게 놀이를 개발하는 아이의 창의성에 감탄하기도 했습니다.

2020년 한 해를 강타한 코로나 19로 아이와 집에서 보내는 시간이 넘쳐나게 되었습니다. 초등학교에 입학하여 학교에서, 운동장에서 친구를 만나 뛰어놀아야 했을 아이가 집에서 컴퓨터를 들여다보고 혼자 '심심해' 노래를 부릅니다. 아이와의 시간에 최선을 다하려 하지만, 아이도, 엄마도 지치는 시간입니다.
텔레비전이나 유튜브에 육아를 맡기고 싶은 유혹에 빠지기도 합니다. 그럴 때마다 아이가 스스로 몰입하여 즐거워할 수 있는 창의 놀이, 언컨택트 시대에 부족한 관계 맺기를 도와줄 수 있는 상호 놀이, 내적인 성장을 끌어낼 수 있는 역할 놀이, 신체 활동을 늘려줄 수 있는 몸 놀이는 무엇이 있을까 고민하며 새로운 놀이를 하나씩 찾아 실었습니다. 그리고 상호 놀이를 하며 생길 수 있는 갈등 상황에 대해 어떻게 해결하면 좋은지, 아동심리전문가 최은정 선생님의 자문을 얻었습니다.

선배 엄마들이 이야기합니다. "지금을 즐겨! 조금만 있으면 아이가 날 찾지도 않아." 예기치 않게 늘어난 아이와의 시간을 어떻게 보내는 게 좋은지 고민하는 부모님이 많으실 겁니다. 이 책의 놀이로 아이가 엄마를 찾는 이 시간을 조금 더 행복하고 즐겁게 채울 수 있기를 바랍니다.

지유 엄마 도로시 최연주

Q 한 친구가 놀이를 일방적으로 주도하면 개입해야 하나요?

Ⓐ 놀이에서 가장 중요한 것은 상호호혜성입니다. 즉, 나도 좋고 너도 좋은 놀이가 좋은 놀이입니다. 유아기는 아직 자기중심성이 발달 특성으로 나타나는 시기이지만 함께 놀이할 때 한 아이가 정한 대로만 놀이한다면 주장하는 아이, 수용해주는 아이 모두에게 놀이가 상호호혜적이라는 것을 가르쳐 줄 기회가 없어집니다. 이럴 때는 어른의 개입이 필요합니다. 서로 한 번씩 좋아하는 놀이를 선택하게 하거나, 역할을 번갈아 하게 하거나, 함께할 수 있는 놀이를 선택하도록 도와주세요. 그것이 상대를 배려하며 배우는 주도성입니다.

Q 우리 아이가 자꾸 소외되는데 그냥 지켜봐야 할까요?

Ⓐ 집단놀이에서 아이들은 우르르 몰려다니며 놀이를 전환합니다. 그런데 집중력이 좋고, 한 가지를 오래 지속하여 놀이하는 아이들은 이러한 빠른 놀이 전환에 적응하기가 어려워 의도치 않게 외톨이가 되기도 합니다. 또한 잡기 놀이에서 한 명이 계속 술래를 하거나, 공격을 당해 깊은 소외감과 좌절을 느끼기도 합니다. 이처럼 집단에서 아이들끼리 놀이하면서 아무도 상처받지 않아야 하는 질서가 깨져 있다면 어른은 '함께'라는 가치를 가르쳐야 합니다. 놀이를 할 때 모두 즐거워지려면 규칙을 만들자고 제안하며 순서를 정한다거나, 모두 한 마디씩 하게 해준다거나, 하고 싶은 것을 서로 말하고 들을 수 있게 도와주는 것이 좋습니다.

Q 장난이 너무 심한 친구가 있는데 어떻게 해야 할까요?

Ⓐ 놀이에서 유난히 심한 장난을 치는 아이들이 있습니다. 잠깐은 즐거운 에피소드가 되지만 심한 장난이 계속되면 놀이의 흐름을 깨뜨리거나 방해꾼이 되기도 합니다. 이런 아이들은 놀이를 흥미롭게 하는 방법을 잘 모르거나, 미숙한 능력을 들킬까 봐 과장하는 것이거나, 주변을 인식하는 눈치가 없거나, 각성이 높은 아이들인 경우가 많습니다. 이런 행동에 정색하며 나무라는 것은 적절하지 않지만, 아이의 의도를 알아차려 주되 세련된 방법으로 흥미를 만들 방법과 자신을 보호하는 방법, 주변을 인식하도록 개입해주는 것은 필요합니다.

Q 친구랑 계속 갈등이 생기면 언제, 어떻게 개입해야 할까요?

Ⓐ 아이들의 놀이 중 갈등은 자연스러운 일입니다. 그러나 갈등에서 자신의 의견을 주장하는 것이 아니라 자신과 타인을 해치는 행동을 한다면 개입해야 합니다. 또 서로의 마음과 감정을 이야기하며 주고받는 것이 아니라 한쪽이 폭압적이거나 반대로 경직되어 있다면 성인 중재자가 필요합니다. 좋은 갈등 중재는 각자의 주관적인 상황과 주장을 인정해주고, 서로를 만족시킬 수 있는 대안을 제시하거나 찾을 수 있도록 안내해주는 것입니다. 만약 아이가 친구들과 놀이할 때 자꾸 친구를 탓하고 토라진다면 우리 아이와 친구 각자가 잘하고 있는 부분과 배려하고 있는 부분을 서로 인식할 수 있도록 말로 알려주세요. 서로의 긍정적인 부분을 지각할수록 좌절과 서운한 마음을 회복할 수 있는 마음의 공간이 생깁니다.

Q 놀이에 지면 흥분하고 난리가 납니다. 어떻게 해야 할까요?

Ⓐ 이미 놀이가 시작된 후에 승부와 결과를 놓고 중재를 하는 것은 자기중심적 발달 특성을 갖는 유아기에는 매우 어렵습니다. 그러니 승리욕이 높은 아이들에게는 놀이 시작 전에 구조를 명확히 하는 것이 중요합니다. 승패가 있는 놀이에서 지시는 누가 할지, 정확한 성공과 실패의 카운트, 서로가 생각하는 반칙의 기준들을 명확하고 구체적으로 공유해야 합니다.

Q 놀이가 너무 과격하다면 말려야 할까요?

Ⓐ 아이들은 놀다가 싸우는 경우가 종종 있습니다. 특히 거친 신체 놀이를 좋아하는 아이들은 서로 몸을 엉키고 놀다가 주먹다짐을 하기도 하고, 영웅 놀이를 하다가 갑자기 서로를 이기겠다고 싸움을 하기도 합니다. 이렇게 놀이가 싸움이 되어버리는 것은 신체 놀이를 할 때 최소한의 규칙이 없었기 때문입니다. 자칫 놀이가 기분만 각성시키는 흥분 놀이가 되어 버리는 것이지요. 따라서 칼싸움을 한다면 칼을 휘두르는 강도를 정하거나, 서로 칼을 부딪치는 흉내만 내자고 협의를 하는 등 최소한의 규칙과 약속을 정하도록 개입하는 게 좋습니다.

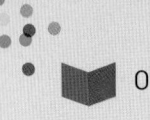

이 책의 활용법

이 책으로 아이와 즐거운 놀이 시간을 보내는 방법

1. 책을 펼치고 아이에게 하고 싶은 것, 만들고 싶은 것을 고르게 합니다.
2. 준비물을 준비해주고 아이가 스스로 책을 보며 만들 수 있도록 합니다.
3. 엄마가 도와주어야 할 단계만 개입하여 도와줍니다(주의 마크를 참고하세요).
4. 결과물은 중요하지 않습니다. 만드는 과정을 놀이로 즐길 수 있도록 합니다.
5. 각 과정에서 적당한 대화가 오간다면 모든 놀이가 상호 놀이가 될 수 있습니다.

영역 미술 놀이, 과학 놀이, 자연 놀이, 몸 놀이, 상호 놀이, 손놀이, 역할 놀이 이렇게 7가지 영역으로 나누어져 있어요.

아동심리전문가의 조언 상호놀이와 역할 놀이에는 최은정 선생님의 조언을 실었어요.

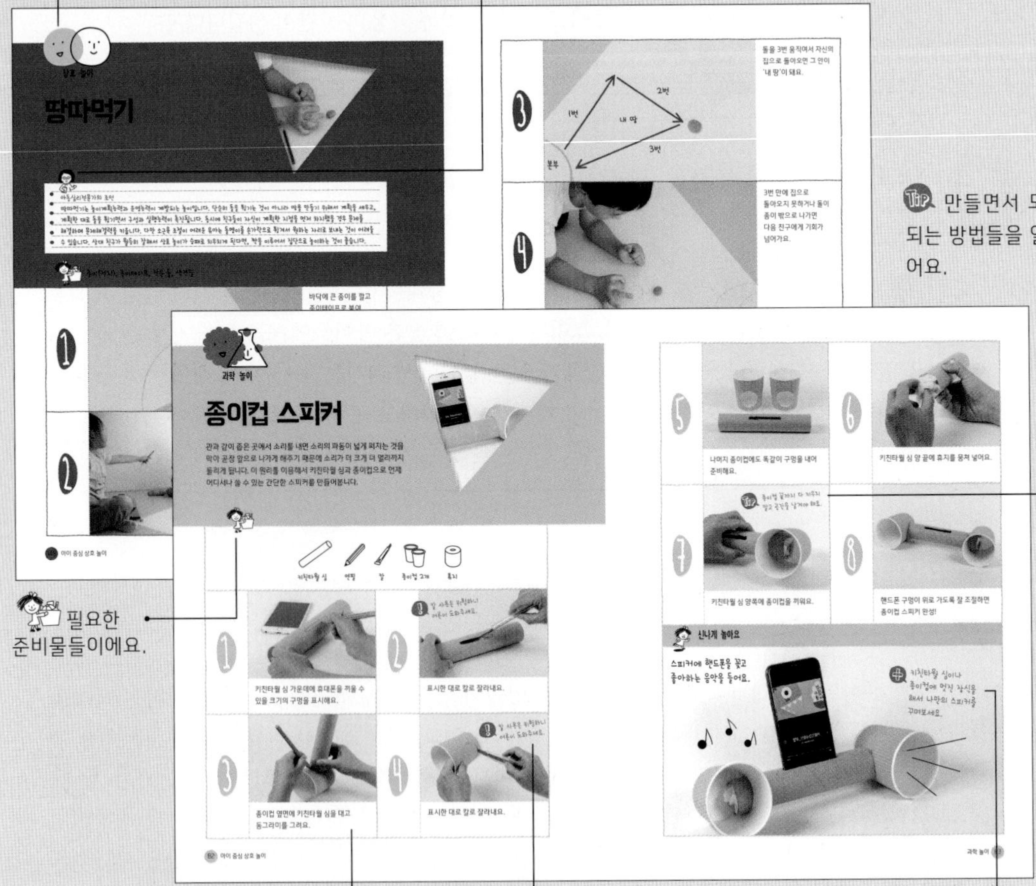

TIP 만들면서 도움이 되는 방법들을 알려주어요.

필요한 준비물들이에요.

만드는 과정 사진과 글로 만드는 과정을 알려주어요.

안전을 위해 어른의 도움이 필요한 과정을 알려주어요.

소개한 놀이와 함께하기 좋은 놀이를 알려주어요.

재료 소개

쓸모 있는 재활용품은 버리지 말고 따로 모아두세요!

휴지 심, 각 티슈 상자, 키친타월 심, 우유갑, 달걀판, 신문지, 종이 상자 등

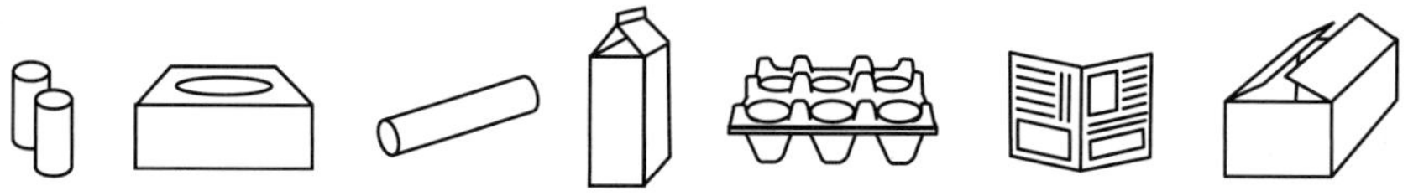

집에 있는지 확인해요!

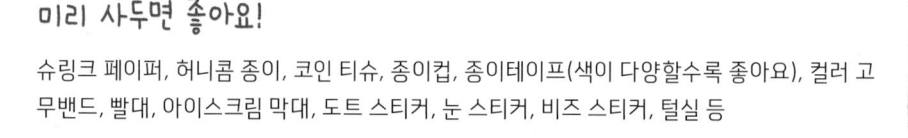

칼, 가위, 풀, 색종이, 자, 목공풀, 양면테이프, 박스테이프

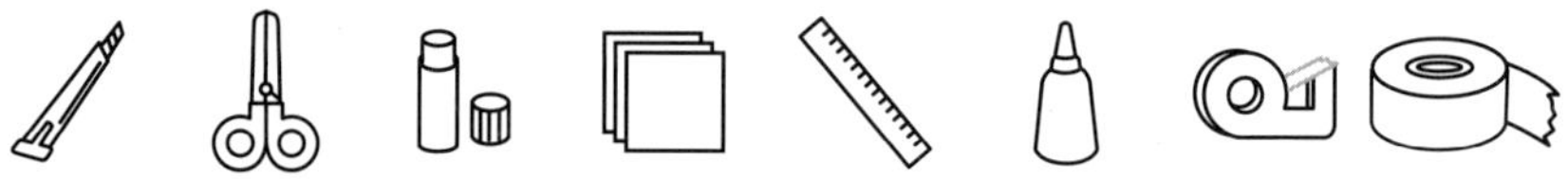

미리 사두면 좋아요!

슈링크 페이퍼, 허니콤 종이, 코인 티슈, 종이컵, 종이테이프(색이 다양할수록 좋아요), 컬러 고무밴드, 빨대, 아이스크림 막대, 도트 스티커, 눈 스티커, 비즈 스티커, 털실 등

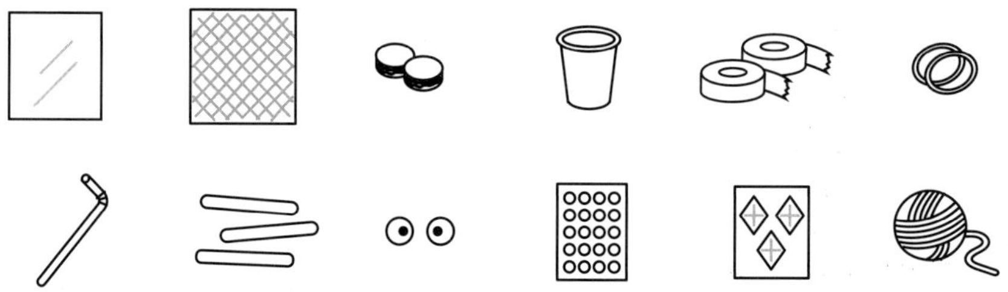

QR코드를 확인하세요

글과 사진으로 설명이 부족한 놀이는 동영상을 실었어요.
QR코드로 유튜브 동영상을 확인하세요.

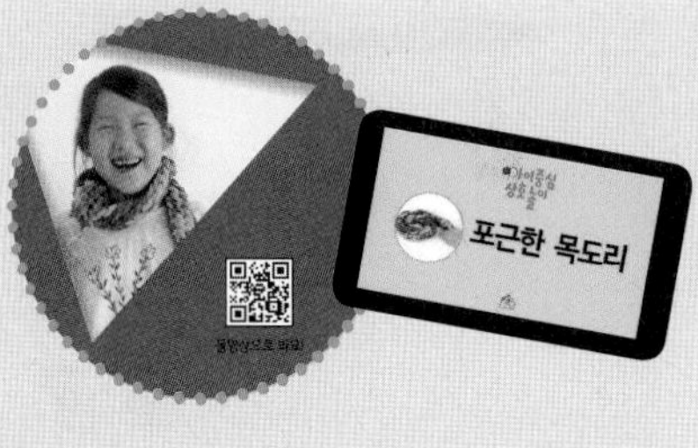

부록으로 종이 인형을 실었어요

부록의 종이 인형을 오려 대본을 활용해 인형극 놀이를 해보세요.

차례

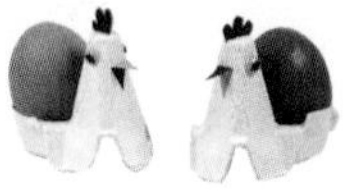

미술 놀이

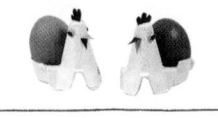

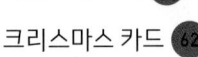

과학 놀이

자연 놀이

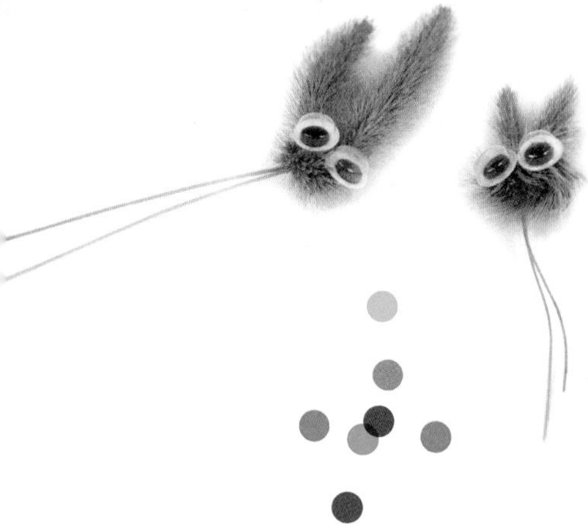

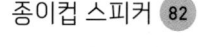

몸 놀이

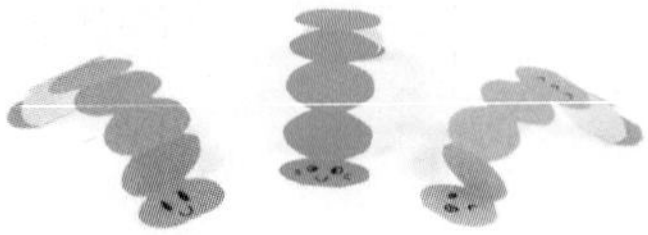

상호 놀이

손 놀이

역할 놀이

부록

미술 놀이

노래 그림

노래를 부르며 가사와 어울리는 그림을 그리며 놀아봅니다. 가사에 맞는 그림을 그리는 과정에서 눈과 손의 협응력을 키울 수 있으며, 여럿이 함께 노래를 부르며 그림을 그리는 경험을 통해 사회성도 발달합니다.

동영상으로 봐요!

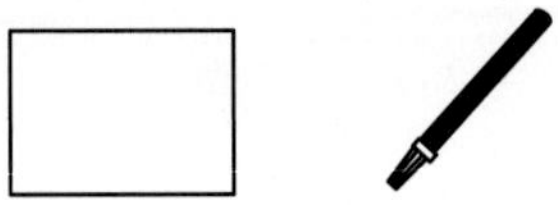

도화지 사인펜(그림 도구)

1

아이와 함께 '해골바가지' 노래를 여러 번 불러 노래에 익숙해지게 합니다. 가사를 모두 외우면 노래를 부르며 가사에 맞게 그림을 그려요.

아침 먹고 땡,
점심 먹고 땡,
저녁 먹고 땡.

'~ 먹고'를 부를 때는 동그라미 3개를, '땡'을 부를 때는 동그라미에 사선을 그려요.

2

창문을 열어보니
비가 오더라.

창문 모양 긴 사각형을 그리고, '비가 오더라'에 맞춰 세로선을 여러 개 그려요.

3

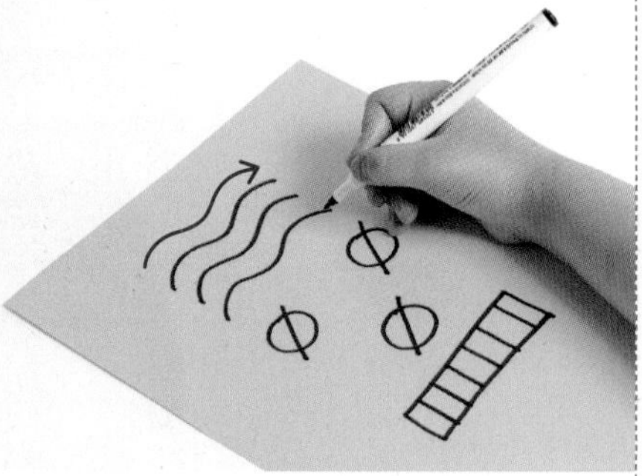

‘지렁이 세 마리가 기어가더라’를 부르며
위쪽에 지렁이처럼 구불거리는 선을 3개 그려요.

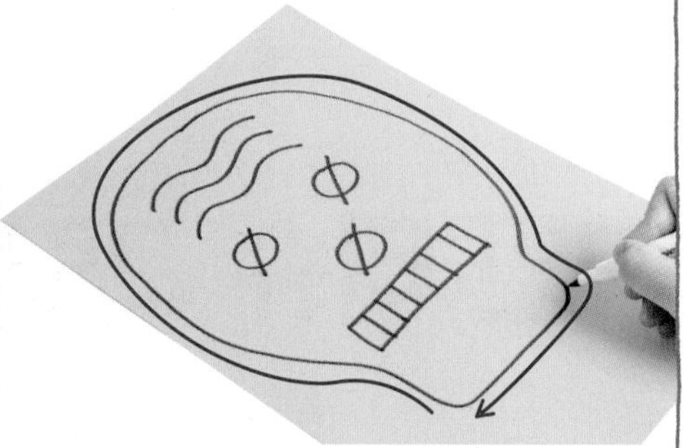

‘아이고 무서워 해골바가지’를 부르며
해골의 얼굴 모양을 그려요.

4

노래가 끝나니 어느새
해골바가지 그림이 완성되었어요.

아침 먹고 땡, 점심 먹고 땡,
저녁 먹고 땡.
창문을 열어보니 비가 오더라.
지렁이 세 마리가 기어가더라.
아이고 무서워 해골바가지.

신나게 놀아요

그림을 보면서 다시 노래를 불러볼까요?

다른 노래 그림도 그려봐요.

동그란 접시에 콩을 볶아서
아빠는 세 그릇,
엄마는 두 그릇,
나는 한 그릇,
입으로 먹었더니
배가 불룩.
앞다리가 쭉! 뒷다리가 쭉!
참새가 되었네.

미술 놀이

코인 티슈 그림

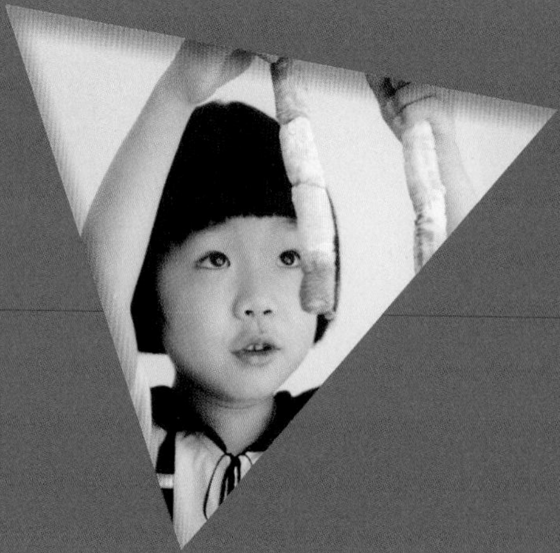

예상치 못한 모습으로 부풀어 오르는 코인 티슈를 이용해 재미있는 미술 작품을 만드는 경험을 해봅니다. 아이들은 코인 티슈에 물을 부어 부풀어 오르는 것만 봐도 신기해할 것입니다.

1

도화지에 네임펜이나 유성 마커로 재미있는 표정의 얼굴을 그려요.

Tip 그림에 물을 떨어뜨려야 하니 유성펜을 사용하세요.

2

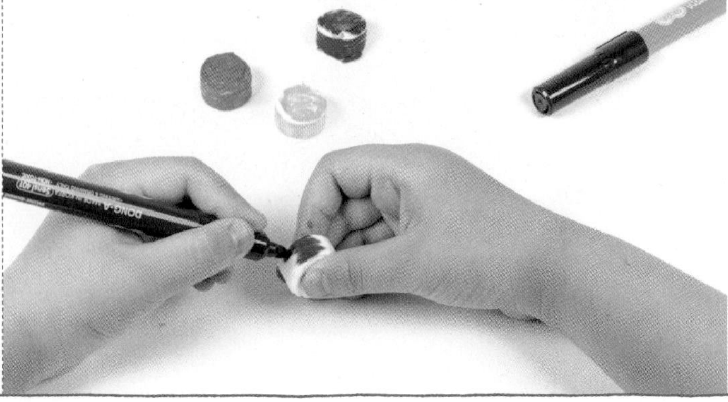

코인 티슈에 수성펜이나 수성물감으로 색을 칠해요.

3

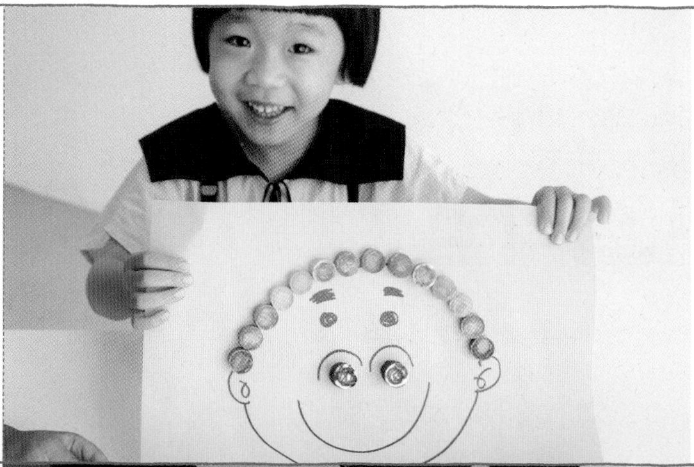

색칠한 코인 티슈를
머리카락과 콧구멍 자리에
붙여요.

4

코인 티슈에 스포이트로 물을 떨어뜨리면 티슈가 부풀어 올라요.
알록달록 머리카락이 쑥쑥, 코털도 쑥쑥 자라요!

신나게 놀아요

코인 티슈로 알록달록 애벌레도 만들어봐요. 물을 떨어뜨리면 쑥쑥 길어져요.

미술 놀이

바질 씨앗 슬라임

슬라임은 모든 아이가 좋아하는 놀잇감이지만 유해 성분에 대한 걱정 때문에 아이에게 선뜻 주기 어렵지요. 그러니 해롭지 않은 전분과 바질 씨앗으로 아이가 마음껏 가지고 놀 수 있는 슬라임을 직접 만들어봅니다.

전분 1컵 / 바질 씨앗 1/4컵 / 물 1컵 / 식용 색소(물감) / 큰 그릇

1

전분 1컵과 바질 씨앗 1/4컵을 그릇에 담아요.

2

물 1컵을 부으면 바질 씨앗이 불면서 뭉쳐져요.

3

식용 색소를 조금 넣어
섞으면 바질 씨앗 슬라임
완성!

Tip 소금 한 스푼을 넣어 섞은 뒤 냉장고에 넣어두면 일주일 정도 보관이 가능해요.

신나게 놀아요

뽀독뽀독 전분 물의 느낌과 몽글몽글
부드러운 바질 씨앗의 촉감이
재미있어요.

Tip 냉장고에서 꺼낸 슬라임이 빡빡하면 물을 조금 섞어주세요. 다시 부드러워져요.

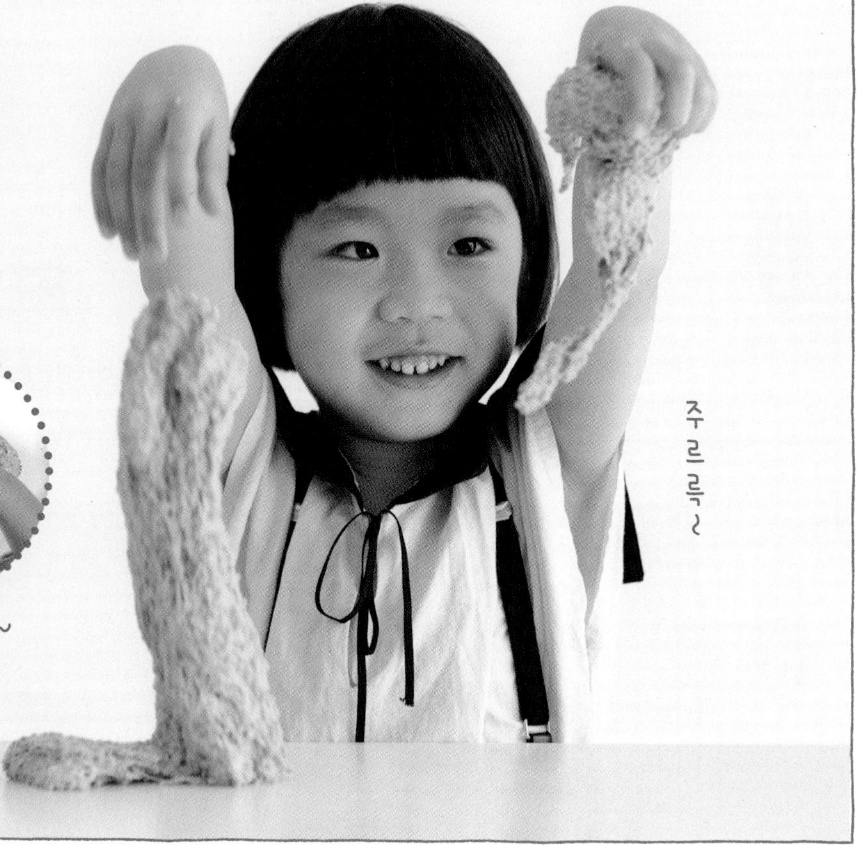

미술 놀이

페트병 구슬 미로

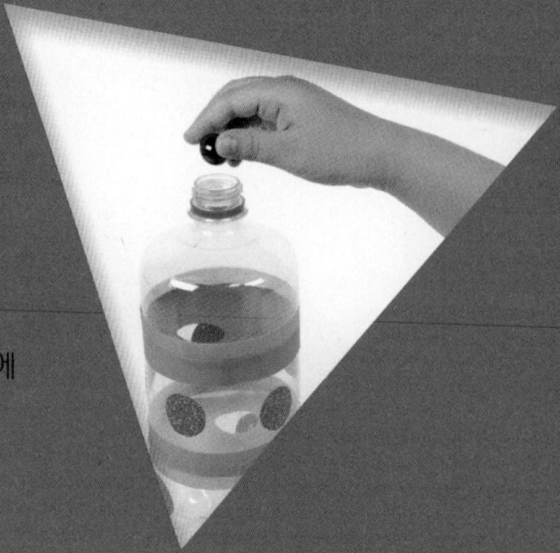

아이가 《아이 중심 창의 놀이》의 평면 미로에 익숙해졌다면 입체 미로에 도전해봅니다. 페트병을 이용해 간단한 입체 미로를 만들어 가지고 놀면서 공간지각력과 사고력, 문제해결력을 함께 키울 수 있습니다.

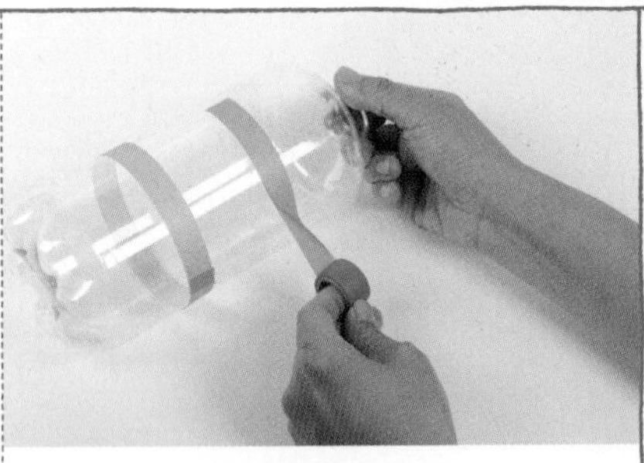

1 페트병의 몸통 1/3, 2/3 지점에 종이테이프를 돌려 붙여요.

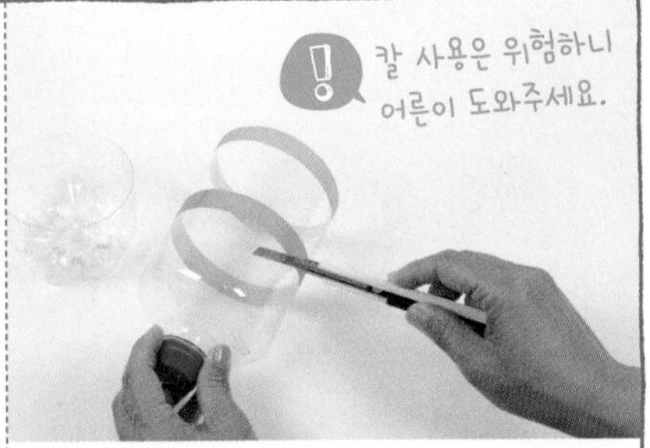

2 종이테이프를 따라 페트병을 3조각으로 잘라요.

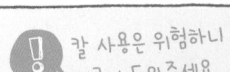

칼 사용은 위험하니 어른이 도와주세요.

3 색종이에 자른 페트병을 대고 원을 그려요.

4 페트병 입구를 대고 작은 원도 그린 다음, 모두 오려서 미로구멍판을 만들어요.

5

같은 방법으로 미로구멍판 2개를 만들어요.

가운데 조각의 위아래 면에 미로구멍판을 테이프로 붙여요.

종이테이프로 페트병 조각들을 원래 모양대로 붙여요.

6

페트병 입구로 구슬이나 폼폼을 넣고 뚜껑을 닫으면 페트병 구슬 미로가 완성돼요.

신나게 놀아요

이리저리 흔들어서 구멍으로 구슬을 통과시키며 놀아요.

TIP 너무 세게 흔들면 미로구멍판이 찢어질 수 있으니 주의하세요.

미술 놀이

꿀꺽! 동전 저금통

우유갑을 이용해서 동전을 꿀꺽 삼키는 저금통을 만들어봅니다. 저금통 안에 동전을 하나씩 넣다보면 어느새 묵직하게 동전을 모을 수 있습니다. 모은 동전을 은행에 저금해보는 것도 좋은 경험이 됩니다.

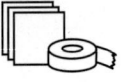

500mL 우유갑 2개 | 칼 | 양면테이프 | 색종이/종이테이프

1

칼 사용은 위험하니 어른이 도와주세요.

500mL 우유갑의 세 옆면을 칼로 잘라서 위로 여닫을 수 있도록 합니다.

2

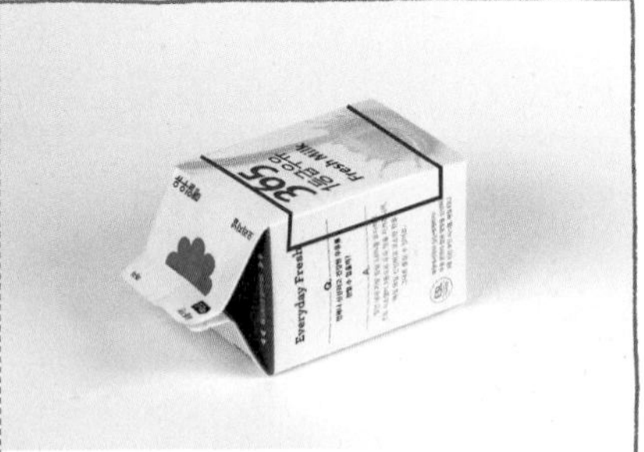

다른 우유갑의 옆면을 사진에 표시한 모양대로 잘라요.

3

잘라낸 우유갑 조각을 사진에 표시한 모양대로 다시 잘라요.

4

아랫부분을 벌려서 펼치면 받침대 틀이 완성돼요.

5

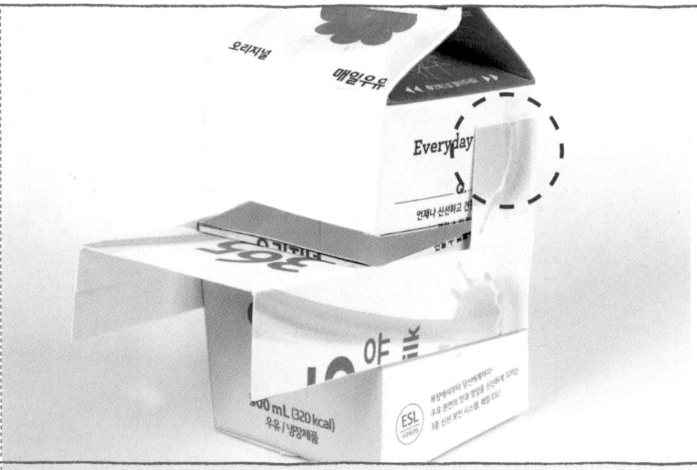

벌린 양끝을 ①번 우유갑 양쪽 옆면에 양면테이프로 붙여요. 이때 자른 면보다 1cm 정도 아래에 붙여요.

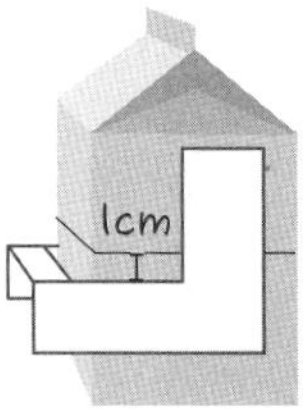

6

우유갑을 종이테이프나 색종이 등을 이용해서 꾸며요.

Tip 붙여 놓은 받침대에 동전 놓을 부분을 표시해요.

신나게 놀아요

받침대에 동전을 올리고 저금통을 위로 열면 저금통이 동전을 꿀꺽!

미술 놀이

빙글빙글 회전 타워

종이 접시와 키친타월 심을 이용해서 구슬이 회전하며 내려가는 회전 타워 장난감을 만들어봅니다. 단순한 장난감이지만 여러 가지 구슬이나 공을 떨어뜨리며 싫증 내지 않고 오랫동안 가지고 놀 수 있습니다.

키친타월 심 / 종이 접시 5개 / 칼 / 가위 / 셀로판테이프 / 구슬(작은 공) / 종이컵

1

종이 접시 가운데에 키친타월 심을 대고 동그라미를 그려요.

TIP 반드시 테두리에 굽이 있는 종이 접시를 사용해야 구슬이 튕겨 나가지 않아요.

2

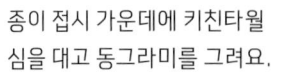

! 칼 사용은 위험하니 어른이 도와주세요.

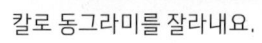

칼로 동그라미를 잘라내요.

접시 한쪽을 잘라요.

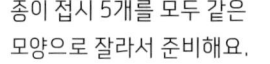

종이 접시 5개를 모두 같은 모양으로 잘라서 준비해요.

3

잘라낸 자리에 다른 접시를 셀로판테이프로 하나씩 차례대로 붙여 나선형으로 만들어요.

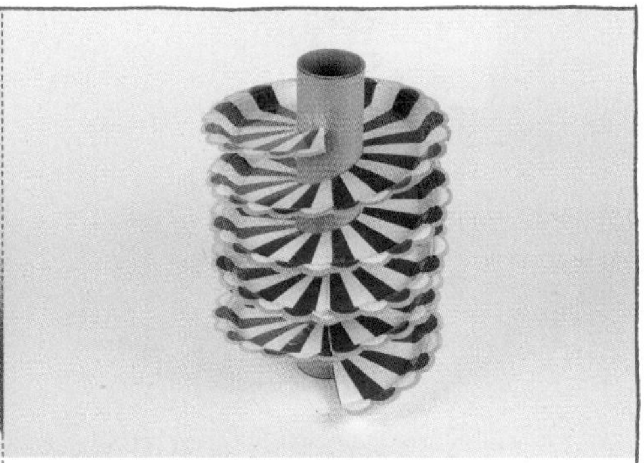

연결한 종이 접시 가운데 구멍에 키친타월 심을 끼우고 양끝을 테이프로 고정해요.

4

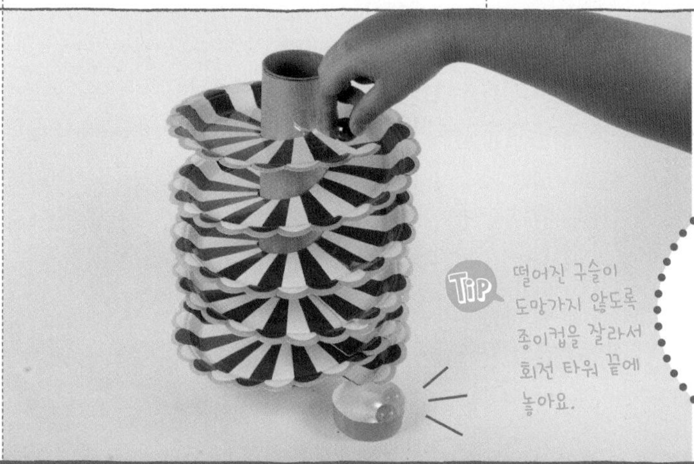

제일 위에 있는 접시에 구슬이나 작은 공을 떨어뜨려요.

TIP 떨어진 구슬이 도망가지 않도록 종이컵을 잘라서 회전 타워 끝에 놓아요.

신나게 놀아요

구슬을 떨어뜨리면 빙글빙글 내려가요.

미술 놀이

짜잔! 실 그림

그림을 그릴 때 꼭 크레파스나 색연필, 붓 등을 이용해서 그려야 하는 것은 아닙니다. 오히려 주변의 여러 가지 사물을 이용하면 더 재미있고 멋진 작품을 만들 수 있습니다. 이번에는 실을 이용해서 멋진 추상화를 그려봅니다.

1

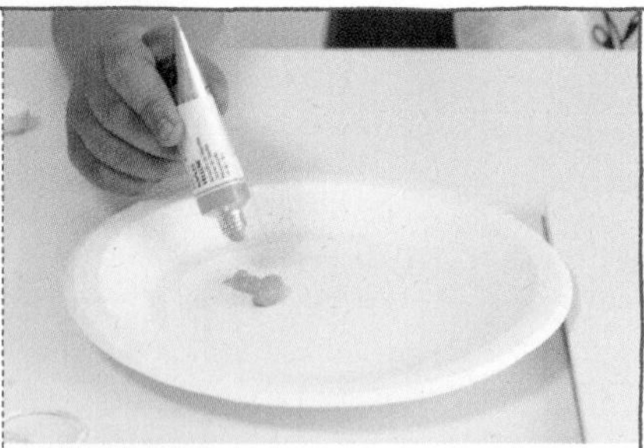

종이 접시에 물감을 짜요.

2

털실을 적당한 길이로 잘라 붓으로 물감을 발라요.

3

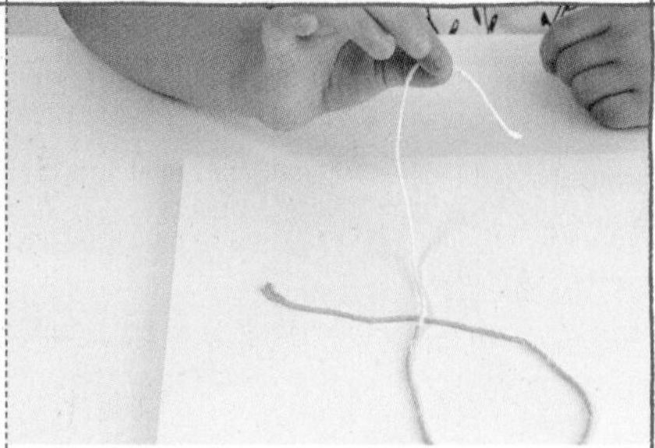

스케치북에 털실을 올리되 한쪽 끝은 종이 밖으로 빼놓아요.

4

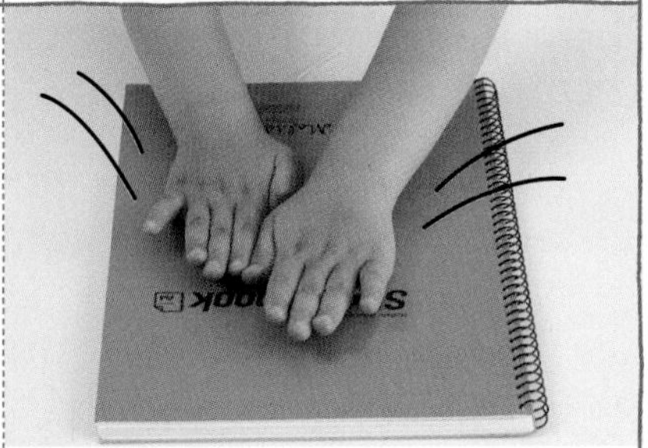

스케치북을 덮고 꾹꾹 눌러요.

5

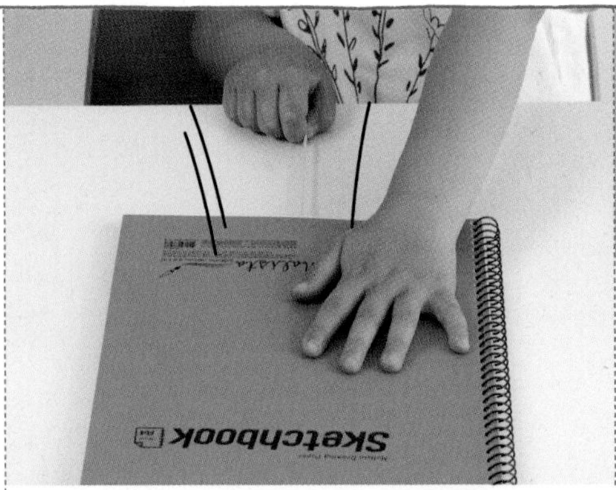

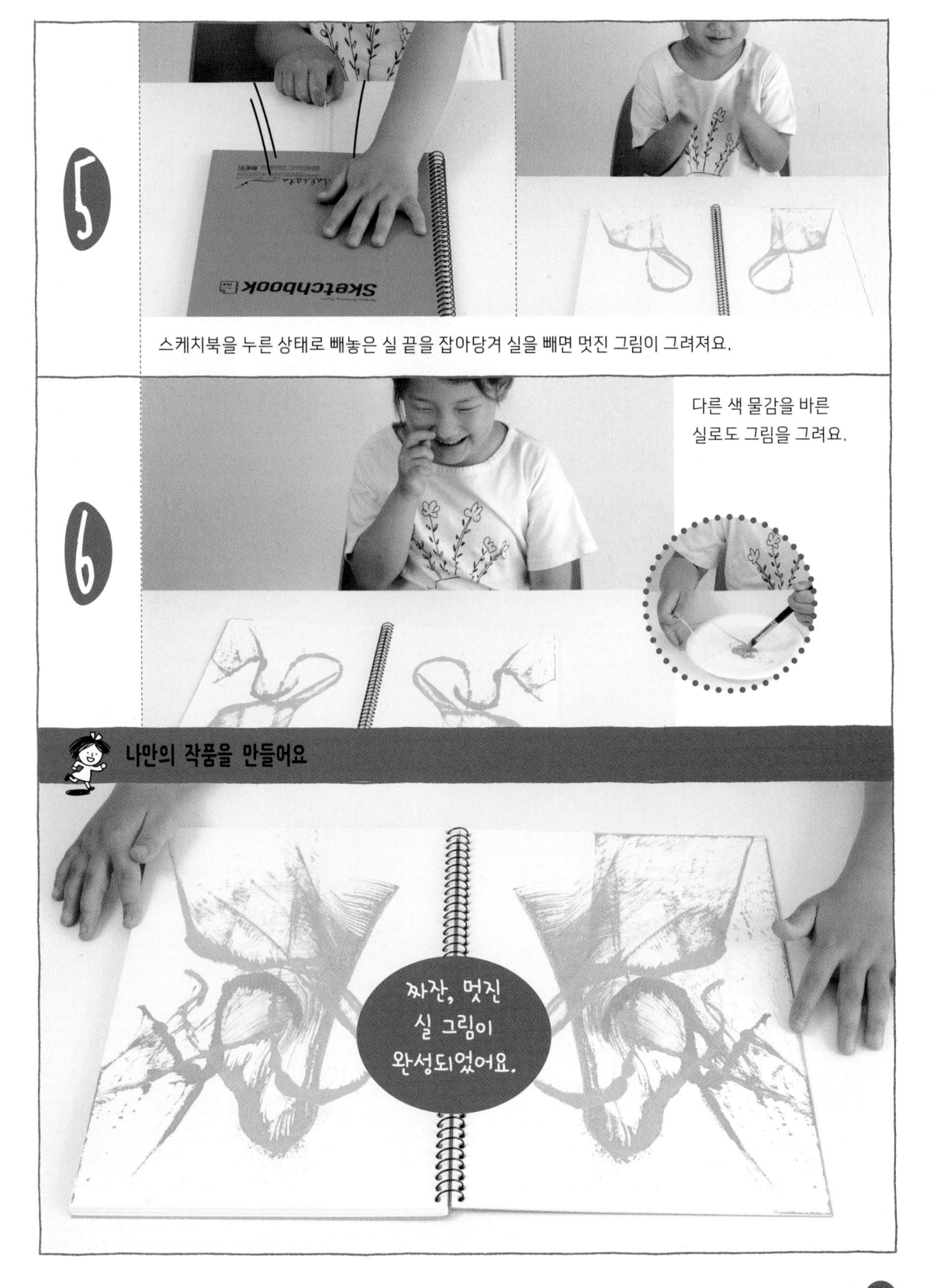

스케치북을 누른 상태로 빼놓은 실 끝을 잡아당겨 실을 빼면 멋진 그림이 그려져요.

6

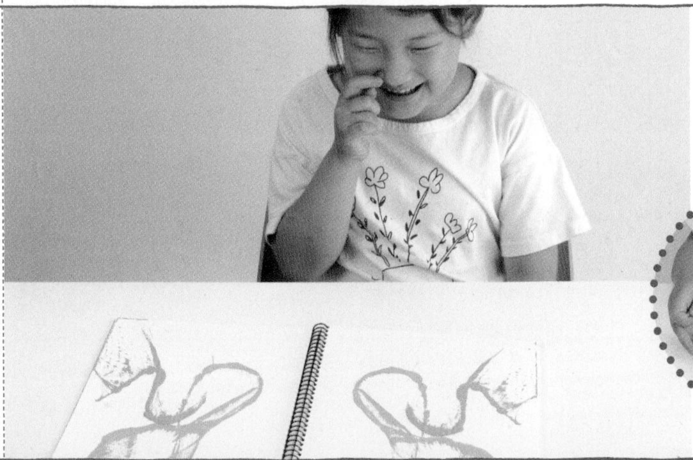

다른 색 물감을 바른
실로도 그림을 그려요.

나만의 작품을 만들어요

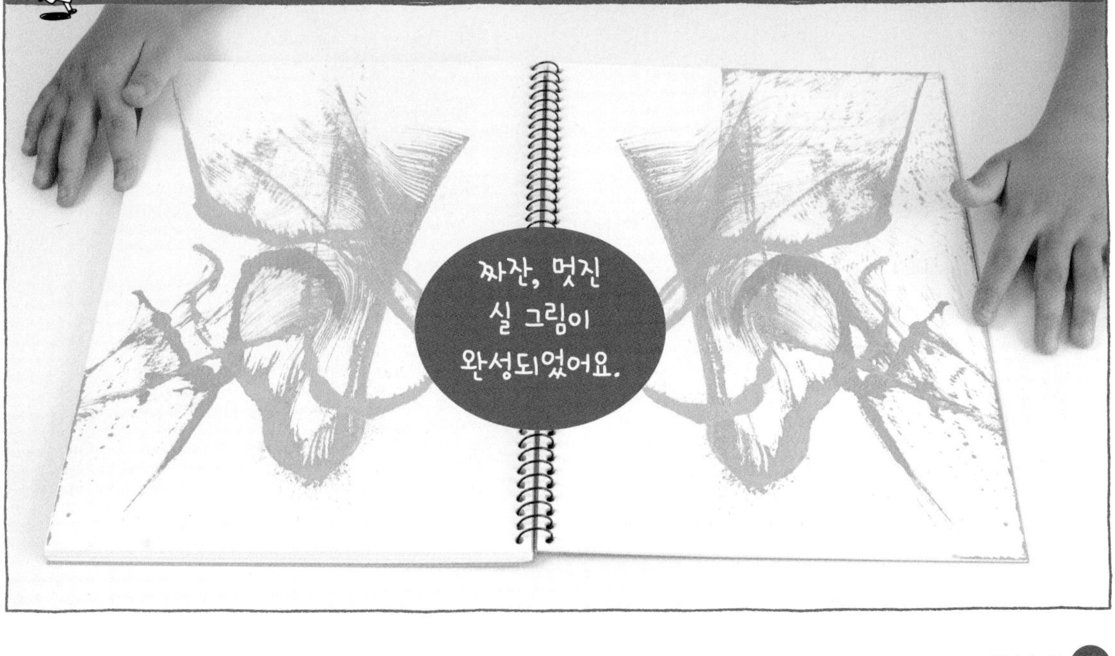

짜잔, 멋진
실 그림이
완성되었어요.

미술 놀이

슈링크 페이퍼 그림

신기한 마술 종이라고 불리는 슈링크 페이퍼에 그림을 그리고 오븐에 구우면 1/7 정도의 크기로 줄어들면서 딱딱하고 도톰해집니다. 이러한 슈링크 페이퍼를 이용해서 가방 고리를 만들어봅니다.

1

준비한 슈링크 페이퍼에 네임펜이나 색연필로 밑그림을 그려요.

TIP 좋아하는 그림이나 책 표지, 캐릭터 등을 대고 그려도 좋아요.

2

TIP 크기가 줄면 진해지기 때문에 연하게 칠해도 괜찮습니다.

색연필이나 사인펜으로 칠해요.

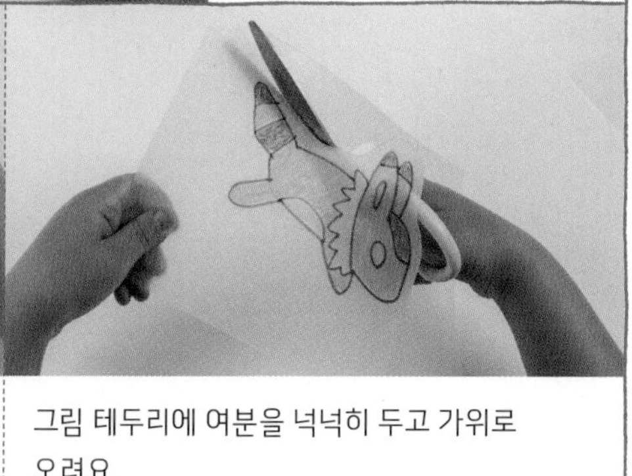

그림 테두리에 여분을 넉넉히 두고 가위로 오려요.

3

고리를 달 자리에 펀치로 구멍을 뚫어요.

4

오븐마다 구워지는 속도가
다를 수 있으니 중간에
살펴봐주세요.

오븐에 종이나 알루미늄 포일을 깔고
올린 후 200도에서 1분 정도 구워요.

5

오븐에 구운 슈링크 페이퍼는 매우
뜨거우니 어른이 꺼내주세요.

오븐에서 꺼낸 다음
식기 전에 두꺼운
책 사이에 끼워 넣고
평평하게 눌러요.

나만의 작품을 만들어요

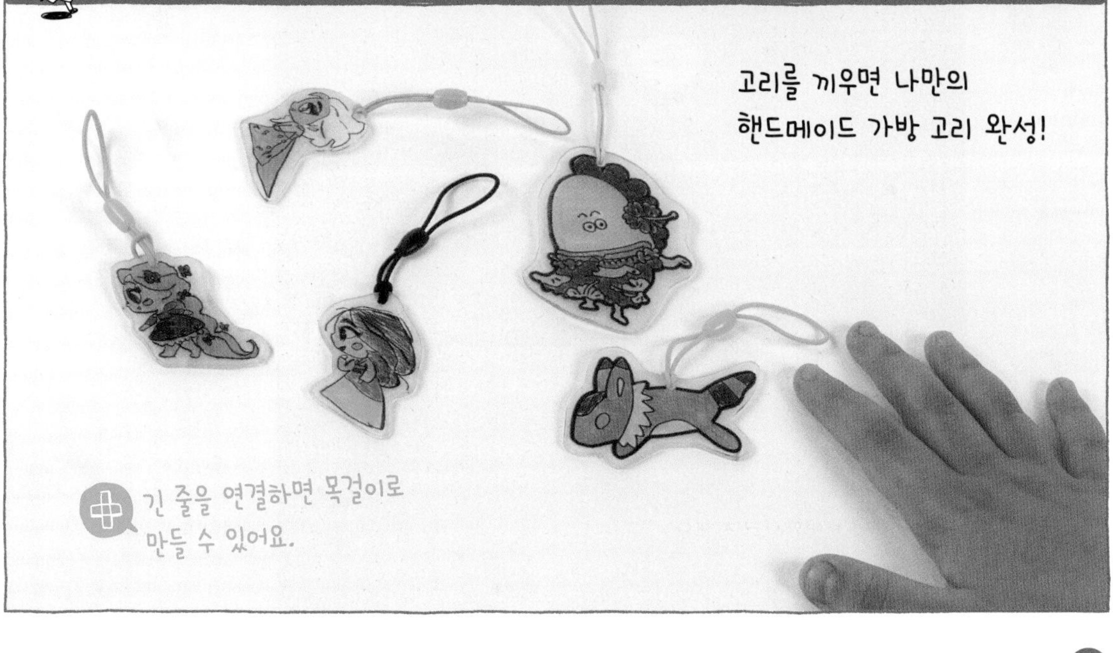

고리를 끼우면 나만의
핸드메이드 가방 고리 완성!
긴 줄을 연결하면 목걸이로

미술 놀이

모래 그림

플라스틱 수납 상자와 손전등, 모래만 있으면 얼마든지 새로운 그림을 그릴 수 있는 모래 그림 세트를 만들 수 있습니다. 떨어진 모래를 치우는 번거로움이 있지만 만지고 그리고 뿌리는 등 여러 가지 방법으로 모래 그림을 그리게 해주세요. 그만큼 창의력이 자라니까요.

1

투명한 플라스틱 수납 상자를 준비하세요. 밑면이든 뚜껑이든 살짝 들어간 쪽을 위로 두세요.

2

상자 안에 손전등이나 수면등 같은 작은 조명 기구를 넣어요.

3

상자 위에 모래를 뿌려요.

4

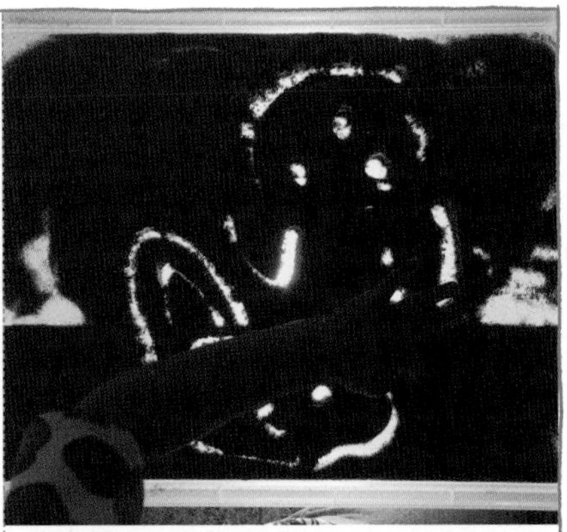

손가락으로 여러 가지 그림을 그려요.

나만의 작품을 만들어요

조물조물 모래를 만지고 뿌리면서
여러 가지 모래 그림을 그려요.

미술 놀이

전단지 마트

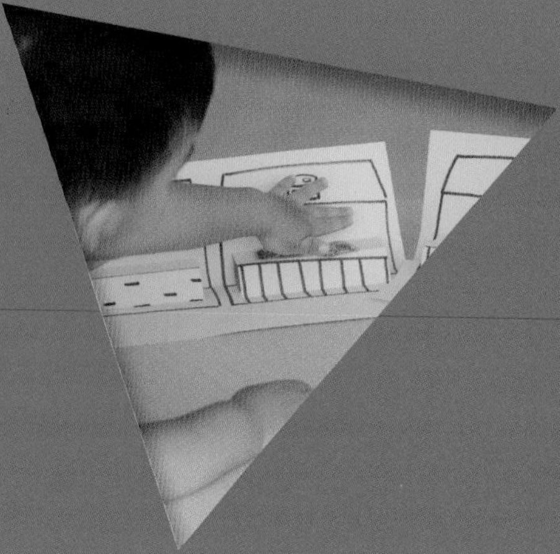

물건을 사고파는 놀이는 경제 교육의 기본이자 사회성 발달에도 도움이 되는 재미있는 놀이예요. 마트에서 받은 전단의 물건 사진을 이용해서 종류별로 물건을 분류하고 다양한 물건을 사고파는 놀이를 해봅니다.

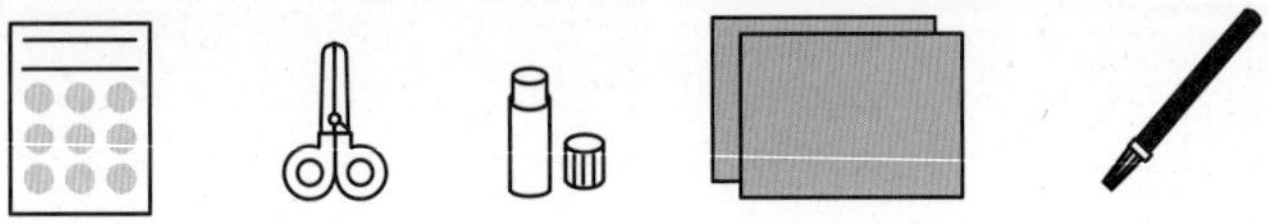

마트 전단 가위 풀 색지 2장 사인펜

1

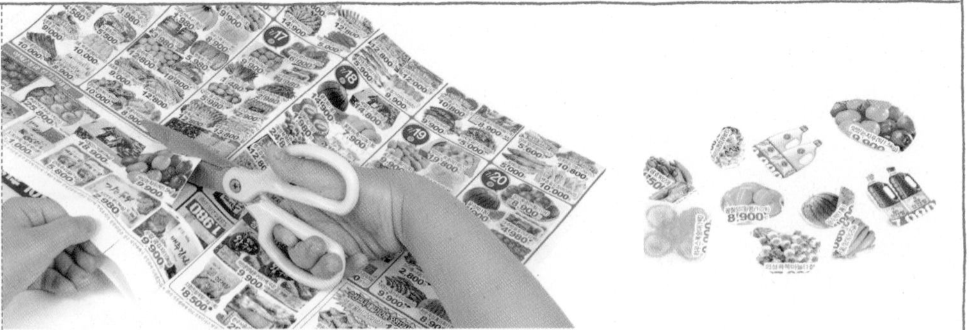

마트 전단에서 좋아하는 물건 사진을 오려요.

2

자른 물건 사진을 색지에 붙여서 오려요.

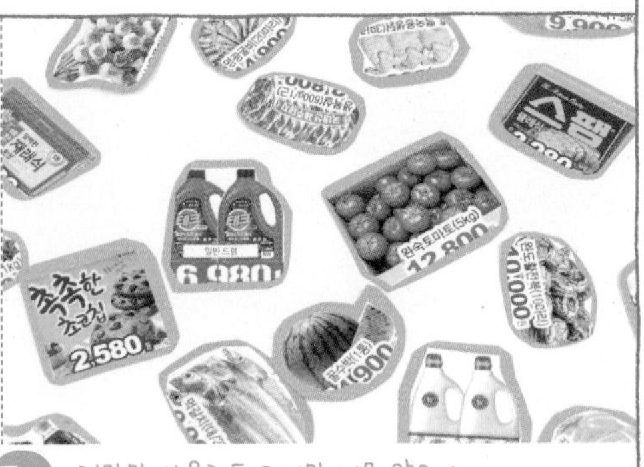

TIP 전단만 사용해도 되지만 너무 얇으니 색지를 붙이면 좋아요.

3

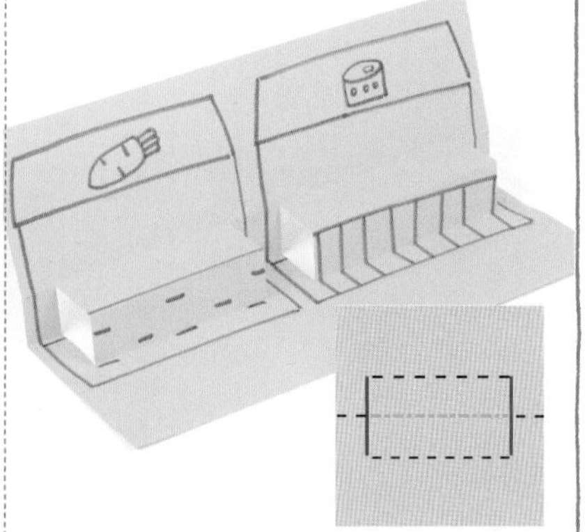

다른 색지에 마트의 매대를 그리고
팝업카드처럼 오려서 접어요.

4

매대에 물건 사진들을 올려 진열해요.

신나게 놀아요

Tip 진짜 마트처럼 종류별로 물건을 분류하여 진열하고, 색깔이나 모양, 또는 직접 정한 기준으로 분류하며 놀아요.

종이돈을 만들어서 물건을 사고파는 놀이도 할 수 있어요.

미술 놀이

이 닦는 하마

우유갑을 이용해서 입이 크게 벌어지는 하마 손 인형을 만들어봅니다. 아이들이 직접 하마 인형의 이를 닦아주면서 이 닦는 연습을 할 수 있습니다. 인형 여러 개를 만들면 인형극 놀이를 할 수도 있답니다.

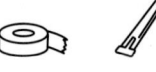

1L 우유갑 | 종이테이프 | 칼 | 색종이 | 풀 | 사인펜 | 칫솔

1

우유갑의 입구를 평평하게 접어 종이테이프로 붙여요.

2

칼 사용은 위험하니 어른이 도와주세요.

우유갑 중간을 한 면만 빼고 칼로 잘라요.

3

자르지 않은 면을 바깥쪽으로 접어 두 조각이 만나게 해주세요.

4

색종이로 우유갑을 꾸며 하마 얼굴을 만들어요.

5

흰 종이로 이빨을
만들어 하마 입안에
붙여요.

6

사인펜으로
눈과 코를 그려요.
입 큰 하마가
완성되었어요.

신나게 놀아요

**칫솔로 하마의 이빨을
구석구석 닦아요.**

위아래 왼쪽 오른쪽
고루고루 하루 세 번 이를
닦아야 해.

앗! 하마가 칫솔을
물어 버렸어요!

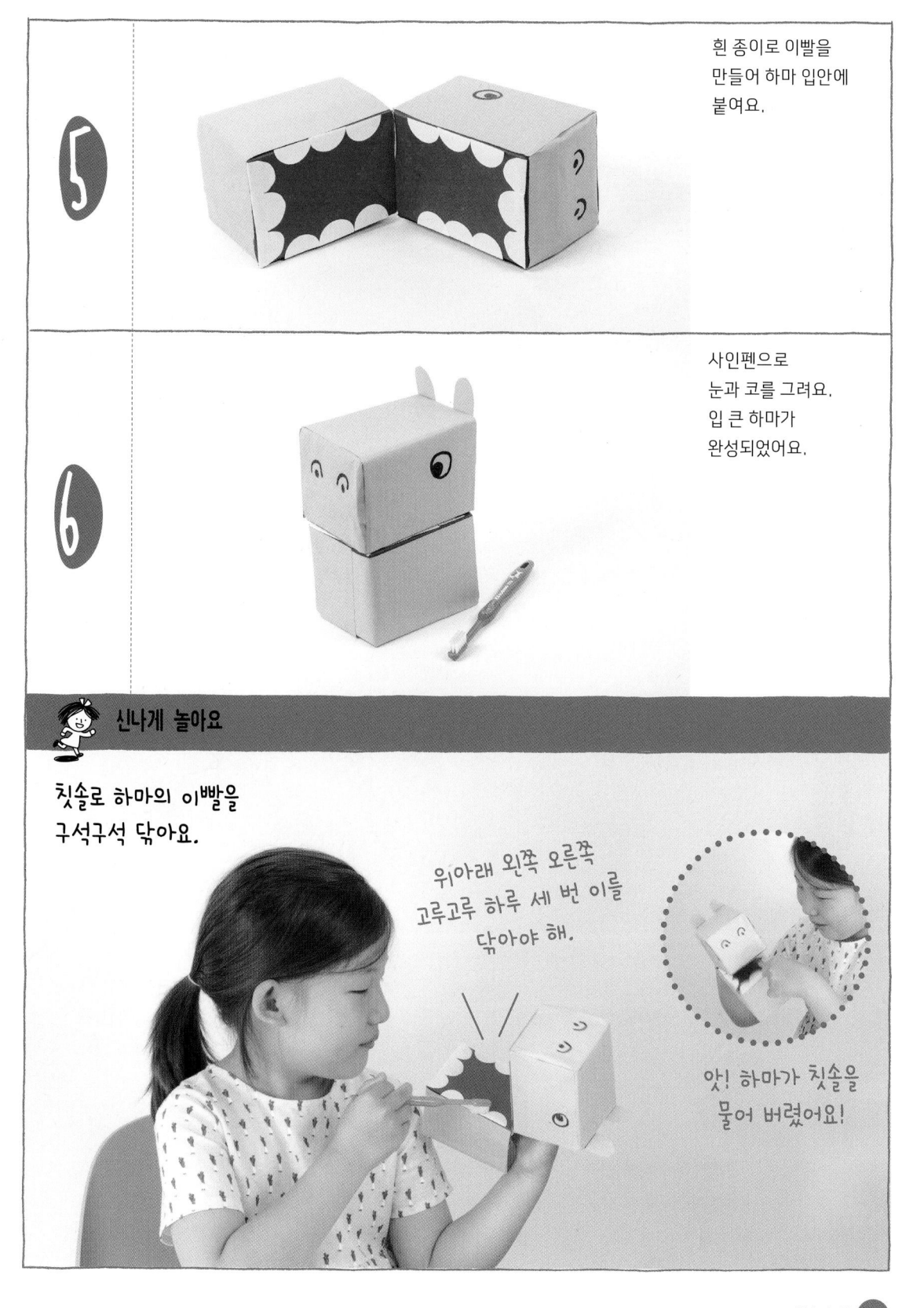

미술 놀이

휴지심 공룡

휴지심을 접고 오려서 손쉽게 공룡 인형을 만들 수 있습니다. 트리케라톱스와 브라키오사우루스 두 공룡 인형을 만들어 가지고 놀면서 이 공룡들은 어떤 특징을 가지고 있는지, 다른 공룡에는 어떤 것들이 있는지도 알아봅시다.

1

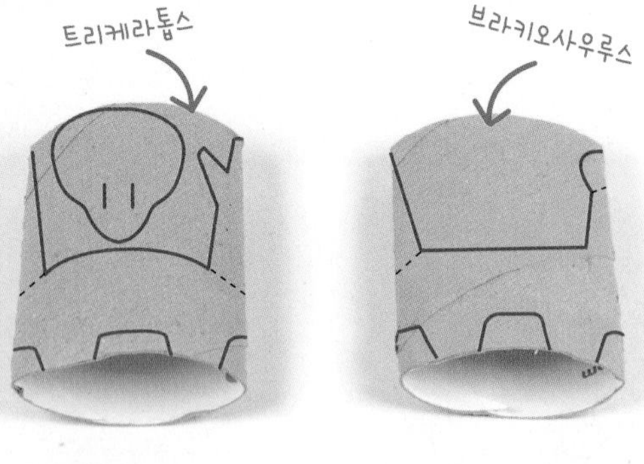

휴지심을 납작하게 눌러서 반으로 접은 후 사진의 빨간색 선대로 그려요.

2

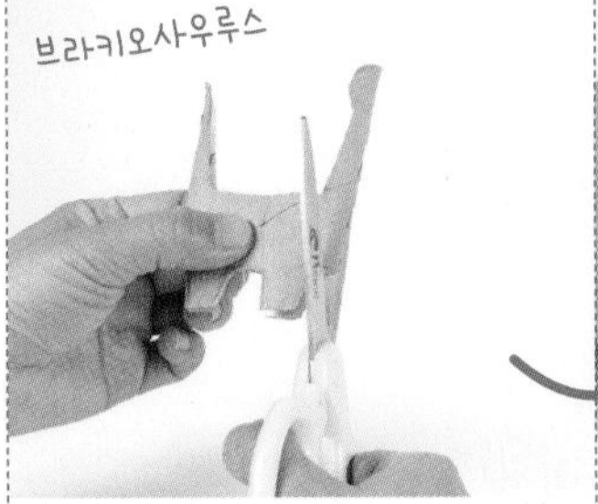

선 대로 가위로 자른 다음 접은 휴지심을 펴요.

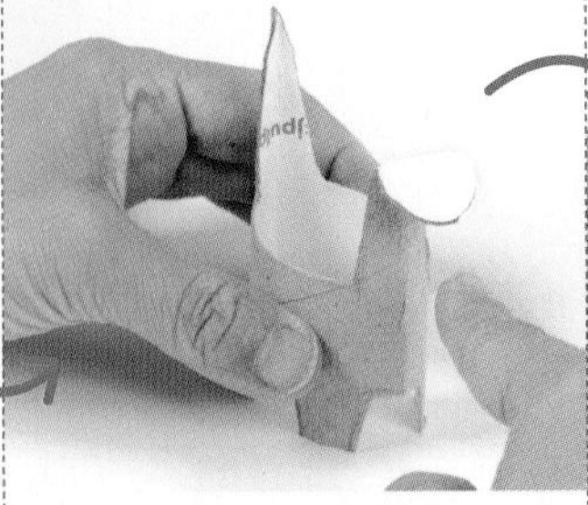

얼굴을 90도로 눌러 접어요.

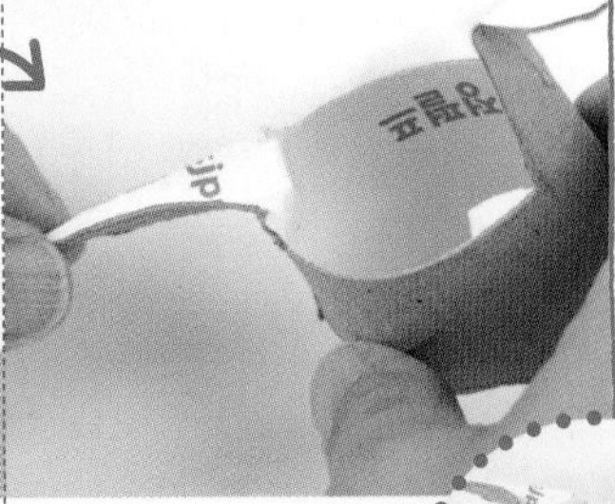

꼬리는 바깥쪽으로 접어요.

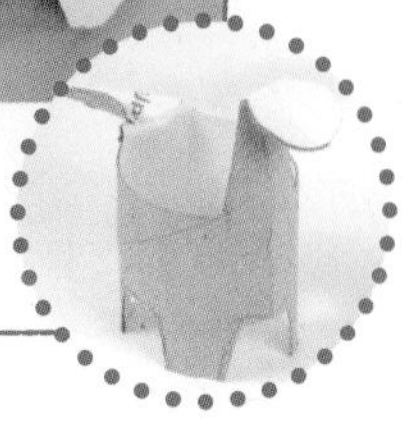

3

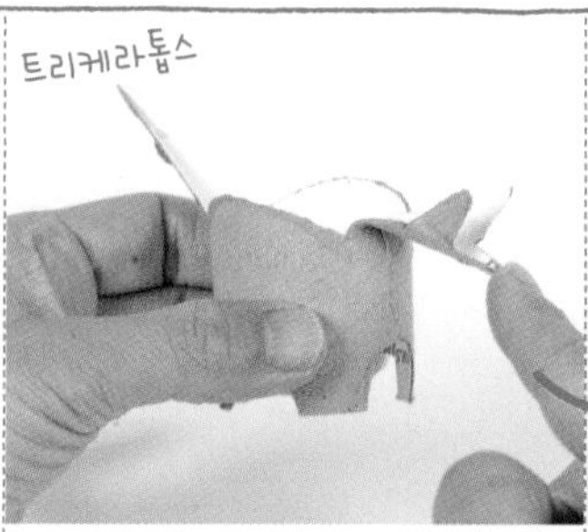

선 대로 자른 다음 목과 꼬리를 밖으로 접어요.

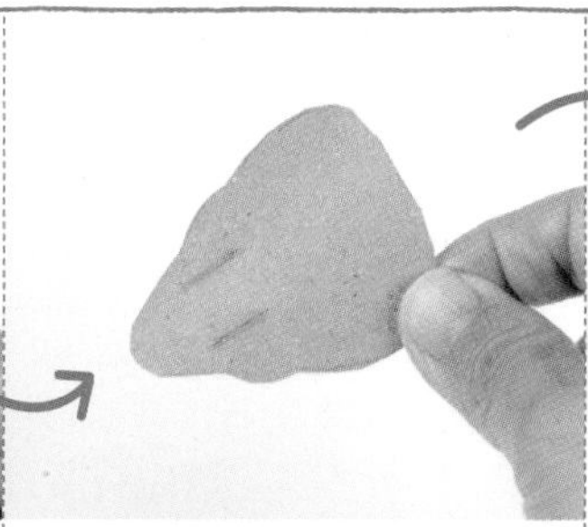

얼굴 가운데 선을 칼로 뚫어요.

튀어나온 뿔 부분에 얼굴을 끼워요.

4

휴지심 공룡이 완성되었어요.

TIP 물감으로 색칠해 꾸미면 더 좋아요.

신나게 놀아요

여러 마리 공룡을 만들어 신나게 놀아요.

브라키오사우루스 본을 참고하여 티라노사우루스 같은 다른 공룡도 만들어봐요.

미술 놀이

발바닥 귀신

굴리기만 하면 몸이 없어도 발을 움직이며 저벅저벅 앞으로 나가는 발바닥 귀신 장난감을 만들어봅니다. 집 안 어디서든 장난감을 굴리면서 쫓고 쫓기는 발바닥 귀신 놀이를 할 수 있습니다.

1

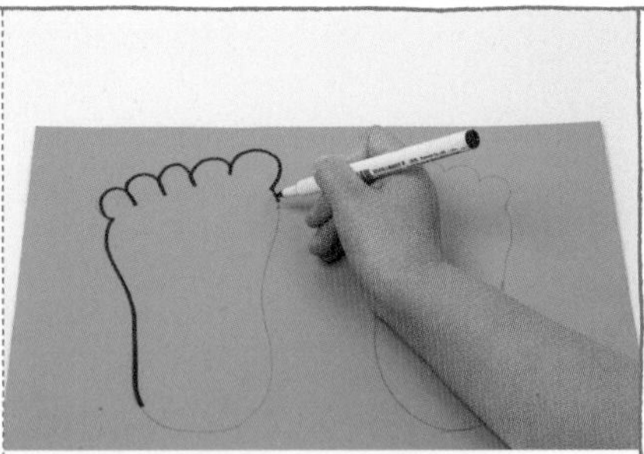

큰 색지 위에 발을 대고 발 모양을 그려요.

2

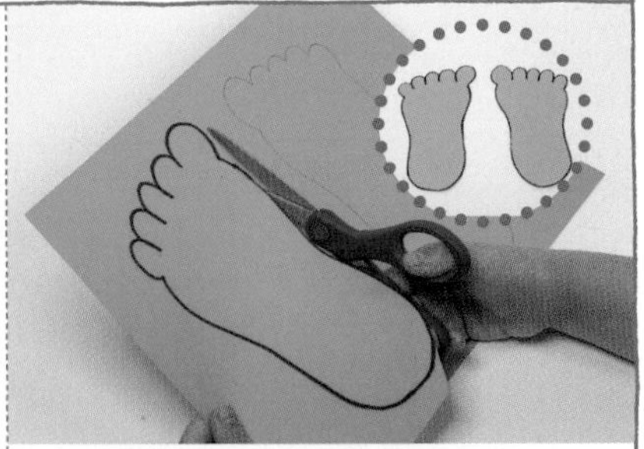

발 모양을 따라서 오려 귀신 발바닥 2개를 만들어요.

3

꼬치 막대 자르는 것은 위험하니 어른이 도와주세요.

꼬치 막대 2개의 뾰족한 부분을 잘라요.

4

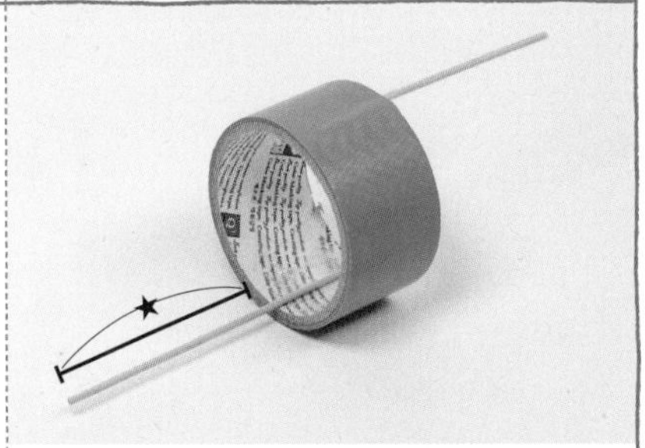

박스테이프 심 안쪽의 위아래에 테이프로 꼬치 막대를 붙여요.

5

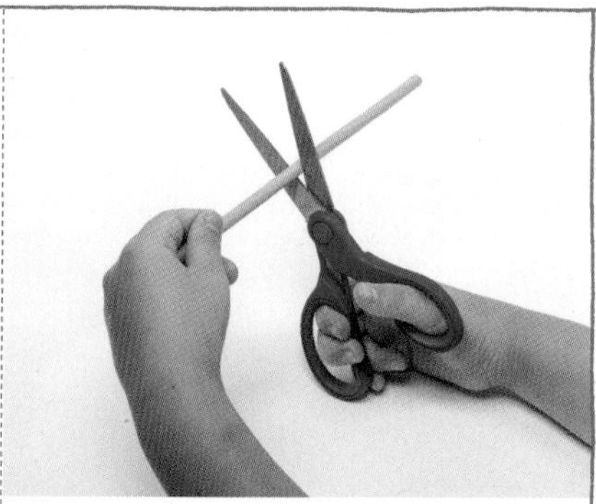

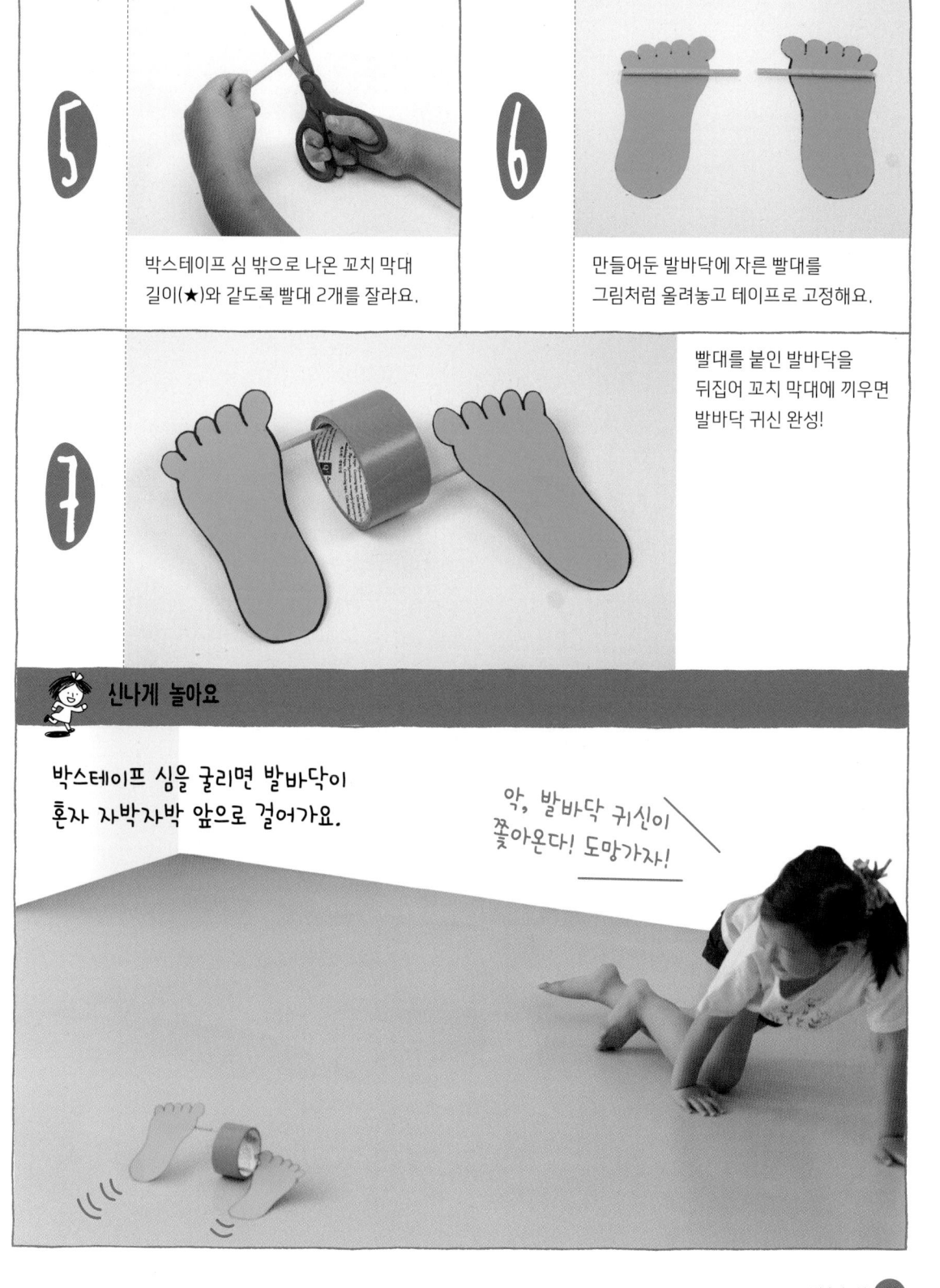

박스테이프 심 밖으로 나온 꼬치 막대 길이(★)와 같도록 빨대 2개를 잘라요.

6

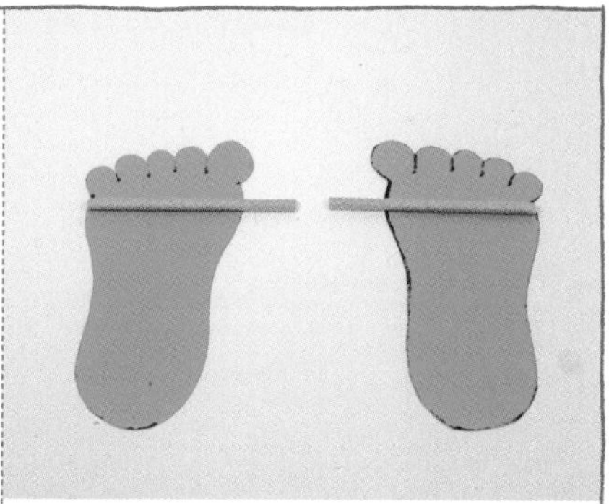

만들어둔 발바닥에 자른 빨대를 그림처럼 올려놓고 테이프로 고정해요.

7

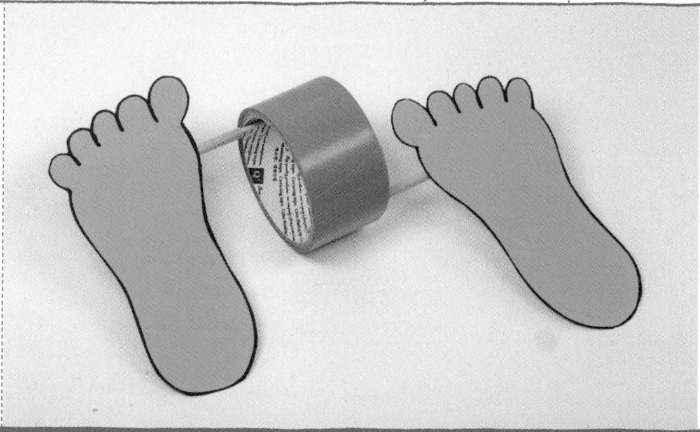

빨대를 붙인 발바닥을 뒤집어 꼬치 막대에 끼우면 발바닥 귀신 완성!

신나게 놀아요

박스테이프 심을 굴리면 발바닥이 혼자 자박자박 앞으로 걸어가요.

미술 놀이

움직이는 손

종이와 빨대, 실 등을 이용해서 손가락이 움직이는 장난감을 만들어 봅니다. 혼자서 손을 움직이며 놀아도 좋고 친구와 함께 만들어 유령 놀이나 가위바위보 놀이를 해도 재미있습니다.

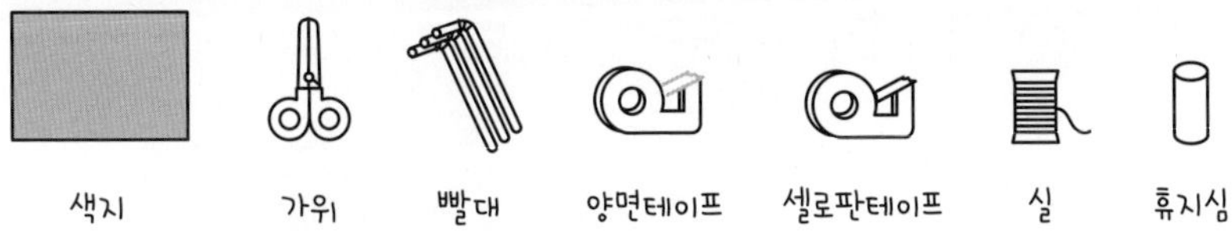

1

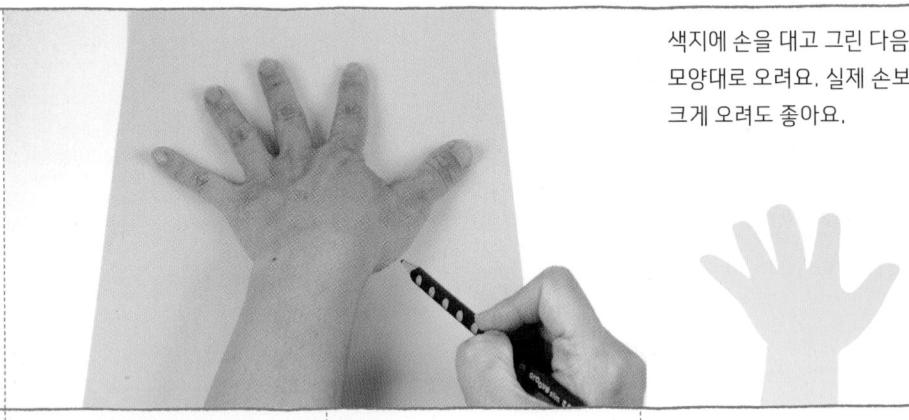

색지에 손을 대고 그린 다음 모양대로 오려요. 실제 손보다 크게 오려도 좋아요.

2

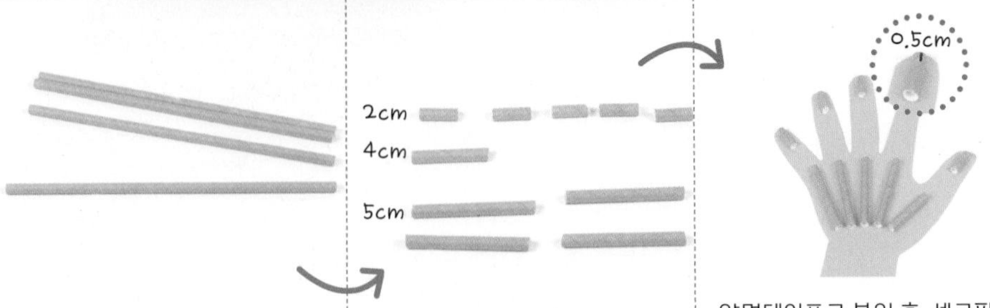

손가락과 손바닥에 붙일 빨대를 준비해요.

5cm 4개, 4cm 1개 (엄지쪽 손바닥), 2cm 5개를 잘라요.

양면테이프로 붙인 후 셀로판 테이프로 고정하고 손가락 끝에 0.5cm 길이로 가위집을 내요.

3

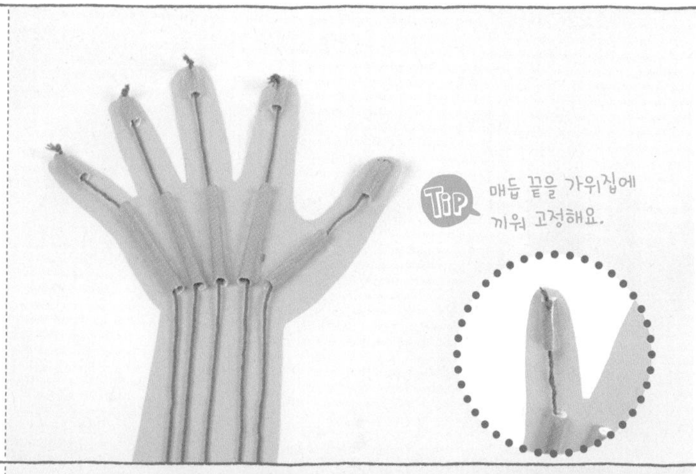

Tip 매듭 끝을 가위집에 끼워 고정해요.

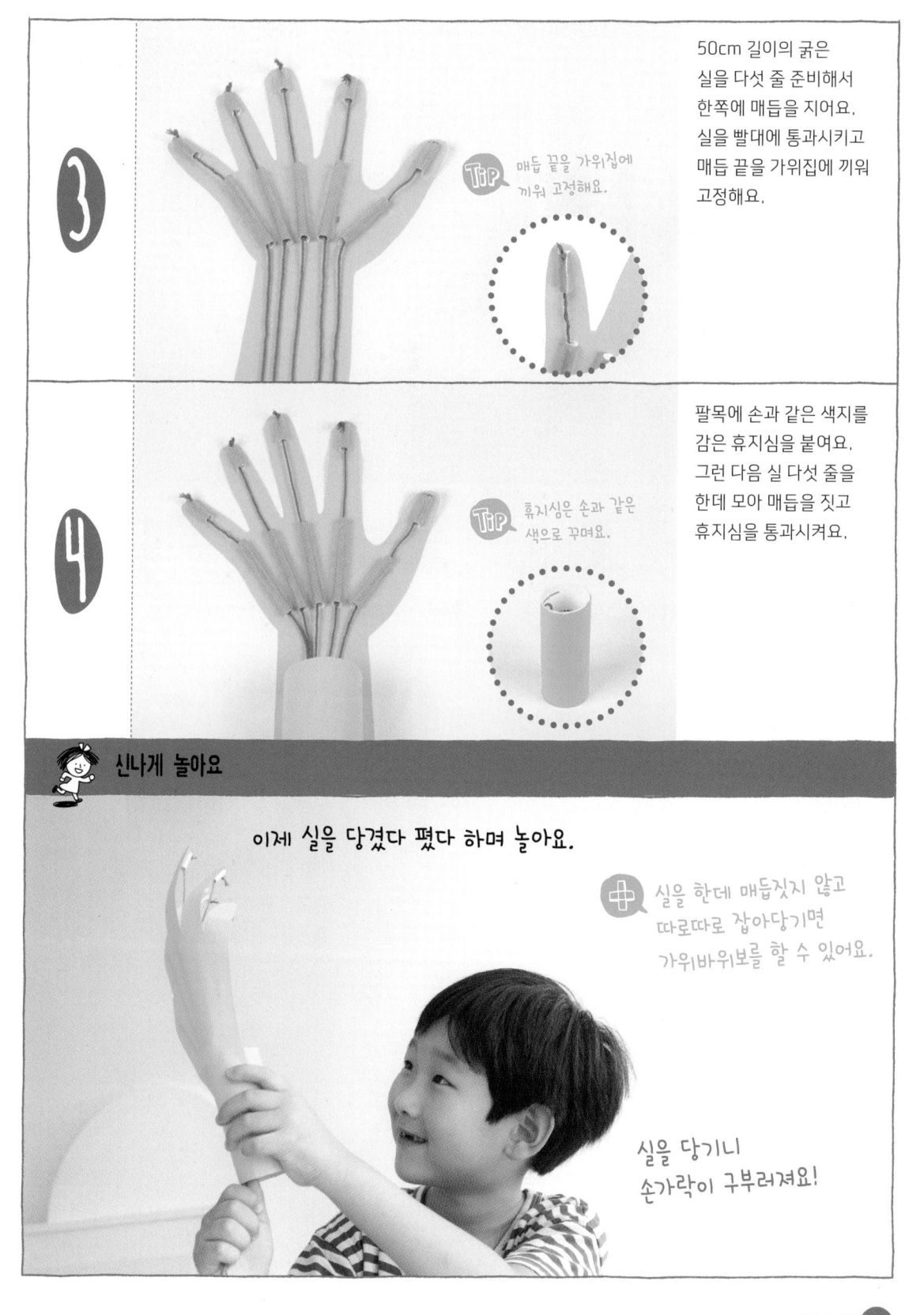

50cm 길이의 굵은 실을 다섯 줄 준비해서 한쪽에 매듭을 지어요. 실을 빨대에 통과시키고 매듭 끝을 가위집에 끼워 고정해요.

4

Tip 휴지심은 손과 같은 색으로 꾸며요.

팔목에 손과 같은 색지를 감은 휴지심을 붙여요. 그런 다음 실 다섯 줄을 한데 모아 매듭을 짓고 휴지심을 통과시켜요.

신나게 놀아요

이제 실을 당겼다 폈다 하며 놀아요.

실을 한데 매듭짓지 않고 따로따로 잡아당기면 가위바위보를 할 수 있어요.

실을 당기니 손가락이 구부러져요!

미술 놀이

체조하는 가재

빨대와 휴지심을 이용해서 움직이는 가재 인형을 만들어봅니다. 어렵고 복잡한 장치가 없어도 팔딱팔딱 움직이는 인형을 직접 만들 수 있습니다. 가재가 아니라 날아가는 새나 나비, 잠자리 등을 만들어도 좋습니다.

1

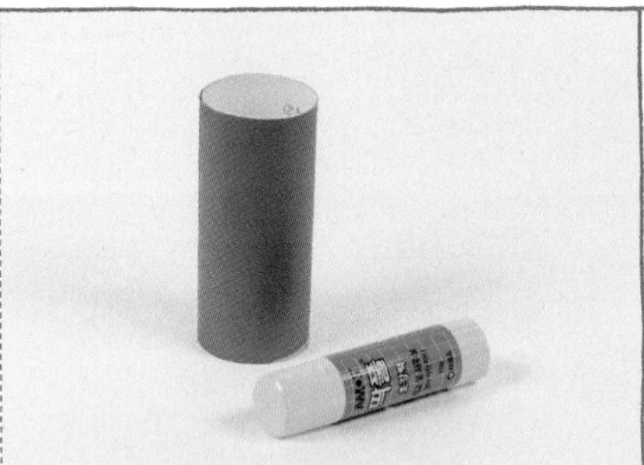

휴지심에 맞게 색종이를 잘라 붙여요.

2

휴지심 양쪽에 가재 집게발이 나올 구멍을 뚫어요.

3

TIP
양쪽 길이가 다른 집게발도 재미있어요.

구부러진 빨대의 긴 쪽을 잘라요.

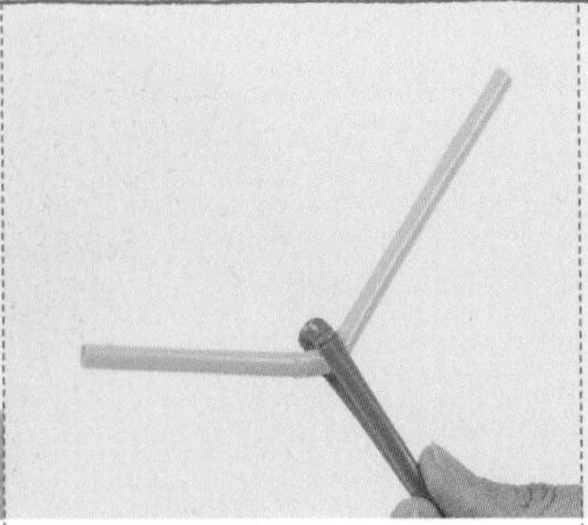

구부러진 부분에 다른 빨대를 걸어 접어요.

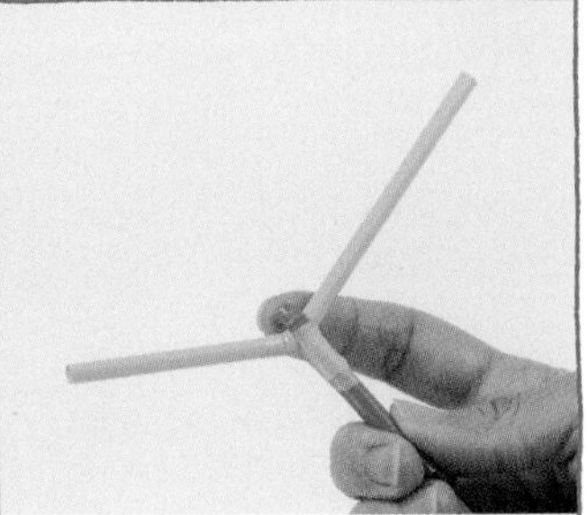

접은 빨대를 테이프로 붙여서 고정해요.

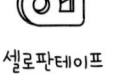

4

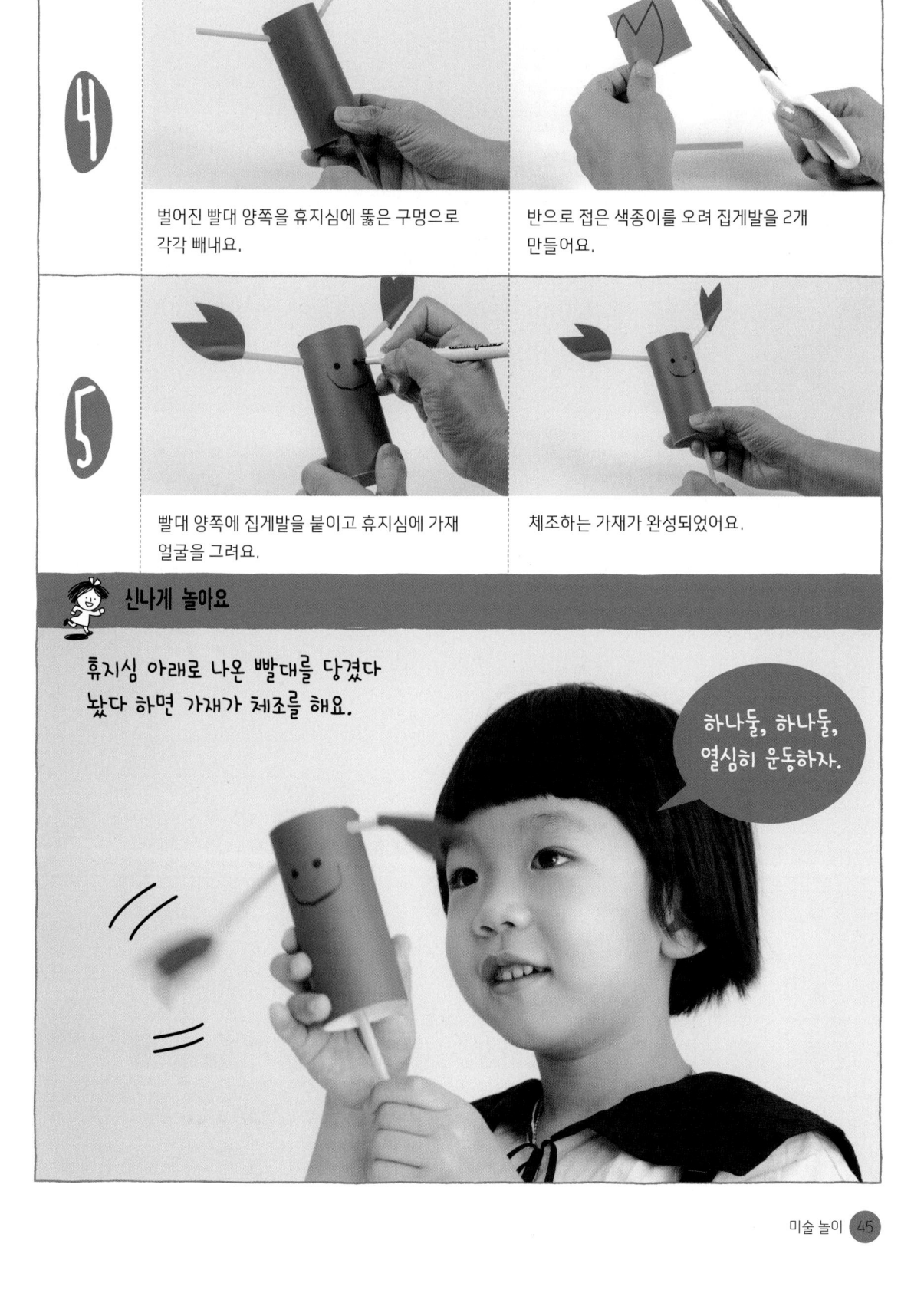

벌어진 빨대 양쪽을 휴지심에 뚫은 구멍으로 각각 빼내요.

반으로 접은 색종이를 오려 집게발을 2개 만들어요.

5

빨대 양쪽에 집게발을 붙이고 휴지심에 가재 얼굴을 그려요.

체조하는 가재가 완성되었어요.

신나게 놀아요

휴지심 아래로 나온 빨대를 당겼다 놨다 하면 가재가 체조를 해요.

미술 놀이

사탕 자판기

다 먹은 과자 상자를 버리지 말고 사탕 뽑기 기계를 만들어봅니다. 손잡이를 돌려서 아래로 떨어지는 사탕을 꺼내 먹는 재미가 있습니다. 너무 많이 먹으려 할 수 있으니 하루에 먹을 수 있는 사탕의 개수를 미리 정해두는 게 좋습니다.

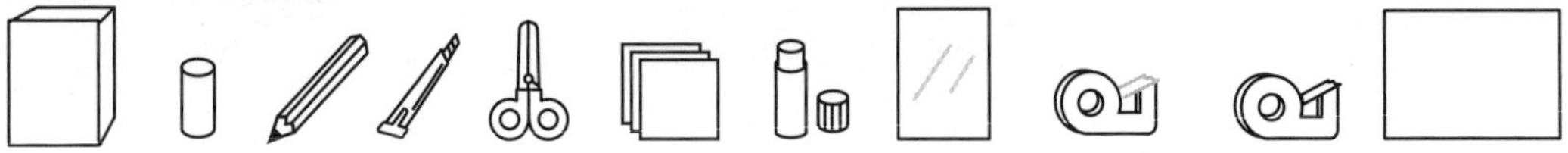

1

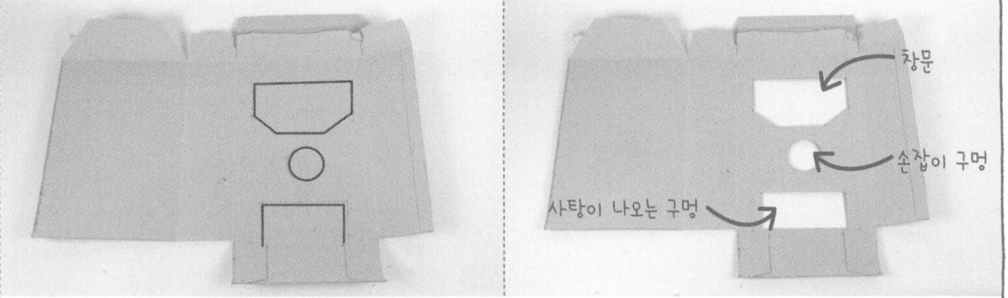

직사각형 과자 상자를 뜯어서 평면으로 펼쳐요. 가운데 가장 넓은 면에 사탕이 보이는 창문과 손잡이를 끼울 구멍, 사탕이 나오는 구멍을 그리고 칼로 잘라내요. 손잡이 구멍은 휴지심을 대고 그려요.

2

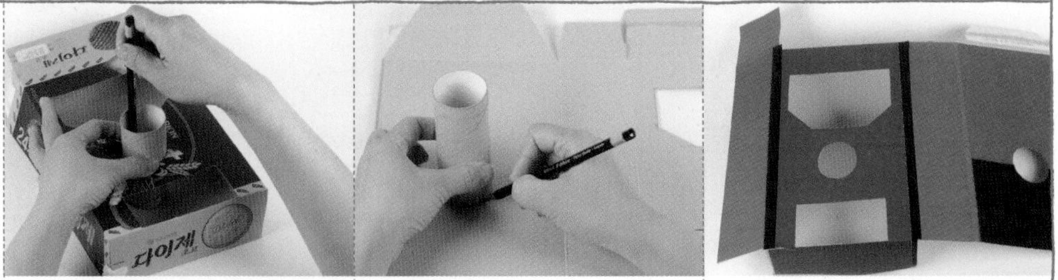

상자를 다시 입체로 접은 다음 휴지심을 구멍에 끼워 반대 면에 뚫을 자리를 표시해요.

상자를 펴고 표시한 자리에 휴지심을 대고 구멍을 정확히 그린 후 칼로 잘라내요.

상자 겉면에 색종이를 붙이거나 색칠을 해서 꾸며요.

3

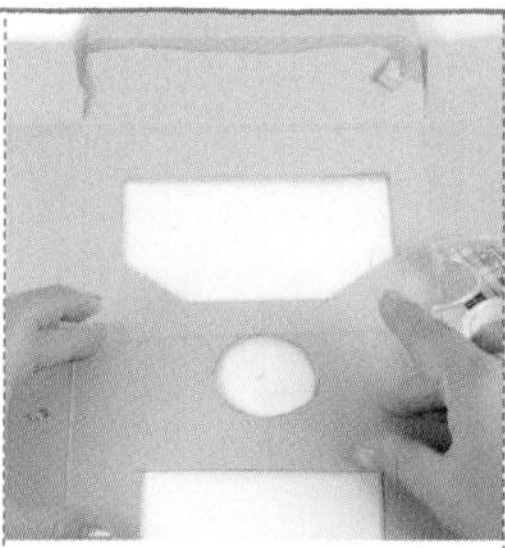

사탕이 보이는 창문 안쪽에 양면테이프로 투명 필름을 붙여요.

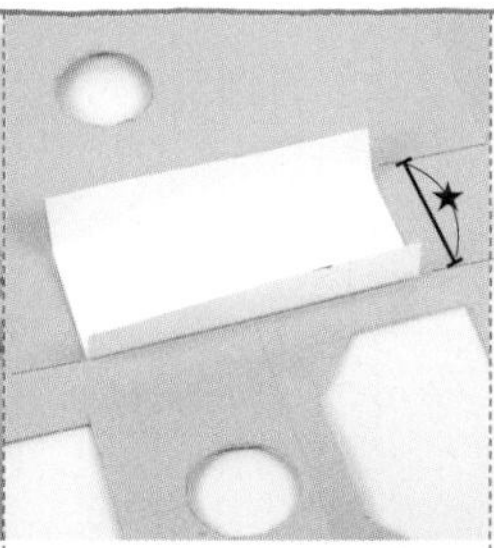

상자 옆면 너비에 맞게 두꺼운 종이 2장을 자른 후 접어요.

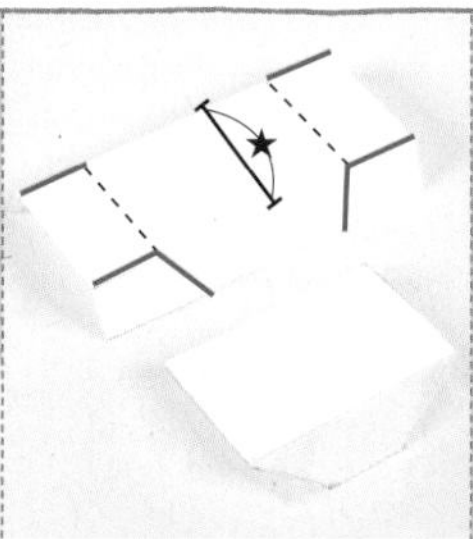

그림처럼 오리고 접어 받침대 2개를 만들어요.

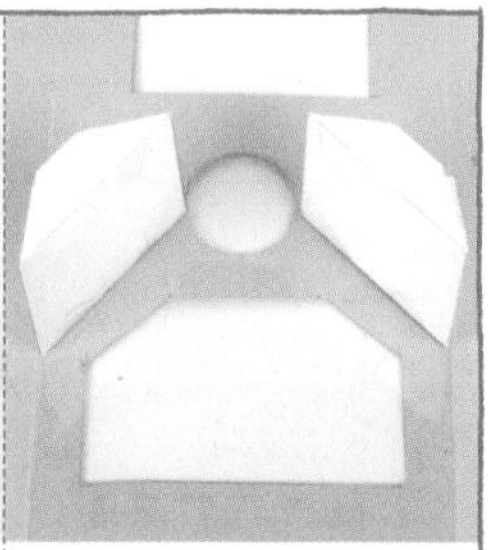

창문 아래에 비스듬하게 붙여서 사탕이 떨어지는 깔대기 구조를 만들어요.

4

TIP 손잡이 구멍에서 빠지지 않도록 하는 역할이에요.

휴지심 한쪽에 1cm 깊이로 가위집을 내고 밖으로 접은 다음 창문을 잘라낸 조각에 붙여요. 그런 다음 둥글게 오려요.

휴지심을 상자에 끼우고 깔대기와 박스 사이에 낀 곳을 표시해요.

돌리는 화살표도 그려요.

표시한 대로 휴지심 중간에 구멍을 뚫고, 윗면도 종이로 막아요.

신나게 놀아요

휴지심을 끼우고 사탕을 넣으면 사탕 자판기 완성!

TIP 휴지심에 고무줄을 끼우면 손잡이가 뒤로 빠지지 않아요.

손잡이를 돌리면 사탕이 우르르~!

미술 놀이

입체 하트 카드

카드를 펼치면 하트가 뿅 튀어 오르는 입체 카드를 만들어봅니다.
부모님이나 친구에게 사랑하는 마음을 전하고 싶을 때 쓰기 좋아요.
꼭 하트가 아니더라도 좋아하는 장식을 만들어 붙여보세요.

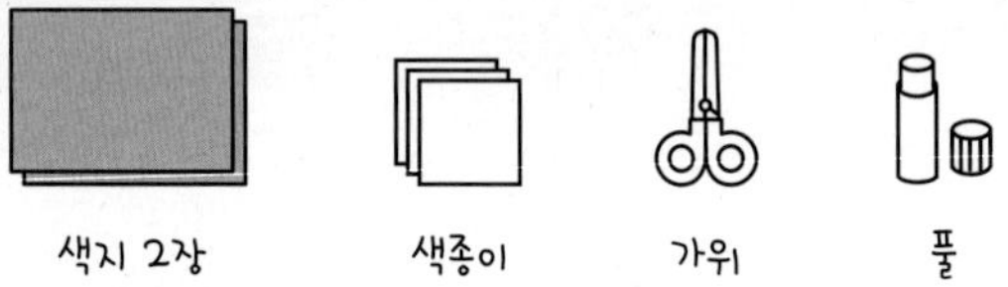

1

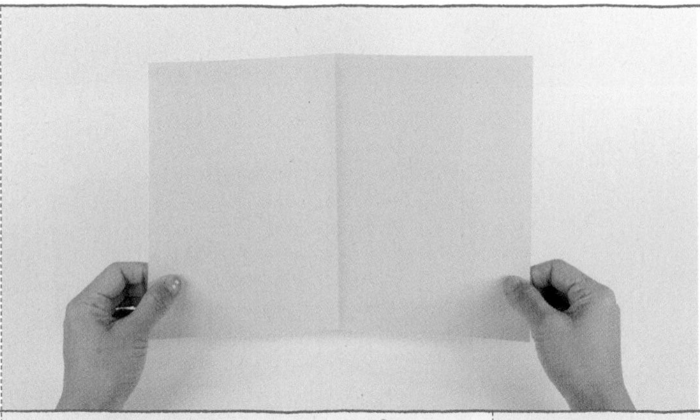

색지 한 장을 반으로 접어요. 또 한 장의 색지는 색지를 반으로 접어 자른 뒤 동그랗게 오려요.

2

동그라미를 나선형으로 오려요. 나선이 최대한 많이 나오도록 오리는 것이 좋아요.

색종이로 카드를 꾸밀 하트를 여러 개 만들어요. 종이를 반으로 접고 오리면 예쁘게 완성돼요.

3

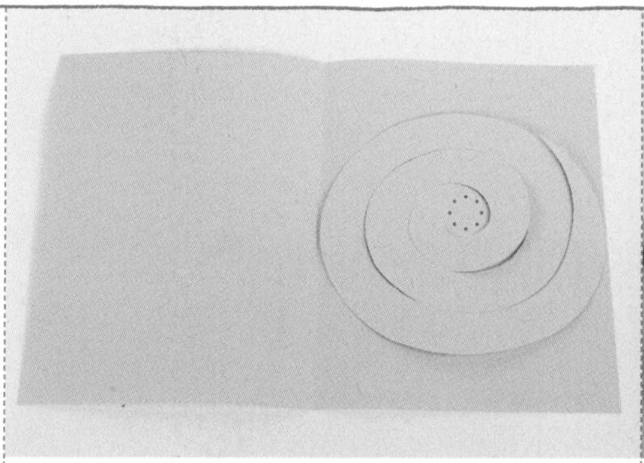

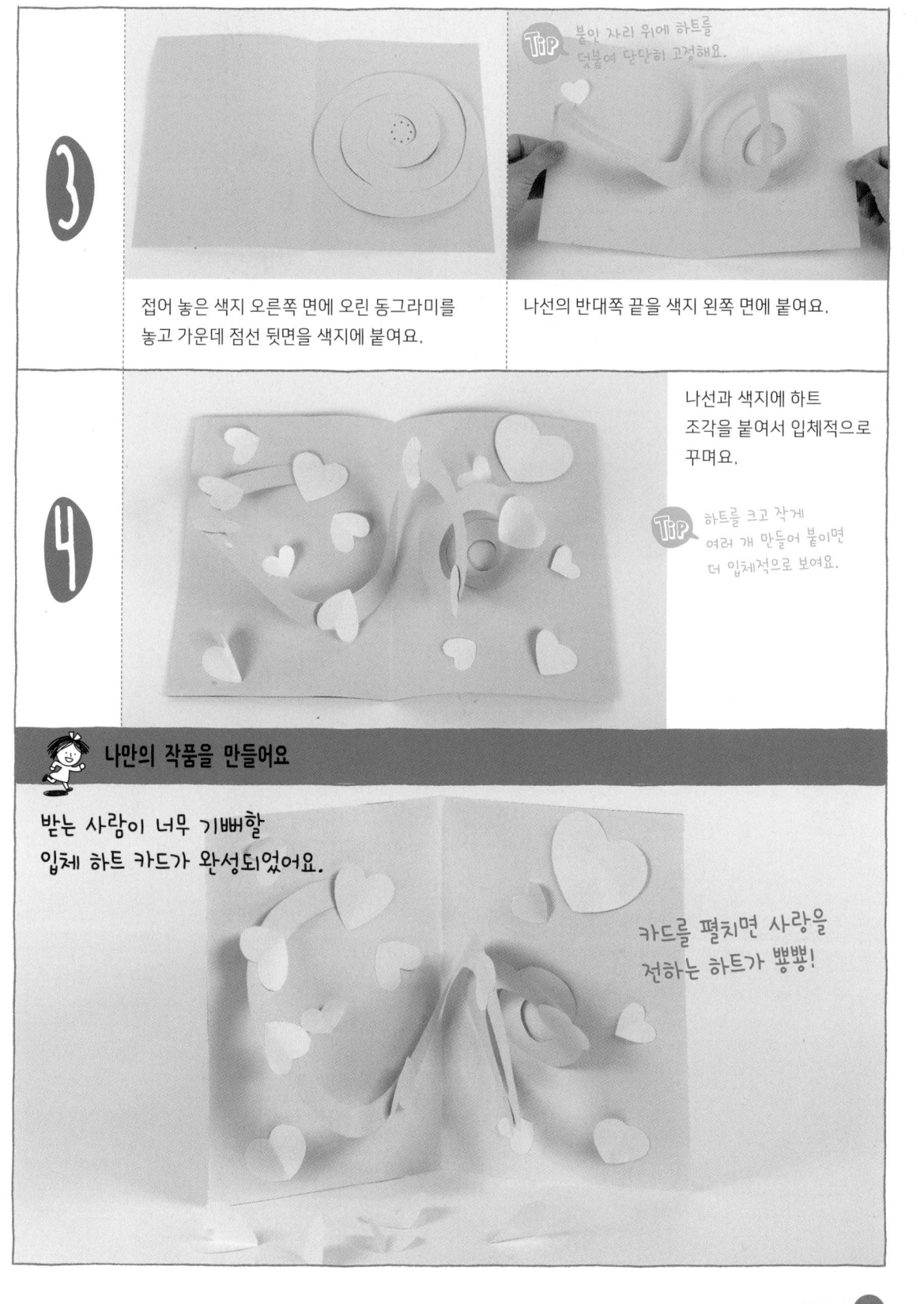

접어 놓은 색지 오른쪽 면에 오린 동그라미를 놓고 가운데 점선 뒷면을 색지에 붙여요.

TIP 붙인 자리 위에 하트를 덧붙여 단단히 고정해요.

나선의 반대쪽 끝을 색지 왼쪽 면에 붙여요.

4

나선과 색지에 하트 조각을 붙여서 입체적으로 꾸며요.

TIP 하트를 크고 작게 여러 개 만들어 붙이면 더 입체적으로 보여요.

나만의 작품을 만들어요

받는 사람이 너무 기뻐할 입체 하트 카드가 완성되었어요.

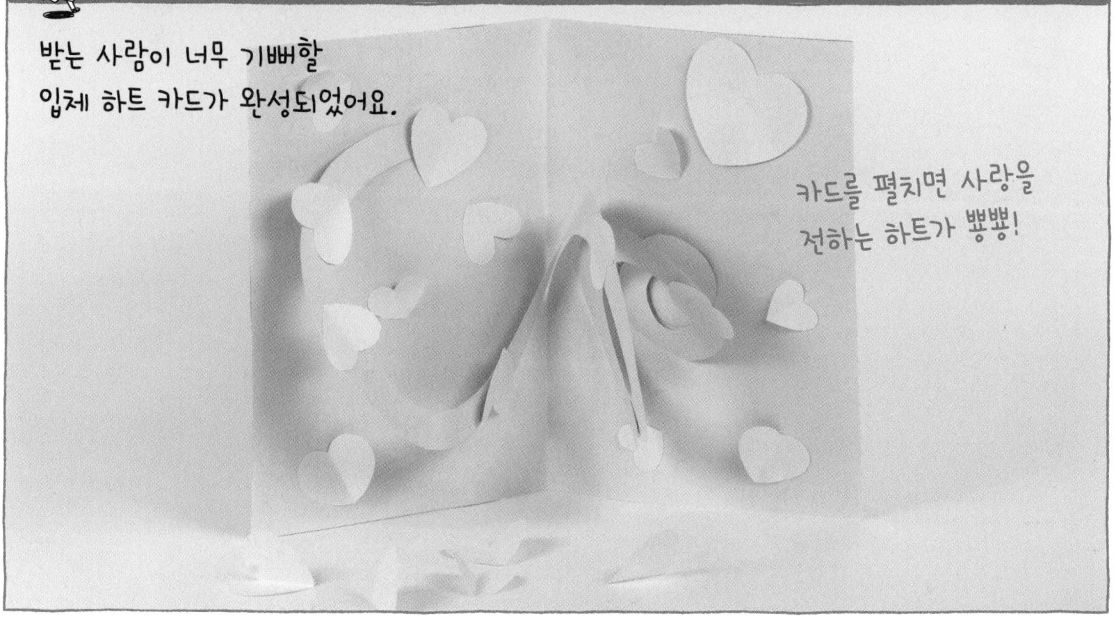

카드를 펼치면 사랑을 전하는 하트가 뿅뿅!

미술 놀이

부활절 달걀

부활절에는 달걀을 예쁘게 꾸며 서로에게 선물하는 풍습이 있어요. 여기에서는 종이 달걀판을 이용해서 달걀을 안전하게 올려 놓을 수 있는 예쁜 닭 모양 장식을 만들어봅니다. 집에 장식으로 두어도 좋고 선물하기에도 좋습니다.

1

달걀판을 사진에 표시한 모양대로 잘라요.

2

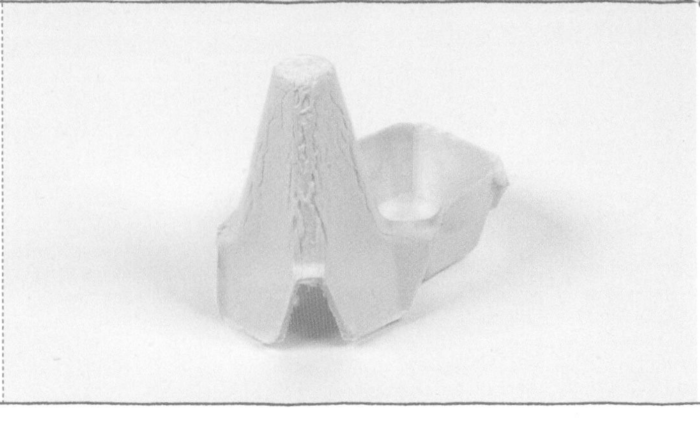

조각의 잘라낸 면을 가위로 깨끗하게 다듬어요.

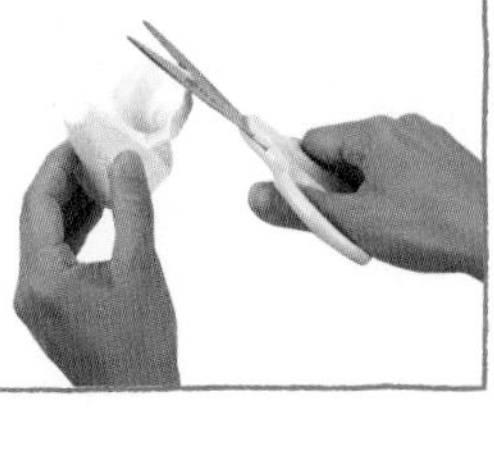

3

색종이를 잘라 닭의 부리와 볏을 만들고
눈 스티커도 준비해요.

4

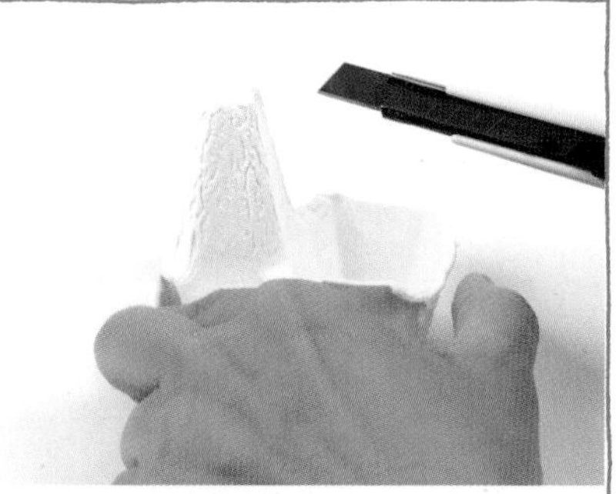

달걀판 위쪽에 칼집을 내요.

5

위쪽 칼집에 볏 장식을 끼우고 눈과 부리를 붙여서 닭을 만들어요.

사인펜이나 색연필 등 여러가지 재료로 꾸며봐요.

나만의 작품을 만들어요

달걀을 올려놓으면
달걀을 업고 있는 엄마 닭이 돼요.

닭이 아닌 다른 새들도 만들어봐요.

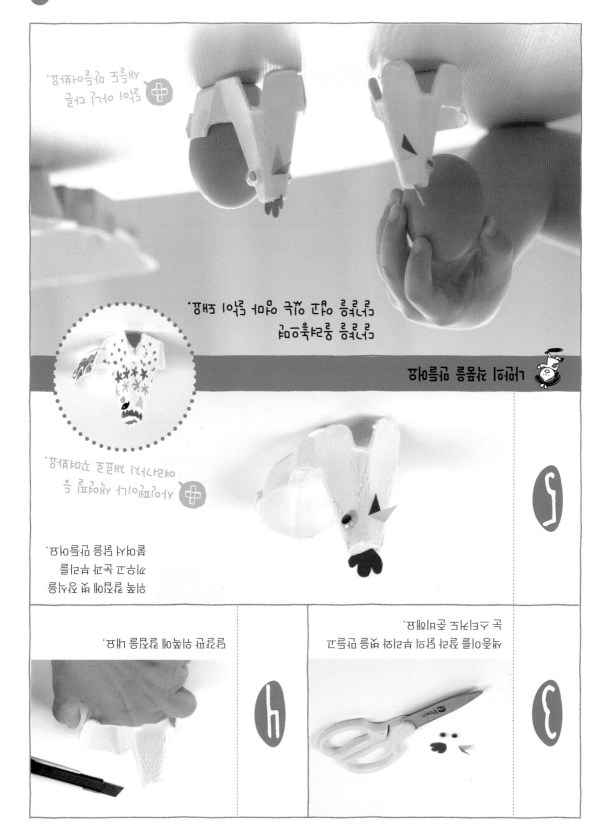

미술 놀이

핼러윈 코스프레

아빠가 입던 낡은 티셔츠를 이용하여 핼러윈 파티에 입을 몬스터 의상을 만들어봅시다. 아이가 직접 자신이 좋아하는 몬스터 모양으로 꾸미면 남들과는 다른 자신만의 핼러윈 코스튬을 만들 수 있습니다.

1

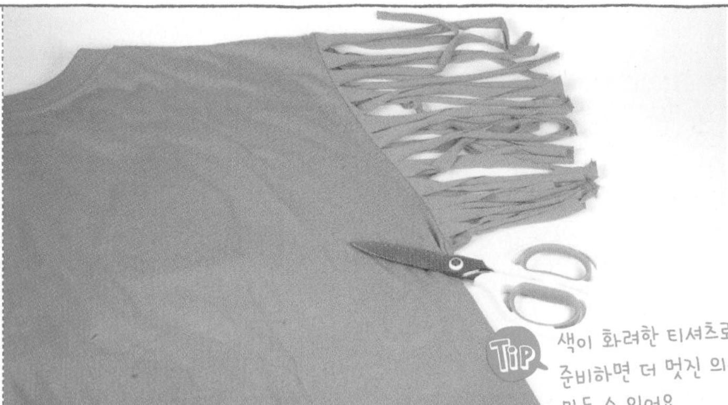

아빠가 입던 티셔츠를 준비해서 소매와 아랫단을 잘게 잘라요.

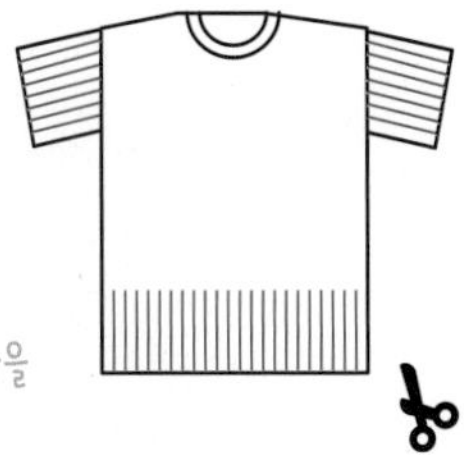

Tip 색이 화려한 티셔츠로 준비하면 더 멋진 의상을 만들 수 있어요.

2

티셔츠 몸통에 접착 부직포나 시트지로 얼굴 모양을 만들어 장식해요.

3

의상과 어울리는 색의 목장갑에 부직포나 시트지로 손톱 등을 만들어 장식해요.

4

티셔츠를 입고 장갑을 끼면 핼러윈 코스튬 완성!

신나게 놀아요

우왕~
내가 제일
무섭지?

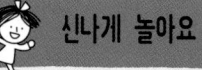

티셔츠로 얼굴을 가리고 잡기 놀이를 해보세요.

미술 놀이

유령 램프

우유갑으로 유령 모양 전등 덮개를 만들어 작은 LED 램프에 씌우면 핼러윈 분위기를 내는 유령 램프 장식이 됩니다. 거실이나 현관에 장식을 할 수도 있고 아이 방에 수면등으로 쓸 수도 있습니다.

200mL 우유갑 / 칼 / 가위 / 검은색 종이테이프(색종이) / LED 촛불 램프

1

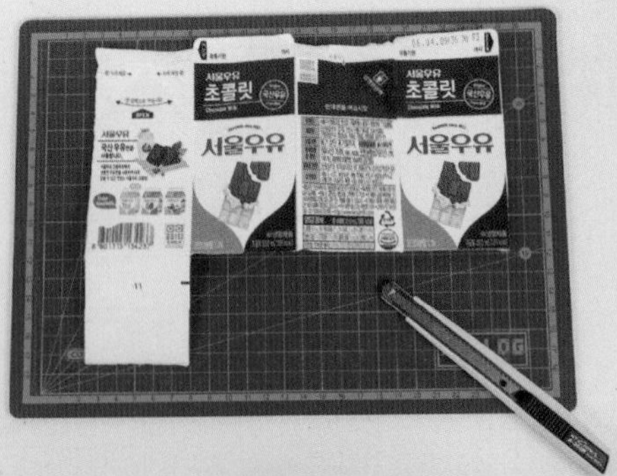

200mL 우유갑 한 면의 모서리를 잘라서 펼치고 아랫면과 맞닿는 한 면을 제외한 세 밑면 모서리를 잘라요.

칼 사용은 위험하니 어른이 도와주세요.

2

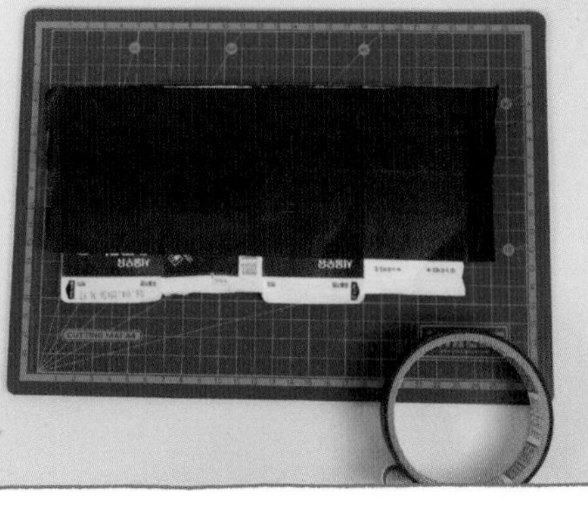

우유갑 겉면에 검은색 종이테이프나 색종이를 붙여요.

칼 사용은 위험하니 어른이 도와주세요.

3

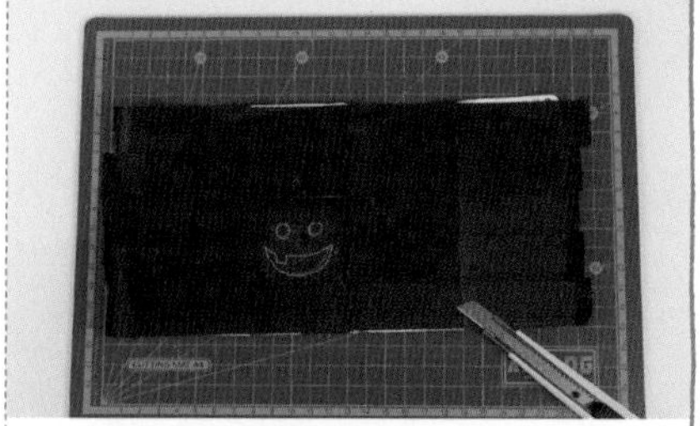

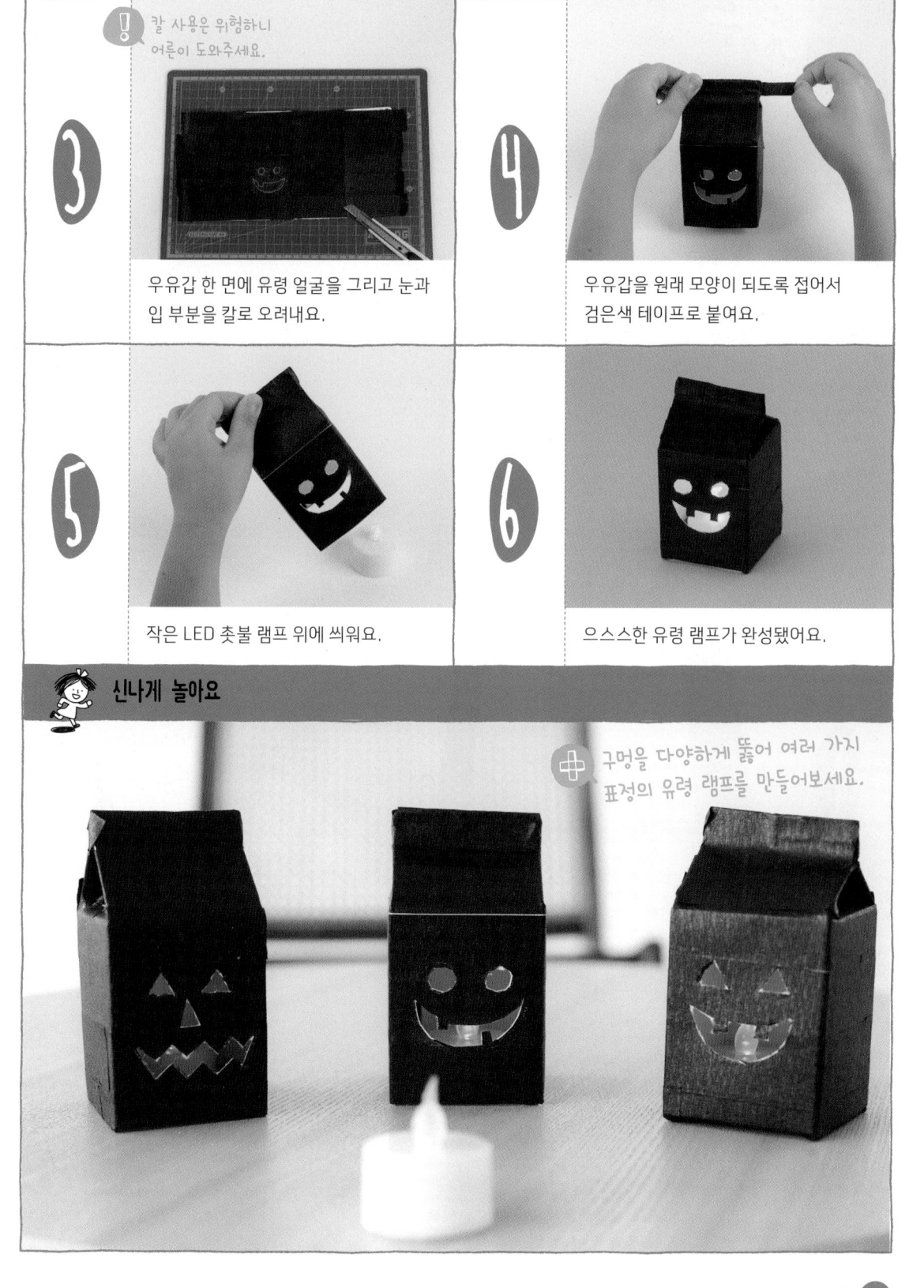

우유갑 한 면에 유령 얼굴을 그리고 눈과 입 부분을 칼로 오려내요.

4

우유갑을 원래 모양이 되도록 접어서 검은색 테이프로 붙여요.

5

작은 LED 촛불 램프 위에 씌워요.

6

으스스한 유령 램프가 완성됐어요.

신나게 놀아요

구멍을 다양하게 뚫어 여러 가지 표정의 유령 램프를 만들어보세요.

미술 놀이

핼러윈 고양이 가방

핼러윈 하면 호박, 사탕, 박쥐, 마녀 등이 떠오르지요. 까만 고양이도 빼놓을 수 없어요. 핼러윈에 사탕을 담을 수 있는 까만 고양이 모양 가방을 만들어봅니다. 사탕 가방으로 써도 좋고 외출할 때 손가방으로도 쓸 수 있습니다.

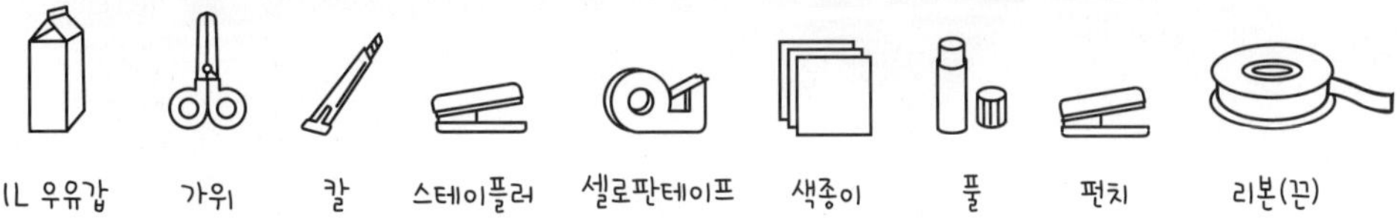

1

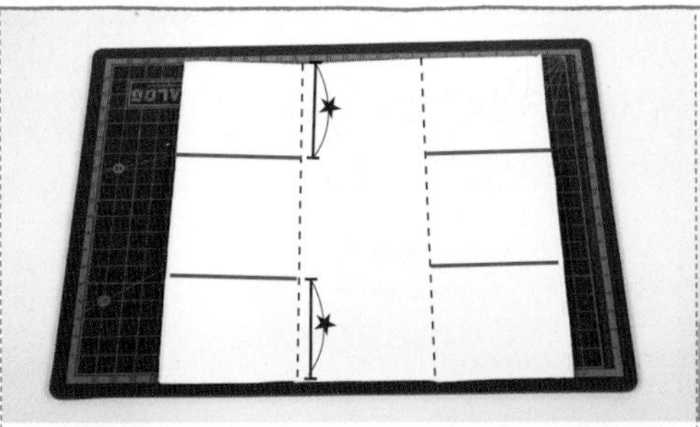

1L 우유갑의 옆면 3면을 남기고 잘라서 펼친 다음, 사진의 빨간 선을 자르고 점선은 안쪽으로 접어요.

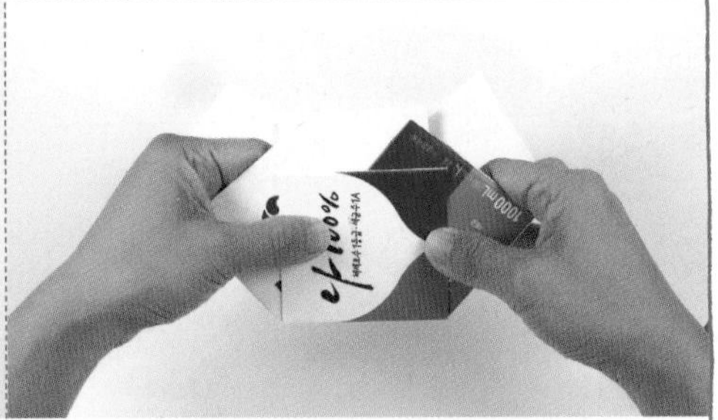

점선을 접어서 양끝을 45도 오므리면 고양이 얼굴 모양이 만들어져요.

2

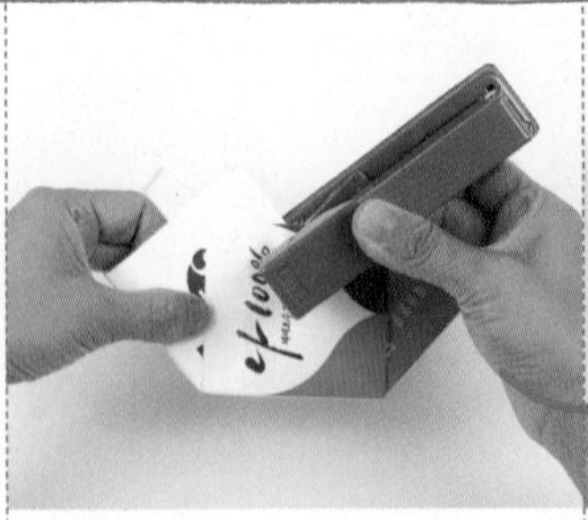

접은 우유갑 모양대로 스테이플러로 찍어 고정해요.

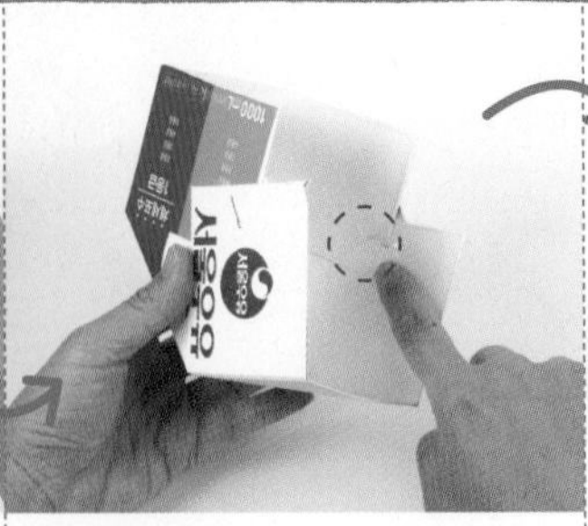

스테이플러 안쪽에 손을 다치지 않도록 테이프를 붙여요.

고양이 얼굴 모양의 가방 틀이 완성되었어요.

3

가방 바깥면에 검은색 색종이를 붙여요.

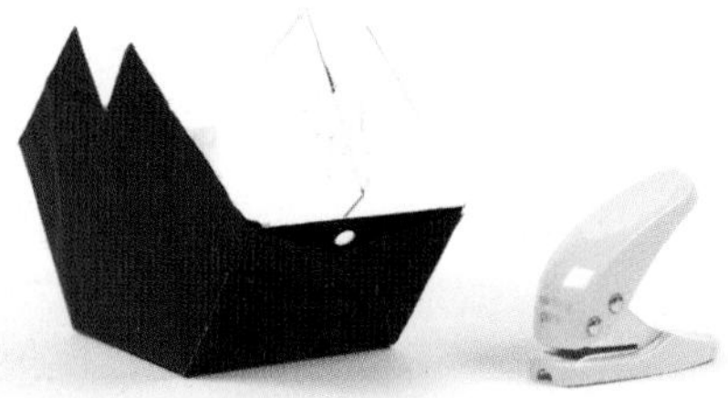

가방의 양쪽 옆에 끈을 끼울 구멍을 뚫어요.

4

가방 앞에 색종이로 고양이 얼굴을 꾸며요.

양쪽 구멍에 리본이나 끈을 꿰어 묶어서 손잡이를 만들어요.

신나게 놀아요

사탕을 담을 가방이 완성되었어요.

미술 놀이

어드벤트 캘린더

크리스마스를 기다리며 1부터 24까지의 숫자가 쓰인 주머니나 작은 서랍 안에 작은 선물을 넣어둔 것을 어드벤트 캘린더라고 합니다. 크리스마스를 기다리는 것 자체가 행복한 이벤트가 될 수 있는 어드벤트 캘린더를 직접 만들어봅니다.

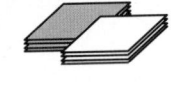

종이컵 24개(초록색, 빨간색) | 냅킨 24장(초록색, 빨간색) | 고무밴드 24개 | 가위 | 작은 선물 24개 | 사인펜

1

종이컵과 냅킨을 24개씩 준비해요.

TIP 크리스마스 분위기에는 초록색과 빨간색이 좋지만 아이가 좋아하는 다른 색으로 준비해도 상관없어요.

2

컵마다 작은 선물이나 간식을 넣어요.

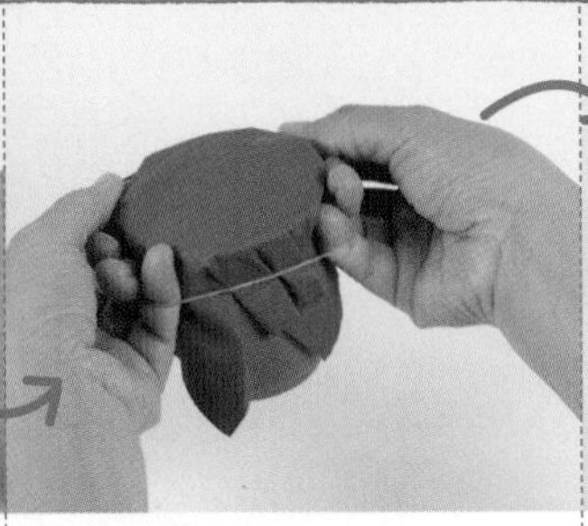

컵 위에 냅킨을 덮은 다음 고무밴드로 묶어요.

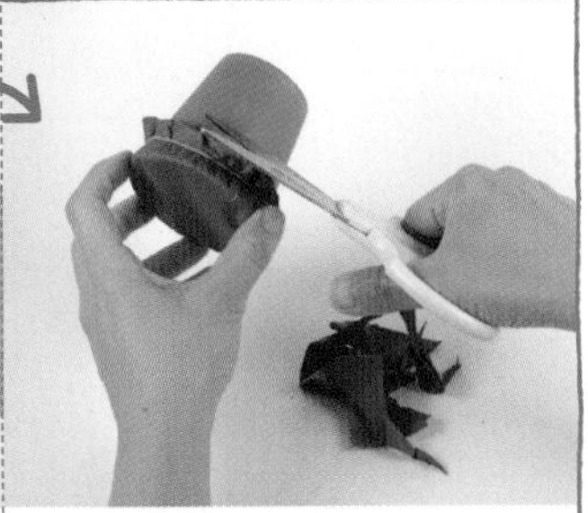

삐져나온 냅킨은 가위로 정리해요.

3

종이컵 위에 각각 1에서 24까지 숫자를 써요.

4

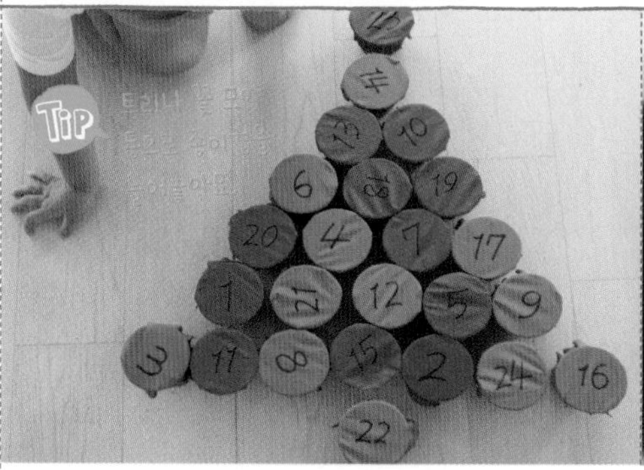

12월 1일부터 하루에 한 개씩 컵을 열어서 안에 든 선물을 꺼내요.

나만의 작품을 만들어요

미술 놀이

나뭇가지 트리

초록 잎이 무성한 나무에 장식을 걸어서 크리스마스트리를 만드는 것도 좋지만, 주변 사물을 이용해서 특별한 트리를 만들 수도 있어요. 나뭇가지를 엮어서 벽에 걸 수 있는 멋진 트리 장식을 만들어보세요.

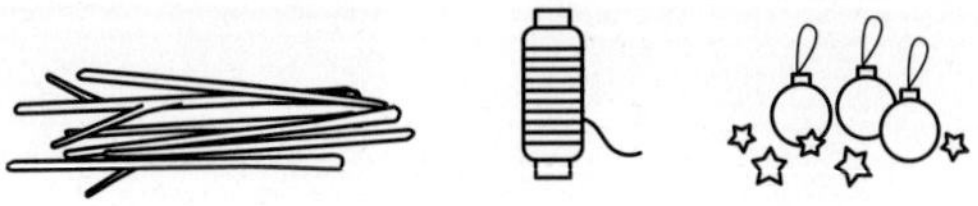

1

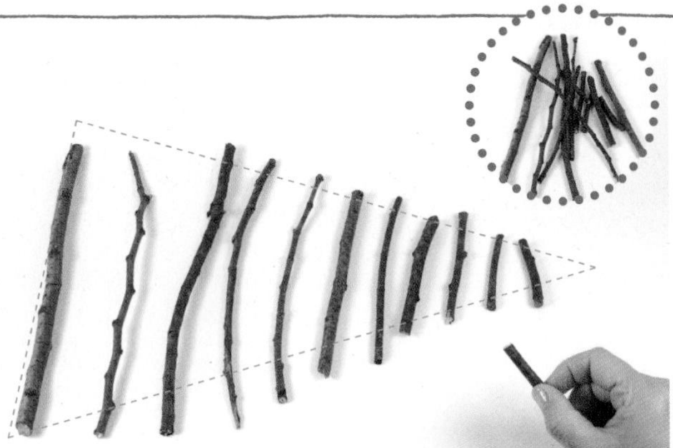

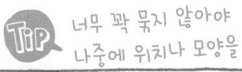

적당한 굵기의 나뭇가지를 여러 개 주워 모은 뒤 삼각형 모양이 되도록 늘어놓아요.

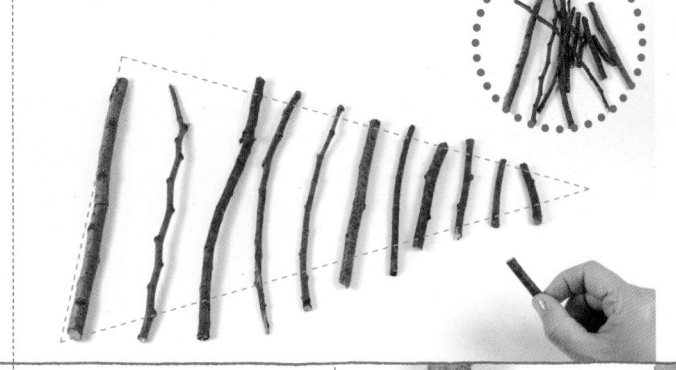

TIP 너무 꽉 묶지 않아야 나중에 위치나 모양을 조절할 수 있어요.

2

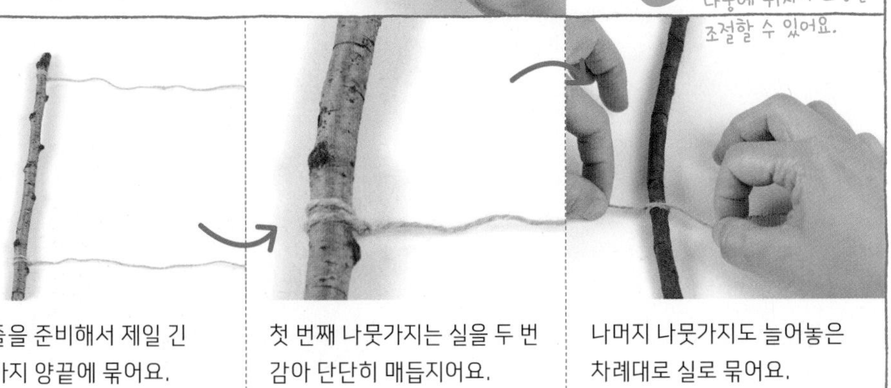

실 2줄을 준비해서 제일 긴 나뭇가지 양끝에 묶어요.

첫 번째 나뭇가지는 실을 두 번 감아 단단히 매듭지어요.

나머지 나뭇가지도 늘어놓은 차례대로 실로 묶어요.

3

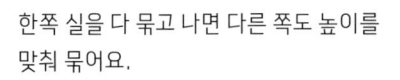

한쪽 실을 다 묶고 나면 다른 쪽도 높이를 맞춰 묶어요.

4

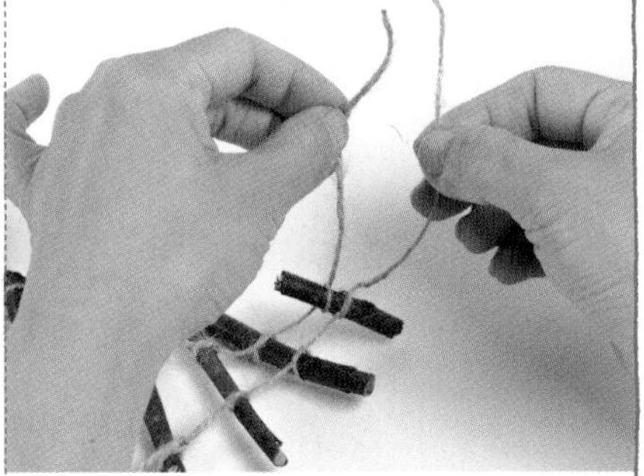

나뭇가지를 모두 묶고 나면 맨 위에서 두 실을 함께 묶어요.

5

한쪽으로 기울어지지 않도록 나뭇가지 모양을 다듬고 트리 장식을 매달아요.

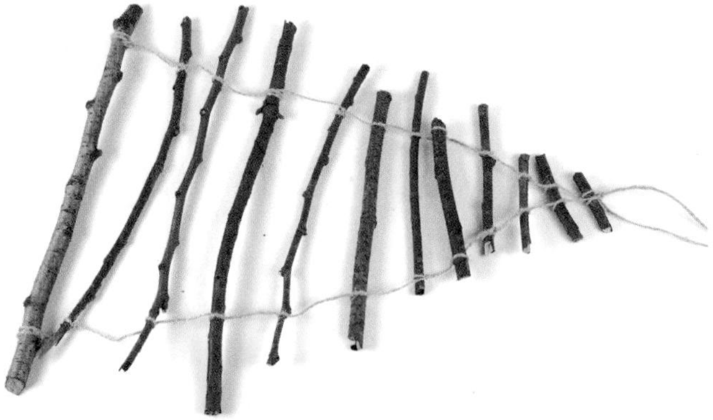

나만의 작품을 만들어요

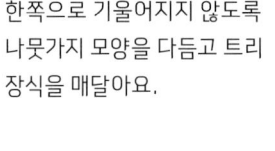

벽에 걸면 특별하고 멋진 크리스마스트리가 돼요.

Tip 나뭇가지 트리 옆 벽에 장식을 붙이면 더 풍성한 느낌의 트리가 돼요.

미술 놀이

크리스마스 카드

크리스마스 카드를 직접 만들어서 보내면 주는 사람에게도 받는 사람에게도 특별한 추억이 됩니다. 아코디언처럼 늘어나는 허니콤 종이를 이용한 입체 카드를 만들어 마음을 전해보세요.

1

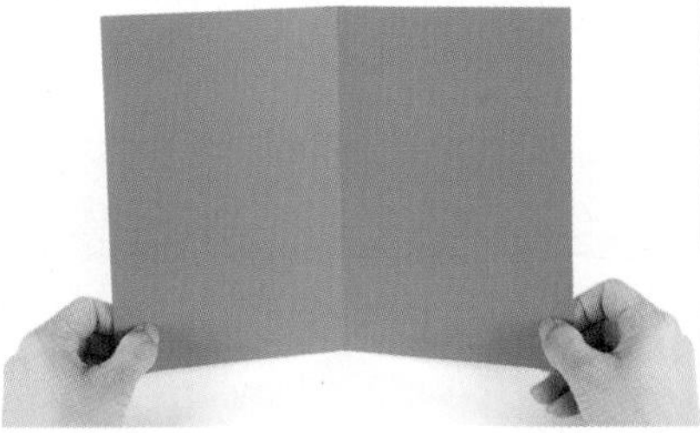

색지를 반으로 접어요.

2

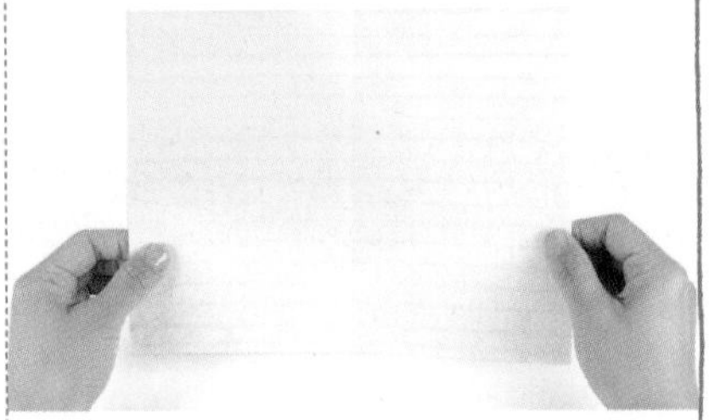

색지 안에 들어갈 수 있을 크기의 허니콤 종이를 반으로 접어요.

3

눈사람의 반을 그려요.

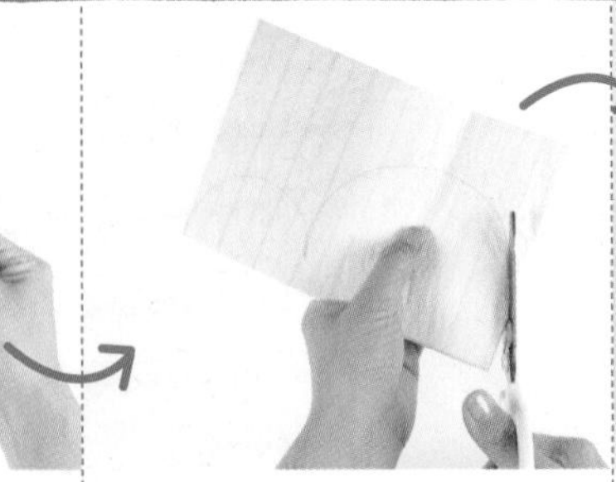

가위로 오려요.

허니콤 눈사람이 만들어졌어요.

4

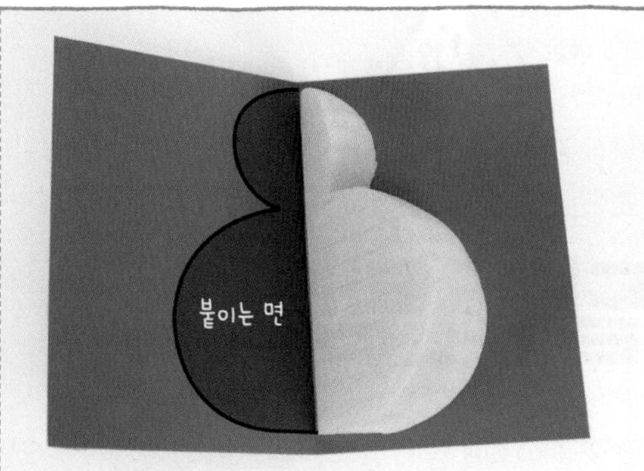

양끝을 잡고 벌리면 벌집 모양의 눈사람이 나타나요.
접어 놓은 색지 안쪽의 양쪽 면에 눈사람을 양면테이프로 붙여요.

5

나머지 면을 눈사람에 어울리게 꾸며요.

나만의 작품을 만들어요

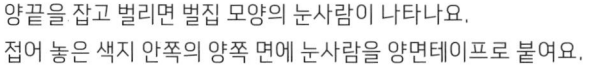

눈사람 외에도 트리 모양으로 입체 카드를 만들어보세요.

과학 놀이

도둑 잡아라!

자석에는 여러 가지 성질이 있는데 가장 대표적인 특징은 같은 극끼리는 밀어내고 다른 극끼리는 끌어당기는 것입니다. 이런 자석의 성질을 이용하여 밀어내기도 하고 끌어당기기도 하는 재미있는 장난감을 만들어 놀아봅니다.

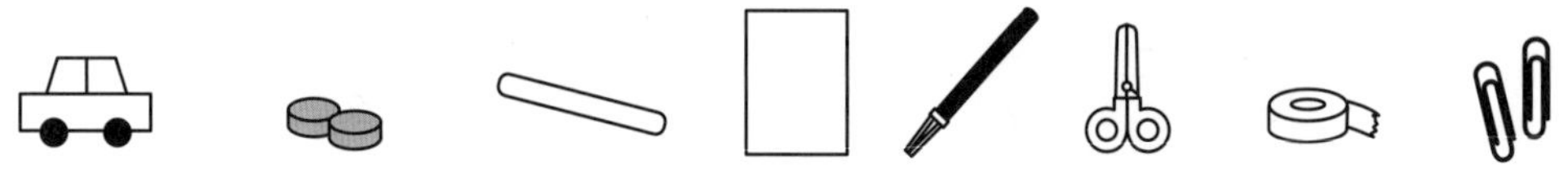

작은 장난감 자동차 · 동전 자석 2개 · 아이스크림 막대 · 종이 · 사인펜 · 가위 · 종이테이프 · 클립

1

작은 장난감 자동차 뒤에 동전 자석을 붙여요.

2

막대 한쪽 끝에도 자석을 붙여요. 자동차 자석과 붙지 않는 쪽을 위로 붙여요.

3

TIP 아이가 좋아하는 다른 인형을 그려도 좋아요.

자동차에 태울 도둑 종이 인형을 그려서 오려요.

4

자석이 붙은 막대를
자동차 뒤에 가까이
대어보아요. 도둑이 탄
자동차가 도망갈 거예요.

Tip 막대에 자동차에 붙인 자석과 반대 극을 위로 붙이고 앞에 두면 자동차를 끌어당겨요.

신나게 놀아요

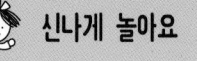

이번에는 자석으로 미로 탈출 놀이를 해볼까요?

1. 종이에 미로를 그리고, 도둑 종이 인형에 클립을 끼워요.
2. 도둑은 미로 위에, 자석을 붙인 아이스크림 막대는 미로 아래에 두세요.
3. 미로의 길을 따라 막대를 움직여서 도둑이 미로를 탈출하게 도와주세요.

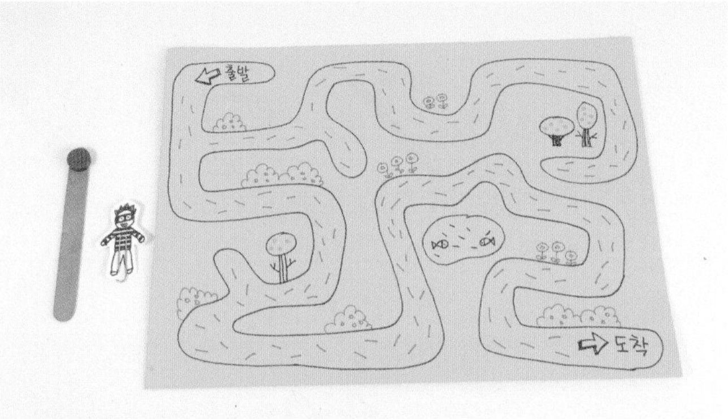

과학 놀이

사라져라, 뿅!

빛의 굴절과 반사 등의 성질을 이용해서 물에 넣으면 무늬가 사라지는 마술 그림을 그려봅니다. 굳이 과학적 원리를 복잡하게 설명하기보다는 간단한 활동으로 신기한 경험을 즐길 수 있도록 해주세요.

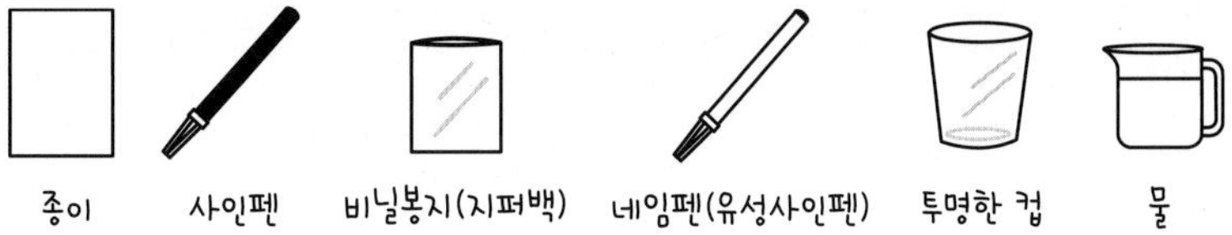

1

종이에 펜으로 얼룩 고양이를 그려요.

Tip 꼭 고양이가 아니어도 무늬가 있는 그림이면 다 좋아요.

2

그림을 비닐봉지에 넣고 비닐 위에 네임펜으로 고양이의 외곽선을 따라 그려요.

3

비닐봉지가 잠길 만한
투명한 컵에 물을 채워요.

4

비닐봉지에 넣은 그림을 물에 넣으면 물에 잠긴 부분만 무늬가 사라져 보여요.

신나게 놀아요

Tip 물에 들어간 부분의 얼룩이 사라져 보이는 것은 빛의 굴절과 반사 때문입니다. 비스듬히 보면 무늬가 사라지지만 정면에서 똑바로 보면 무늬가 보이기도 합니다.

과학 놀이

부글부글 공룡알

베이킹소다에 구연산수를 부으면 부글부글 거품이 일어납니다. 이 원리를 이용하여 장난감 가게에서 볼 수 있는 녹는 공룡알을 만들어 봅니다. 부글부글 거품이 일어나며 짜잔 하고 공룡이 나타나면 아이들이 너무 좋아할 거예요.

베이킹소다 1컵 / 큰 볼 / 구연산 가루 4큰술 / 물감(식용 색소) / 식용유 1큰술 / 장난감 공룡 / 오목한 그릇 / 물 1컵

1

큰 볼에 베이킹소다 1컵을 넣어요.

2

구연산 가루 4큰술을 넣어요.

물감이나 식용색소를 약간 넣어요.

식용유 1큰술을 넣어요.

3

모든 재료를 잘 섞어요.

4

! 물속에 넣어야 하니 젖으면 망가질 수 있는 장난감은 피해주세요.

공룡알 속에 넣을 장난감 공룡을 준비해요.

5

Tip 잘 뭉쳐지지않으면 식용유를 좀 더 넣어요.

장난감 공룡을 ③에 넣고 주먹으로 꼭꼭 뭉쳐 알 모양으로 만들어요.

Tip 공룡알은 서늘한 곳에서 반나절 정도 건조시키면 단단해져요.

신나게 놀아요

이제 공룡알을 부화시켜 볼까요? 그릇에 공룡알을 놓고 물을 부어요.

알이 부글부글 녹고 있어!

과학 놀이

스키틀즈 무지개

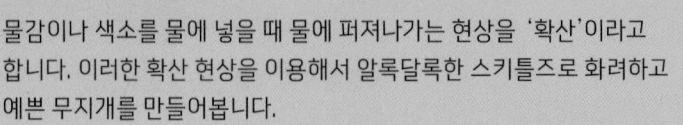

물감이나 색소를 물에 넣을 때 물에 퍼져나가는 현상을 '확산'이라고 합니다. 이러한 확산 현상을 이용해서 알록달록한 스키틀즈로 화려하고 예쁜 무지개를 만들어봅니다.

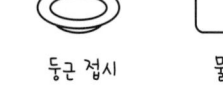

색색의 스키틀즈 | 둥근 접시 | 물

1

색색의 스키틀즈를 접시 가장자리에 빙 둘러서 놓아요.

2

빈틈없이 동그란 모양으로 만들어요. 같은 색끼리 모아도 되고 좋아하는 색 순서대로 늘어놓아도 돼요.

3

스키틀즈가 살짝 잠길 때까지 가운데에 물을 부어요.

신나게 놀아요

접시 안의 물이 어떻게 바뀌는지 살펴보아요. 스키틀즈의 색소가 물에 녹으면서 멋진 무지개가 만들어질 거예요.

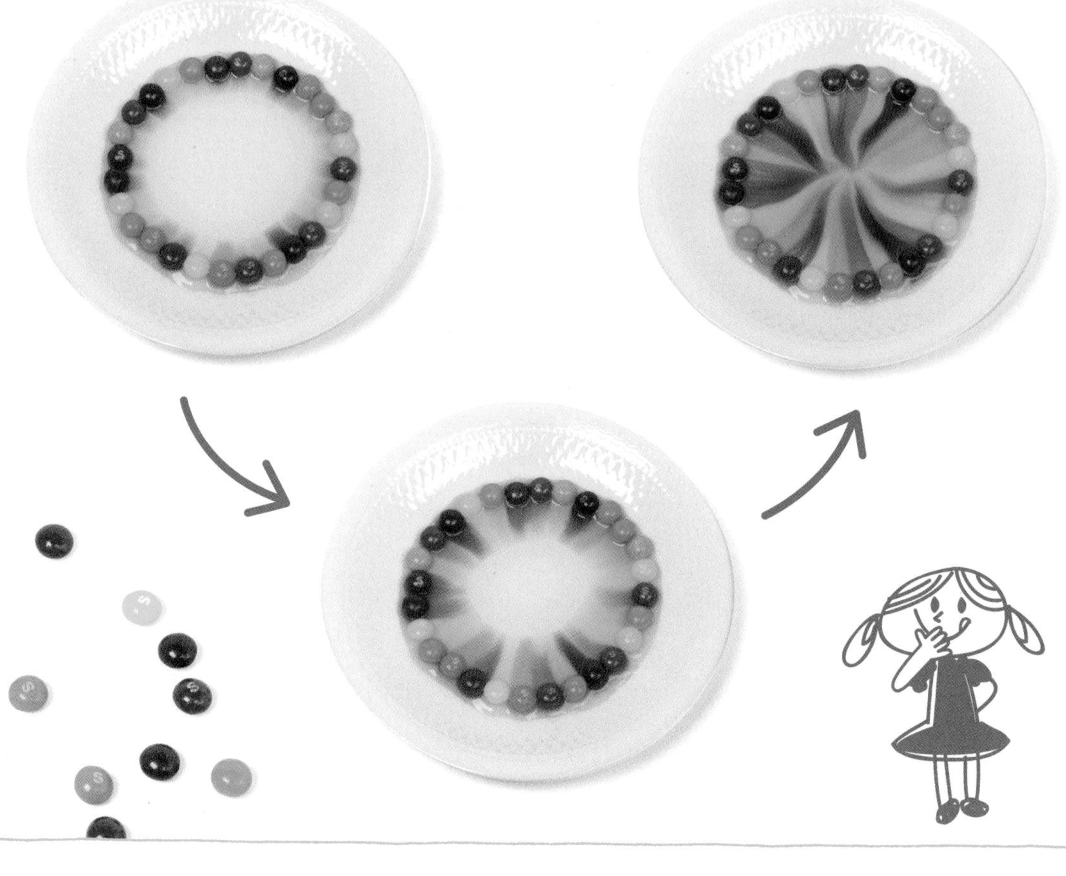

과학 놀이

부풀어 물감

밀가루와 베이킹소다, 소금으로 만든 반죽에 열을 가하면 쿠키 반죽처럼 부풀어 오릅니다. 이 원리를 이용해서 아이와 함께 부풀어 오르는 물감을 만들어봅니다. 처음 물감의 상태와 열을 가한 후 물감의 상태가 어떻게 달라졌는지 관찰하며 즐거운 과학 놀이를 경험할 수 있습니다.

1

밀가루 1컵과 베이킹소다 1/2컵을 넣어요.

2

소금 1큰술을 넣어요.

3

물 1컵을 넣어요.

4

모든 재료를 잘 섞어서 반죽을 만들어요.

5

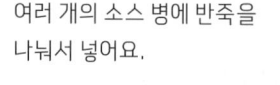

여러 개의 소스 병에 반죽을 나눠서 넣어요.

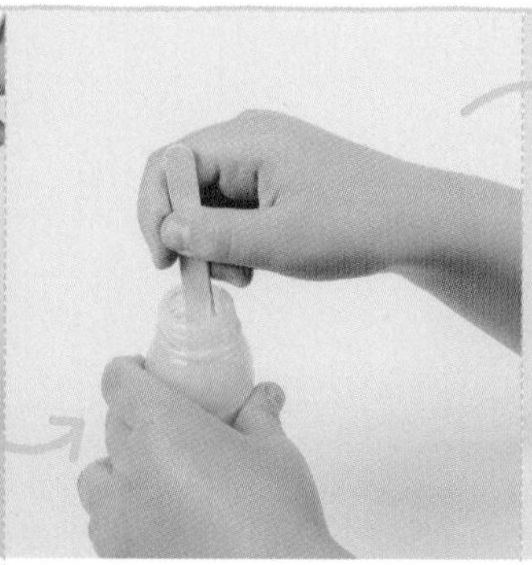

각각의 소스 병에 원하는 색 물감을 넣고 흔들어 잘 섞어요.

부풀어 오르는 물감이 완성되었어요.

6

검은색 도화지에 여러 색의 물감으로 자유롭게 그림을 그린 후, 전자레인지에 넣고 1분 정도 돌려요.

! 반죽이 탈 수 있으니 계속 살펴봐요.

신나게 놀아요

내가 그린 그림이
빵처럼 부풀어 올랐어요!

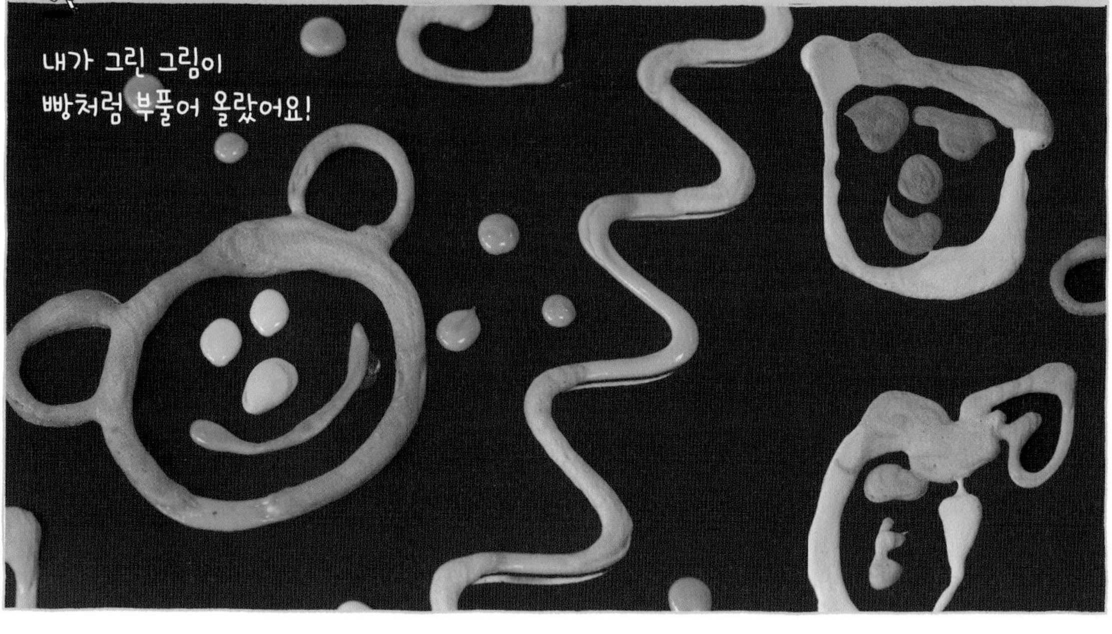

과학 놀이

라바 램프

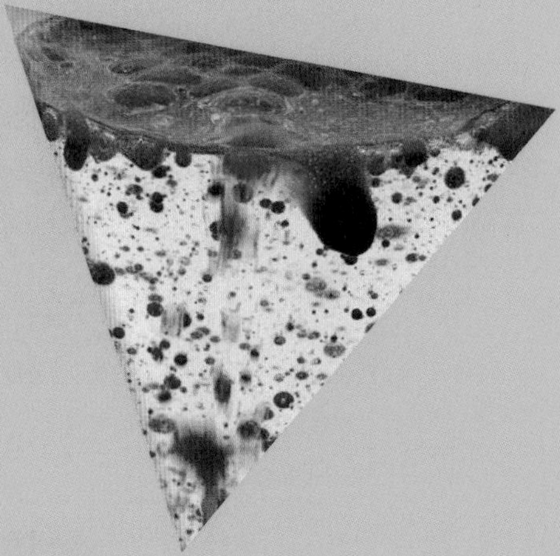

물과 기름은 서로 섞이지 않기 때문에 함께 두고 마구 저어도 다시 분리됩니다. 이 성질을 이용해서 기름과 수채화 물감을 가지고 물감이 용암처럼 몽글몽글 움직이는 라바 램프를 만들어봅니다.

식용유 투명한 컵 수채화 물감 발포 비타민

1

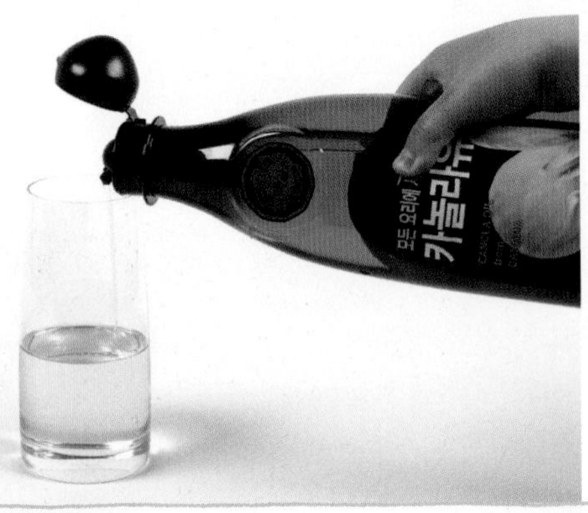

투명한 컵에 식용유를 부어요.

2

기름에 물감을 짜 넣어요.

! 기름과 섞이면 안 되니 꼭 수성 물감을 준비해요.

3

물감이 기름과 섞이지 않고 바닥에 가라앉을 때까지 기다려요.

4

TIP 발포 비타민을 여러 개 넣으면 물감이 더 빨리, 더 많이 움직여요.

발포 비타민을 넣어요.

5

발포 비타민에서 거품이 일어나며 물감이 함께 떠오르는 것을 볼 수 있어요.

신나게 놀아요

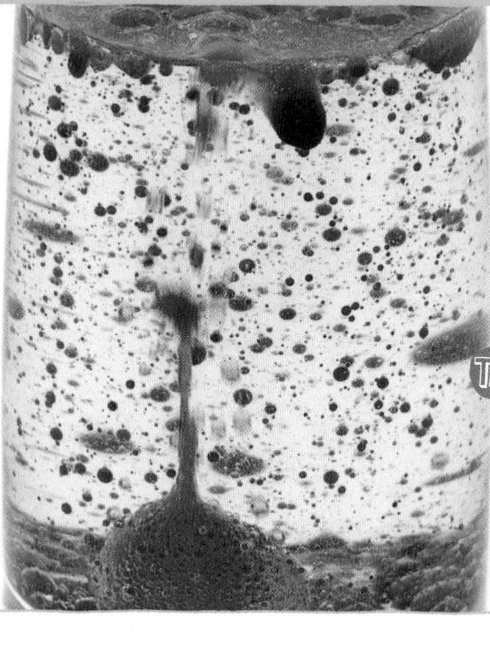

물감이 몽글몽글 움직이는 모습이 용암 같아요!

라바 램프 아래에 핸드폰 플래시 등으로 불빛을 비추면 더 멋진 램프 빛을 볼 수 있어요.

TIP 발포 비타민의 거품이 멈추고 물감이 가라앉으면 발포 비타민을 더 넣어요.

과학 놀이

레인보우 워터

겉으로는 같아 보이는 액체라도 밀도가 다르면 함께 담았을 때 층을 이루게 됩니다. 이런 밀도의 차이를 이용해서 층층이 다른 색을 가진 레인보우 워터를 만들어봅니다.

1

3개의 컵에 각각 1/4만큼 물을 넣어요.

2

첫 번째 컵에 파란색 물감을 섞어요.

3

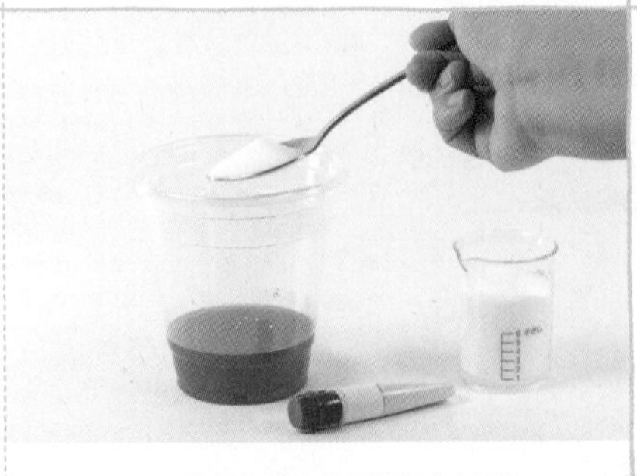

두 번째 컵에는 빨간색 물감과 설탕 3큰술을 섞어요.

4

마지막 컵에는 설탕 3큰술과 소금 5큰술을 섞어요.

5

3개의 컵에 담긴 액체의 양을 관찰해봅니다. 설탕과 소금의 양만큼 부피가 늘어난 것을 알 수 있습니다.

6

TIP 스포이트가 없으면 아이용 약병으로도 가능해요.

③번 컵에 ②번 컵의 액체를 스포이트로 조심스럽게 옮겨요.

! 컵을 흔들거나 액체를 저으면 층이 섞이니 주의해요.

다시 ③번 컵에 ①번 컵의 액체를 스포이트로 조심스럽게 옮겨요.

신나게 놀아요

레인보우 워터 완성!
각 액체의 밀도가 달라
서로 섞이지 않아요.

무지개처럼 색이 다른 층이 만들어졌어요!

과학 놀이

우유 마블링

물이나 우유와 같은 액체의 표면에는 '표면 장력'이라는 힘이 있습니다. 그런데 우유에 세제를 넣으면 표면 장력이 깨지면서 우유가 흩어지며 움직이게 됩니다. 우유 표면에 물감을 뿌리고 세제를 넣어서 우유가 흩어지며 만들어내는 무늬를 살펴봅니다.

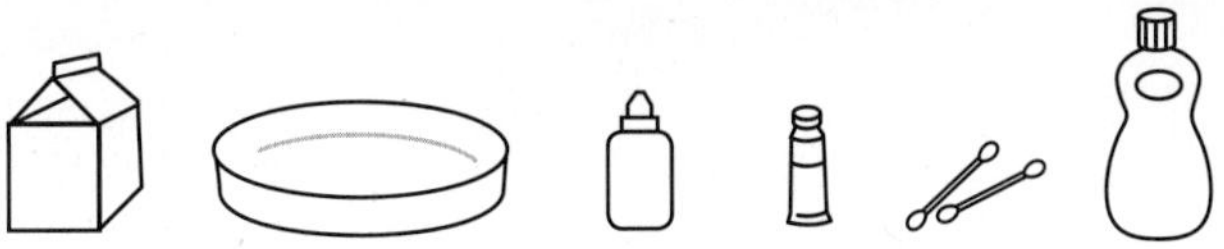

1

넓적한 그릇에 우유를 부어요. 바닥이 보이지 않을 정도면 충분해요.

TIP 약병에 여러 색의 물감을 넣어 준비해두세요.

2

우유를 부은 그릇 여기저기에 물감을 떨어뜨려요.

3

면봉에 주방 세제를 충분히 묻혀요.

4

물감이 떠 있는 우유에 면봉을 담가요.

5

면봉 주위로 물감이 스르륵 밀리는 것을 볼 수 있어요.

신나게 놀아요

우유 위의 물감이 어떤 무늬를 만드는지 살펴볼까요?

면봉을 움직이거나 여러 개 담가서 무늬가 어떻게 변하는지도 살펴보아요.

과학 놀이

종이컵 스피커

관과 같이 좁은 곳에서 소리를 내면 소리의 파동이 넓게 퍼지는 것을 막아 곧장 앞으로 나가게 해주기 때문에 소리가 더 크게 더 멀리까지 들리게 됩니다. 이 원리를 이용해서 키친타월 심과 종이컵으로 언제 어디서나 쓸 수 있는 간단한 스피커를 만들어봅니다.

1

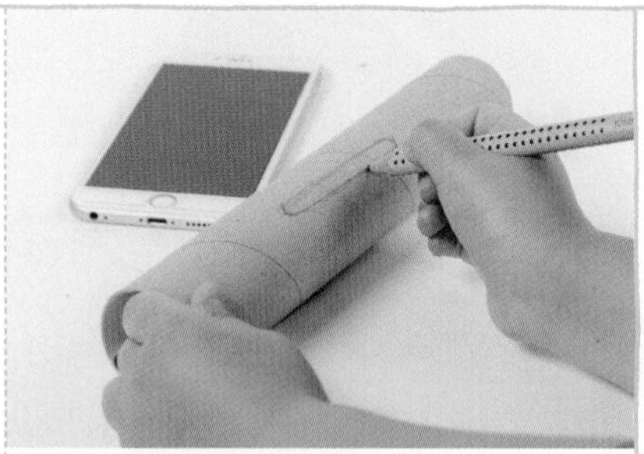

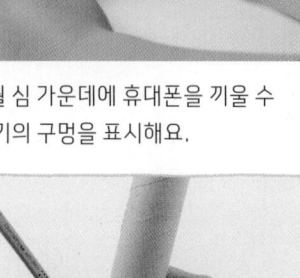

키친타월 심 가운데에 휴대폰을 끼울 수 있을 크기의 구멍을 표시해요.

2

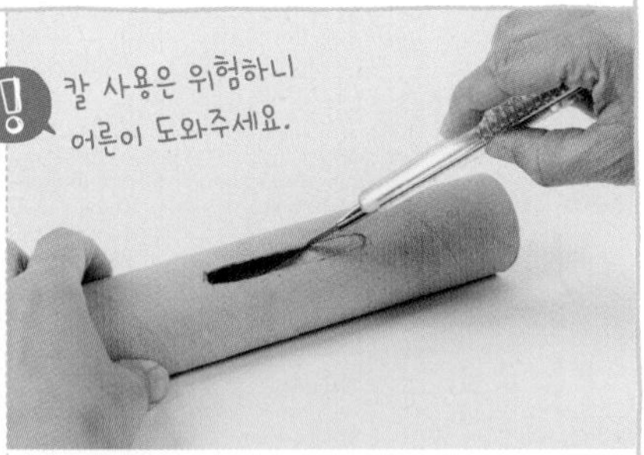

표시한 대로 칼로 잘라내요.

3

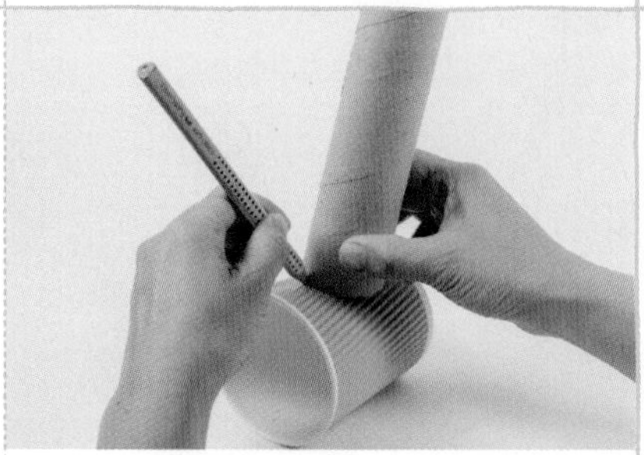

종이컵 옆면에 키친타월 심을 대고 동그라미를 그려요.

4

표시한 대로 칼로 잘라내요.

5

나머지 종이컵에도 똑같이 구멍을 내어 준비해요.

6

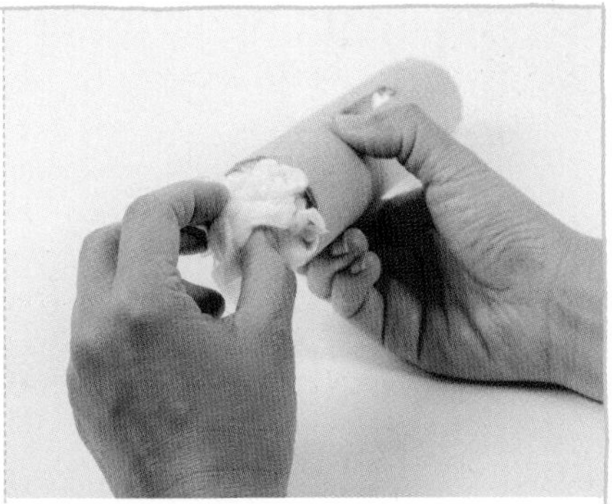

키친타월 심 양끝에 휴지를 뭉쳐 넣어요.

7

TIP 종이컵 끝까지 다 끼우지 말고 공간을 남겨야 해요.

키친타월 심 양쪽에 종이컵을 끼워요.

8

핸드폰 구멍이 위로 가도록 잘 조절하면 종이컵 스피커 완성!

신나게 놀아요

스피커에 핸드폰을 꽂고 좋아하는 음악을 들어요.

키친타월 심이나 종이컵에 멋진 장식을 해서 나만의 스피커를 꾸며보세요.

자연 놀이

바닷가 추억 액자

바닷가에서 조개껍데기를 줍는 것은 기억에 남는 신나는 시간이지만 막상 집에 돌아오면 주워온 조개껍데기는 버려지기 쉽습니다. 소중한 추억을 간직할 수 있도록 조개껍데기로 사진을 넣을 수 있는 액자를 만들어봅니다.

종이 접시 2개 · 칼 · 클레이 · 조개껍데기 · 셀로판 테이프

1

종이 접시 한 개의 가운데를 동그랗게 오려내요.

2

클레이를 접시 면에 두텁게 발라요.

3

조개껍데기를 클레이에 눌러서 붙여요.

4

조개껍데기가 붙은 클레이를 잘 말려요.

5

종이 접시 뒷면에 사진을 붙이고 다른 종이 접시를 하나 더 덧붙여요.

신나게 놀아요

추억이 담긴 액자를 잘 보이는 곳에 놓아요.

프린트한 사진 대신 직접 그린 바닷가 그림을 넣어도 좋아요.

자연 놀이

휴지심 부엉이

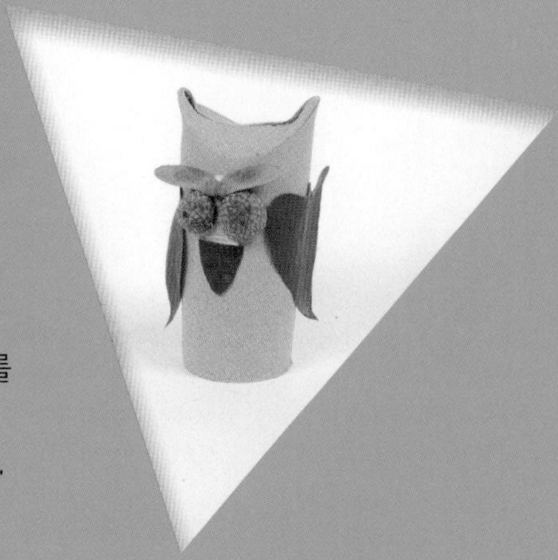

휴지심에 주변에서 쉽게 찾을 수 있는 여러 가지 자연물을 붙여 부엉이를 만들어봅니다. 화단이나 뒷산을 찬찬히 살피며 주변에서 여러 가지 자연물을 찾아보는 시간을 가지는 것은 자연을 즐기는 좋은 방법입니다.

1

휴지심과 여러 가지 종류의 자연물을 준비해요.

2

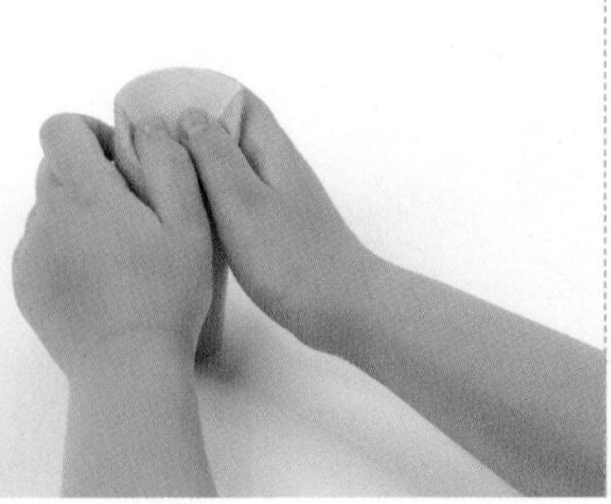

휴지심의 윗부분을 앞쪽 한 번, 뒤쪽 한 번 눌러 부엉이 머리를 만들어요.

3

도토리깍정이를 휴지심 위쪽에 붙여 부엉이 눈을 만들어요.

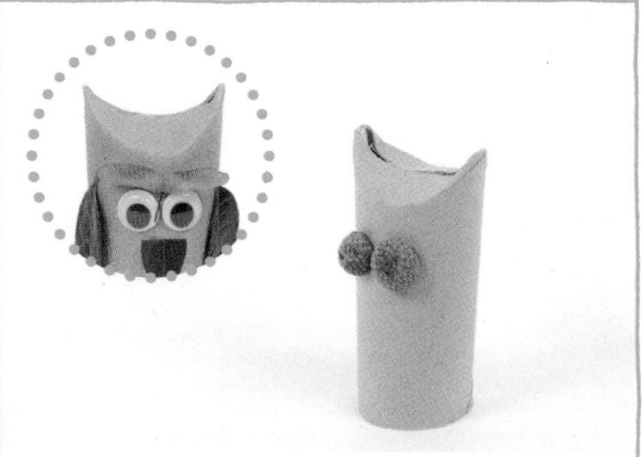

도토리깍정이가 없으면 눈 스티커나 다른 것을 붙여도 좋아요.

4

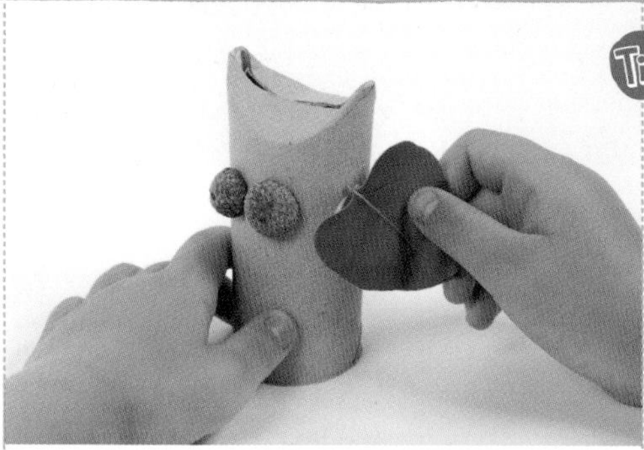

양옆에 나뭇잎을 붙여 날개를 만들어요.

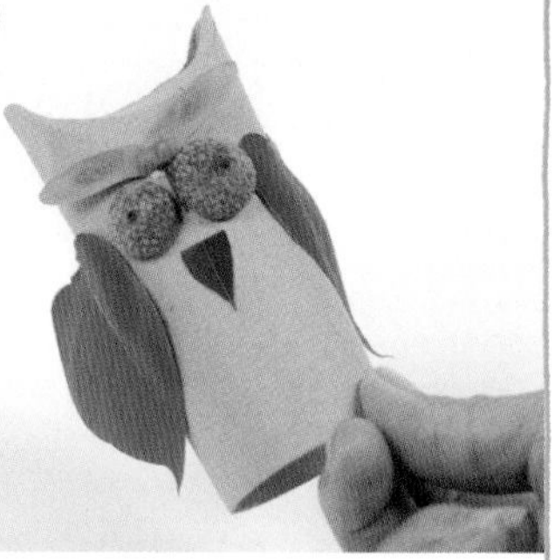

Tip 스스로 찾은 여러 자연물을 이용해 부엉이를 꾸며 보세요.

단풍나무 열매로 눈썹을 만들고 나뭇잎을 잘라 부리를 만들어요. 휴지심 부엉이 완성!

신나게 놀아요

자연 놀이

감꼭지 목걸이

여름철 감나무 아래에는 채 자라지 못한채 떨어진 작은 감이 많습니다. 이 감을 감싸고 있는 감꼭지를 모아서 목걸이를 만들어봅니다. 주변에 있는 감나무를 찾아보면서 열매가 열린 다른 식물도 관찰해보세요.

1

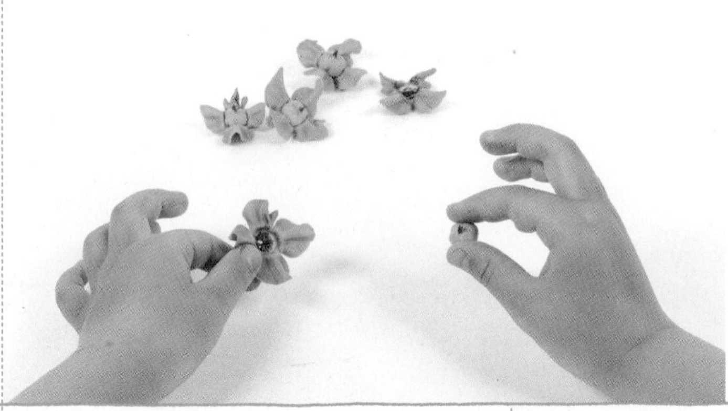

땅에 떨어진 작은 감을 여러 개 주워요. 감 뒤꽁무니를 누르면 감과 꼭지가 쉽게 분리돼요.

2

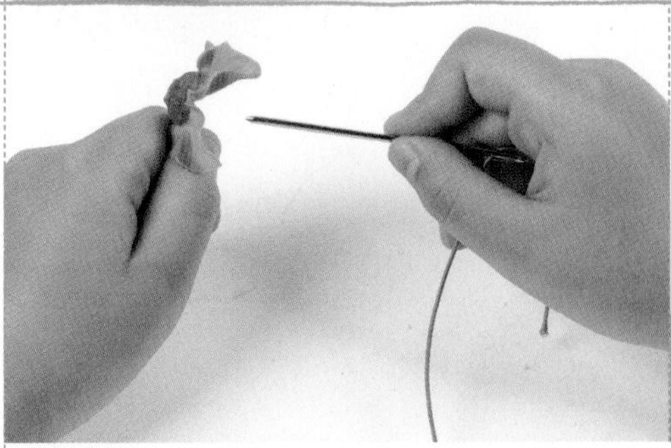

돗바늘에 굵은 실을 꿰어 감꼭지들을 엮어요.

3

감꼭지가 충분히 엮였으면
실을 묶어 목걸이를
만들어요.

Tip 목걸이가 너무 짧지 않도록 실 길이를 넉넉하게 해주세요.

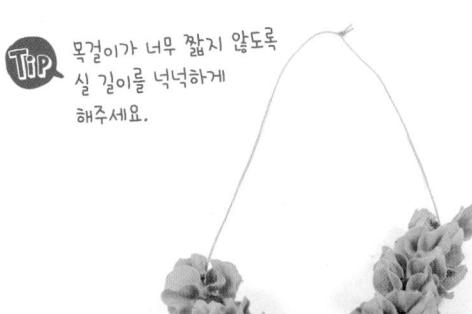

중간중간 다른 과일이나 나뭇잎 등을 함께 엮으면 색다른 목걸이가 완성돼요.

신나게 놀아요

내가 만든 멋진 감꼭지 목걸이를 목에 걸어보아요.

자연 놀이

아카시 왕관

늘 그렇듯이 숲에 있는 여러 자연물은 만들기의 좋은 소재가 됩니다. 이번에는 숲에서 흔히 찾을 수 있는 아카시 나무줄기로 멋진 왕관을 만들어봅니다. 엮는 방법에 익숙해지면 반지나 목걸이 등의 장신구를 만들거나 액자 프레임을 만들 수도 있습니다.

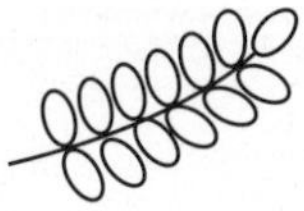

잎이 달린 아카시 나무줄기

1

아카시 나무줄기에서 잎을 모두 따요.

줄기 아래쪽을 잡고 죽 밀어 올리면 잎이 쉽게 떨어져요.

잎을 떼어낸 나무줄기를 여러 개 준비해요.

2

줄기 하나는 가로로, 다른 줄기는 세로로 놓아 십자 모양(+)을 만들고, 한 바퀴 감아서 엮어요.

3

손가락 한 마디 정도의 간격을 두고 계속 새로운 줄기를 엮어 연결해요.

4

머리둘레 정도의 길이가 되면 양쪽 끝을 연결해요.

Tip 줄기끼리 단단하게 묶기가 힘들면 실이나 끈으로 고정해주세요.

신나게 놀아요

멋진 아카시 왕관을 머리에 써보아요.

자연 놀이

도토리 팽이

가을철 산에서 쉽게 찾을 수 있는 도토리는 다양하게 가지고 놀 수 있는 장난감 소재예요. 이번에는 도토리에 이쑤시개를 꽂아 간단한 팽이를 만들어 놀아봅니다. 단, 도토리는 다람쥐의 겨울 식량이니 조금만 주워야 한다고 아이에게 일러주세요.

1

도토리깍정이를 떼고 도토리 머리 가운데에 송곳으로 구멍을 뚫어요.

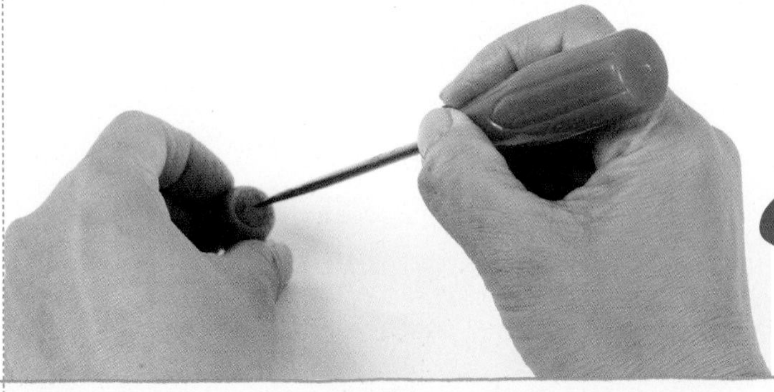

! 송곳 사용은 위험하니 어른이 도와주세요.

2

뚫은 구멍에 이쑤시개를 꽂아요.

TIP 이쑤시개가 도토리 반대쪽으로 나올 정도로 꽂아야 팽이가 잘 돌아가요.

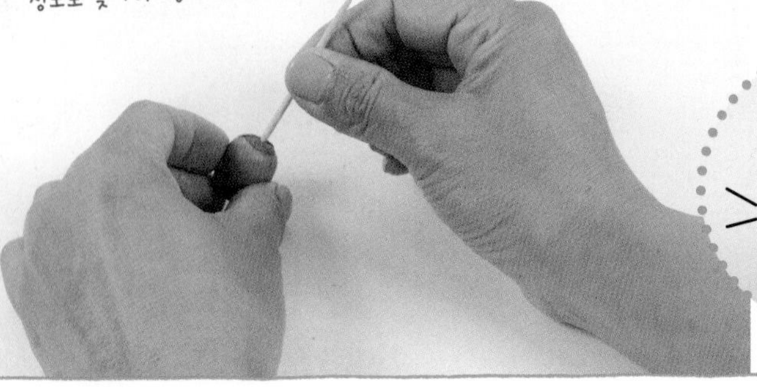

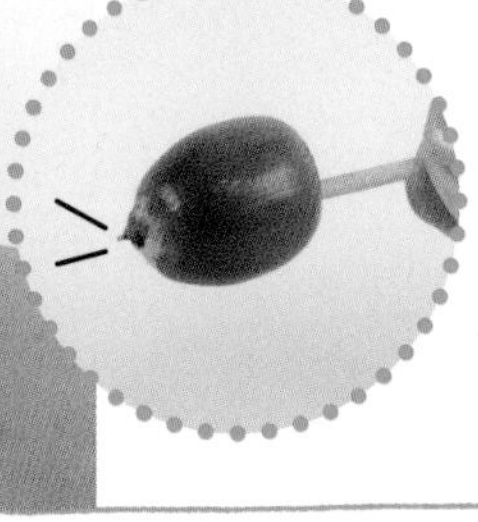

3

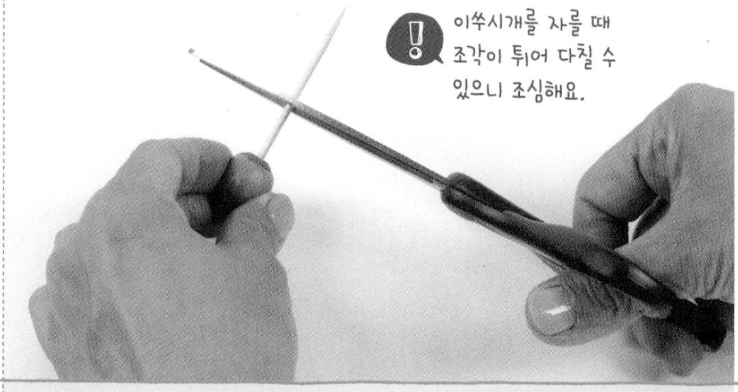

이쑤시개를 자를 때 조각이 튀어 다칠 수 있으니 조심해요.

남은 이쑤시개를 손으로
잡을 정도만 남기고
잘라요.

4

도토리 팽이를 신나게
돌려요.

신나게 놀아요

어떻게 하면 도토리 팽이가
오랫동안 잘 돌까요?
빨리빨리
뱅글뱅글
돌아라!

자연 놀이

산가지 놀이

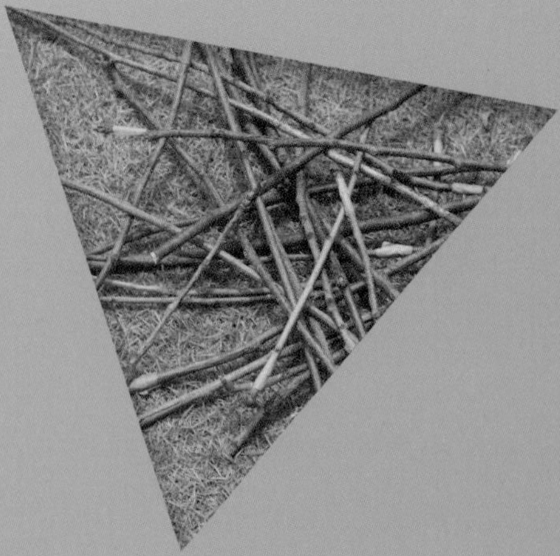

산가지는 원래 계산을 할 때 쓰는 짧게 깎아 만든 가는 대를 뜻합니다. 산가지 놀이는 이 산가지를 이용해서 노는 놀이입니다. 산에서 작은 나뭇가지를 모은 다음 친구와 함께 산가지 놀이를 해봅니다.

1

비슷한 크기와 굵기의 나뭇가지를 한 움큼 주워요.

2

각자 똑같이 나뭇가지를 나누고, 자신의 나뭇가지에 종이테이프를 붙여 표시해요.

3

다시 서로의 산가지를 모아 바닥에 섞어 쌓아 놓고, 가위바위보로 순서를 정해요.

이제 순서대로 산가지 더미에서 자신의 산가지를 뽑아서 가져와요.

4

단, 산가지를 뽑을 때 다른 산가지가 움직이면 상대에게 차례를 넘겨야 해요.

TIP 아이가 아직 어리면 순서대로 자신의 가지만 꺼내는 것이 어려울 수 있어요. 그러면 서로 자신의 산가지를 찾아 뽑아내는 등 규칙을 단순하게 해서 놀아요.

신나게 놀아요

자연 놀이

강아지풀 토끼

무심코 지나치던 강아지풀을 찾아 강아지풀이 어떻게 생겼는지 관찰하는 시간을 가져봅니다. 그리고 보들보들 강아지 꼬리 같이 생긴 강아지풀을 엮어서 귀여운 토끼 얼굴을 만들어봅니다.

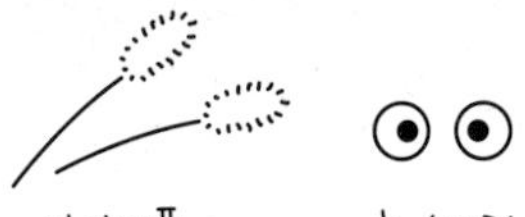

1

통통하고 긴 강아지풀을 찾아서 뽑아요. 힘주어 당기면 쑥 하고 뽑혀요.

2

TIP 매듭을 느슨하게 만들어야 통통한 토끼 얼굴이 돼요.

2개의 강아지풀을 모아 잡고 강아지풀 꽃 부분을 묶어서 매듭을 만들어요.

3

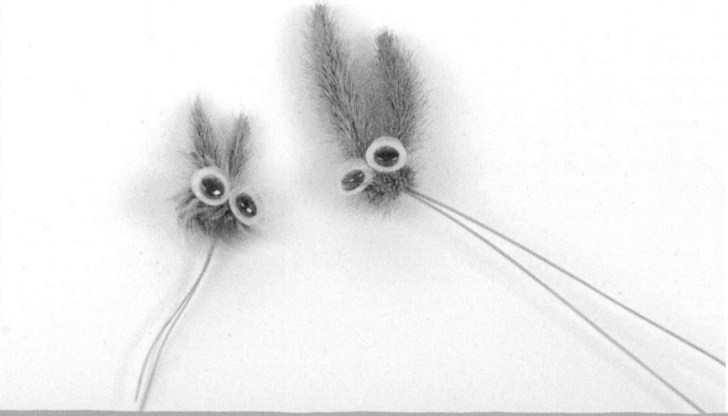

눈 스티커를 붙이면
귀여운 강아지풀 토끼
완성!

신나게 놀아요

강아지풀을 모으며 관찰하는 시간을 가져보세요. 보들보들한 털이 달린 부분이 꽃이고 그 안을 잘 보면 깨알 같은 씨앗도 있어요.

새 모이 집

동물 먹이주기는 아이들에게 정서적 안정감을 주며, 자연을 사랑하고 함께 살아가는 마음가짐을 기를 수 있는 좋은 활동입니다. 휴지심에 여러 가지 곡물을 붙여서 새들에게 먹이를 주는 모이 집을 만들어봅니다.

1

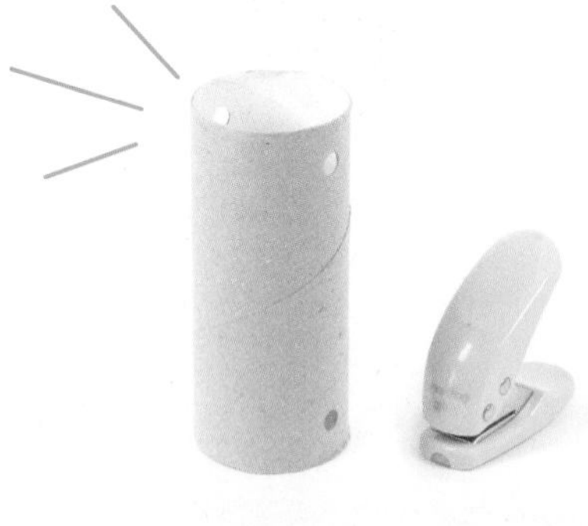

휴지심의 위아래 양쪽에 펀치로 구멍을 2개씩 뚫어요.

2

휴지심에 땅콩버터나 조청을 꼼꼼하게 발라요.

3

새의 모이가 될 여러 가지 곡물이나 콩 등을 쟁반에 펼쳐놓고 그 위에 휴지심을 굴리면 곡물이 휴지심에 붙어요.

4

휴지심 위쪽 구멍 2개에 끈을 꿰어 나뭇가지에 거는 고리를 만들어요. 아래쪽 구멍 2개에는 새가 앉아서 모이를 먹을 수 있도록 기다란 나뭇가지를 끼워요.

신나게 놀아요

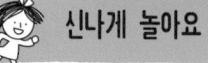

완성된 새 모이 집을 나무에 걸어요.

자연 놀이

숲에서 색 찾기

숲에는 다양한 색이 존재합니다. 초록색, 갈색, 노란색 등 결이 다른 색도 있지만 초록색, 진한 초록색, 연두색 등 비슷하면서도 다른 색도 있습니다. 색종이로 만든 색깔 카드를 가지고 숲에서 여러 색을 찾아 분류해보세요.

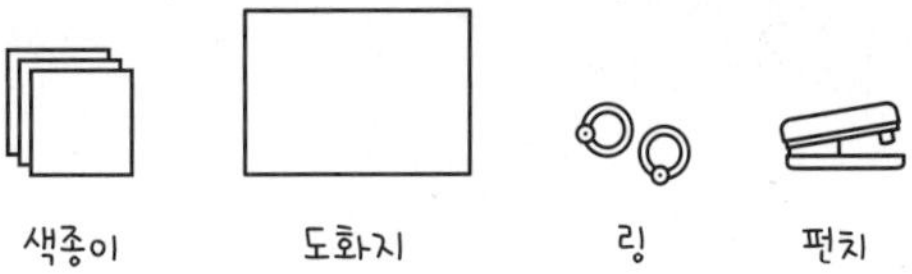

1

여러 색의 색종이 뒤에 도화지를 붙여서 색깔 카드를 만들고, 펀치로 구멍을 뚫어 링으로 묶어요.

2

숲이나 공원으로 가서 색깔 카드와 비슷한 여러 가지 색을 찾아요.

TIP 색깔 카드를 하나 고른 뒤 여러 자연물에 대보며 비슷한 색을 찾아요.

신나게 놀아요

색깔 카드와 비슷한 색을 찾았나요?

TIP 숲에서는 조금씩 다른 다양한 색을 만날 수 있어요. 이렇게 비슷하면서도 다양한 색을 찾아보아요.

나무 한 그루, 풀 한 포기에도 잎의 앞면 색, 잎의 뒷면 색, 줄기의 색, 꽃의 색, 열매의 색 등 여러 가지 색이 있어요. 한 가지 자연물에도 여러 색이 있음을 관찰해요.

자연 놀이

숲에서 모양 찾기

아이와 함께 숲이나 공원에 가서 모양 찾기 놀이를 해봅니다.
동그라미, 세모, 네모 같은 흔한 도형뿐 아니라 아이와 함께 정형화되지 않은 모양을 미리 생각해보고 자연에서 만날 수 있는 다양하고 특별한 모양을 찾아보세요.

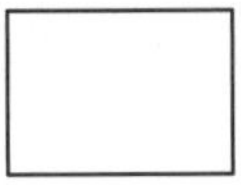

도화지

사인펜(그림 도구)

1

도화지를 4칸으로 나누고 각각의 칸에 각기 다른 다양한 모양을 그려요.

TIP 삼각형, 사각형처럼 도형이 아니어도 상관없어요.

2

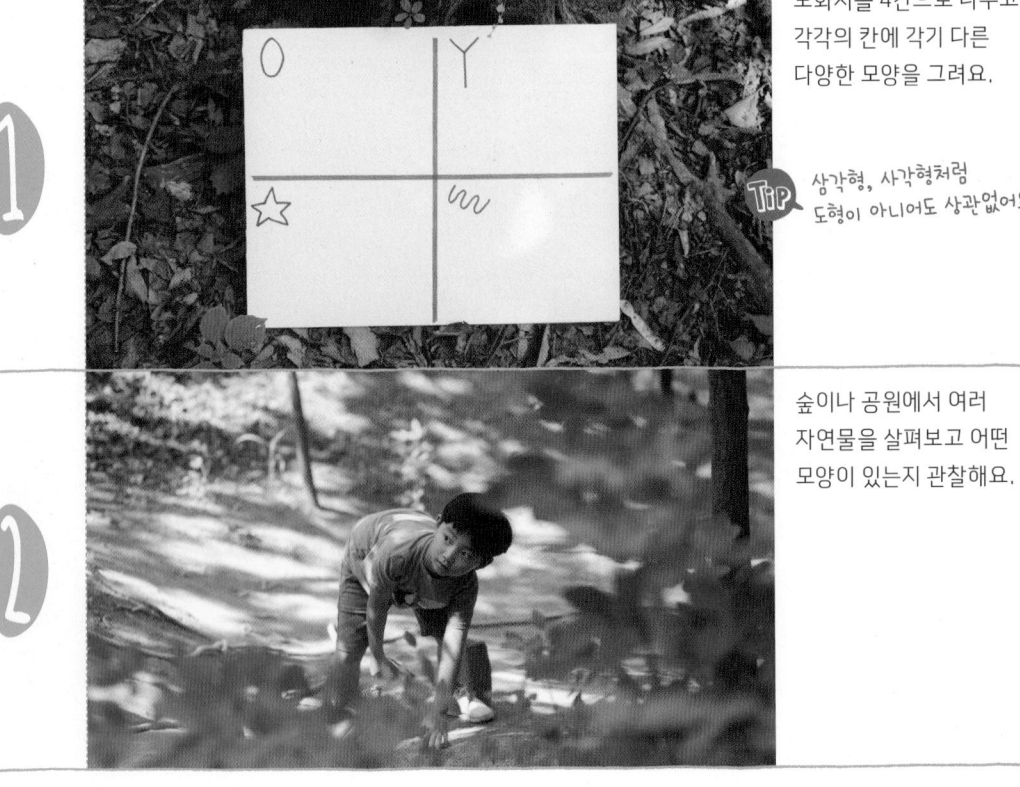

숲이나 공원에서 여러 자연물을 살펴보고 어떤 모양이 있는지 관찰해요.

3

모양 판에 있는 모양과 비슷한 자연물을 찾아서 모아요. 여럿이 함께 숲에 갔다면 누가 더 빨리, 더 많은 모양을 찾는지 게임을 해도 좋습니다.

신나게 놀아요

어떤 모양을 찾았나요?
제시한 모양 외에도 다양한 모양을 그리고 찾아봐요.

몸 놀이

엉덩이 털기

몸에 탁구공이 들어 있는 갑 티슈 상자를 묶고 몸을 흔들어서 탁구공을 떨어뜨리는 놀이입니다. 공을 떨어뜨리기 위해 이리저리 몸을 흔들거나 뛰거나 다양한 자세를 취하면서 신나게 몸을 움직여봅니다.

갑 티슈 상자 / 가위 / 칼 / 넓은 끈 / 탁구공 여러 개

1

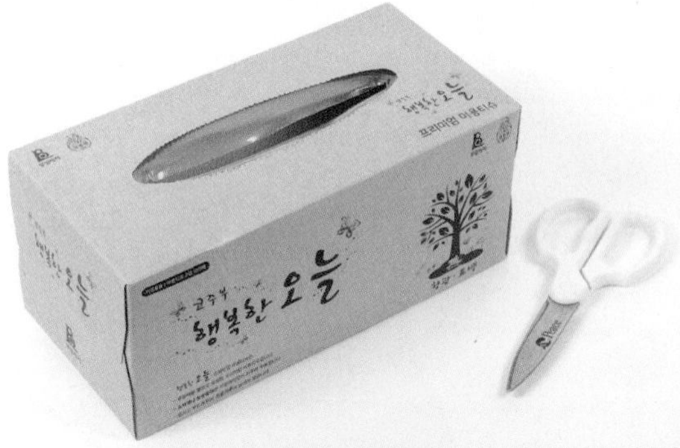

탁구공이 쉽게 드나들 수 있는 크기로 갑 티슈 상자의 입구를 잘라내요.

2

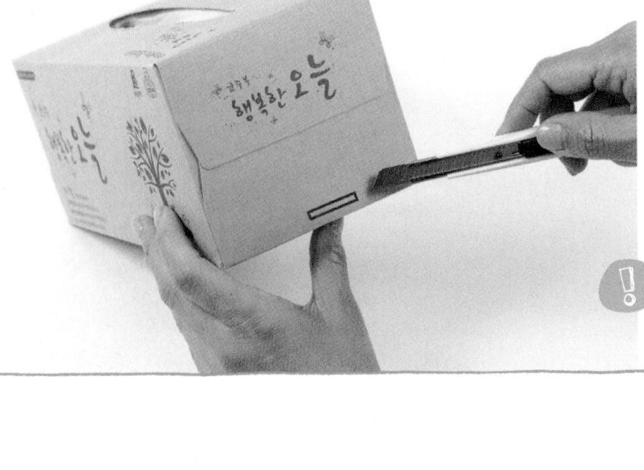

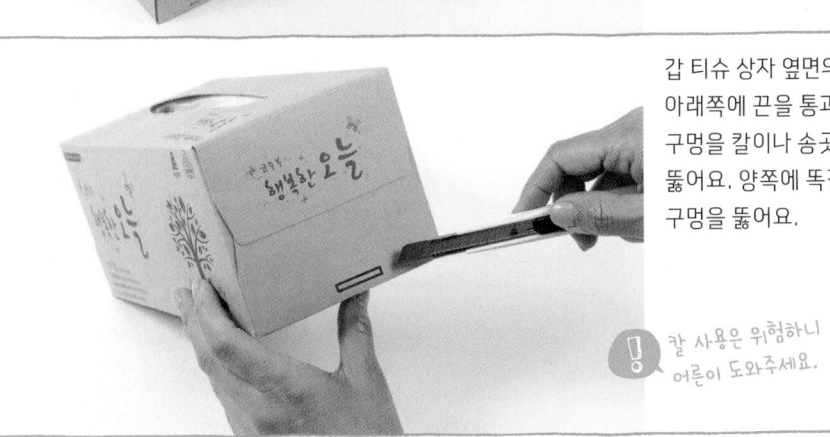

갑 티슈 상자 옆면의 아래쪽에 끈을 통과시킬 구멍을 칼이나 송곳으로 뚫어요. 양쪽에 똑같이 구멍을 뚫어요.

! 칼 사용은 위험하니 어른이 도와주세요.

Tip 아이 허리를 감싸서 묶어야 하니 끈은 넉넉한 길이로 준비해요.

3

허리에 묶을 끈을 상자의 구멍에 넣어 통과시켜요. 리본이나 벨트도 좋아요.

4

갑 티슈 상자 안에 탁구공을 가득 넣어요.

신나게 놀아요

탁구공이 든 상자를 허리 뒤쪽에 묶고 엉덩이를 흔들어 상자에서 탁구공을 꺼내요! 탁구공이 모두 나와야 끝나는 거예요.

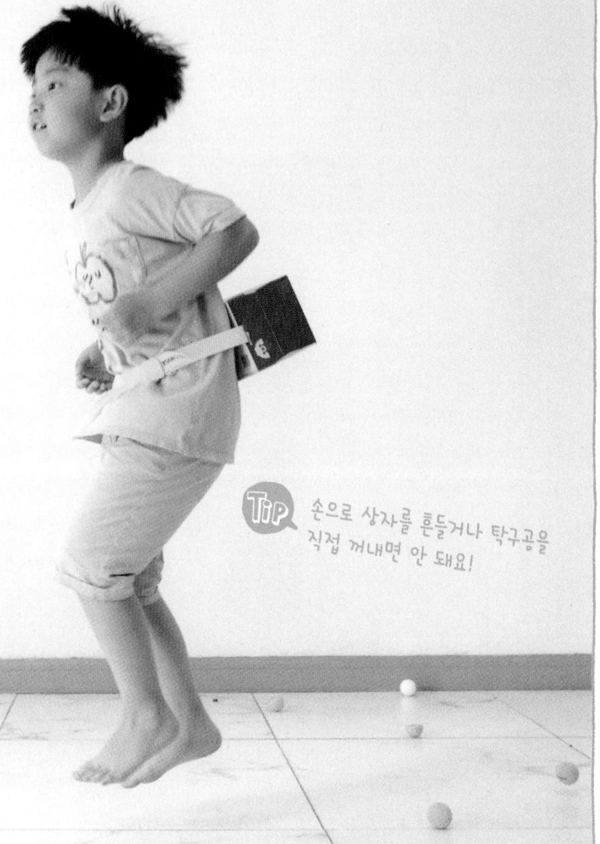

Tip 여러 방향으로 흔들어서 탁구공이 잘 나오는 방법을 찾아요.

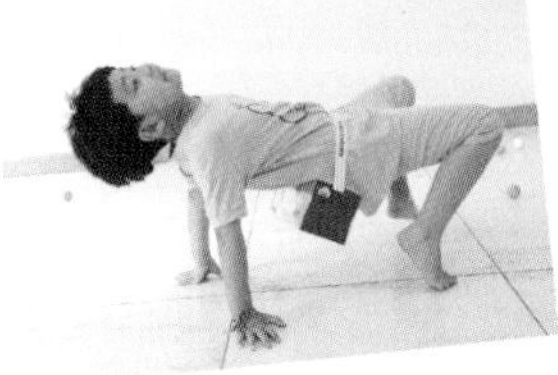

Tip 손으로 상자를 흔들거나 탁구공을 직접 꺼내면 안 돼요!

몸 놀이

힌트를 찾아라!

힌트가 쓰인 종이를 집 안 곳곳에 숨겨 두고 하나씩 찾으면서 낱말을 맞춰봅니다. 아이라면 누구나 좋아하는 보물찾기, 수수께끼, 스무고개, 탐정 놀이 등 여러 놀이가 복합된 놀이어서 즐겁게 놀 수 있습니다.

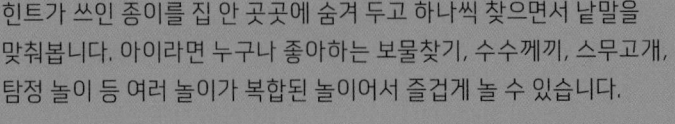

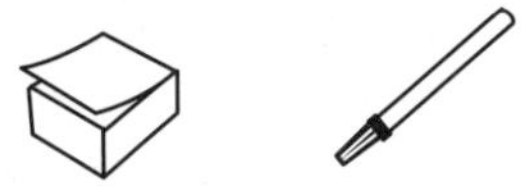

포스트잇 네임펜

1

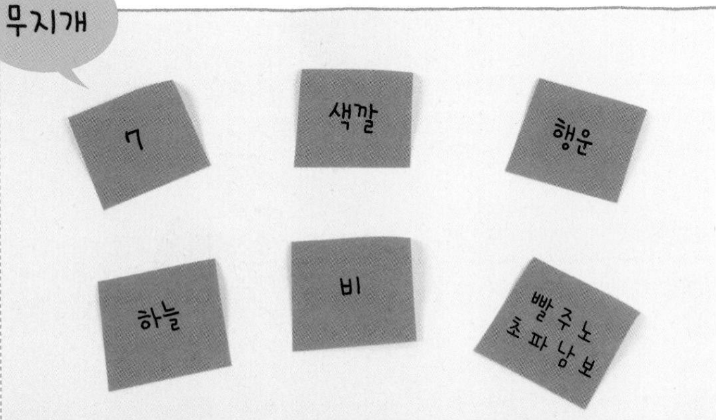

맞춰야 하는 낱말을 정하고 그 낱말과 관계있는 힌트 6개를 생각해서 포스트잇 뒷면에 써요.

2

힌트 종이라는 것을 알 수 있도록 포스트잇 앞면에 별을 그려요.

3

힌트 종이를 집 안 곳곳에 숨겨 놓은 후 놀이를 시작해요. 보물찾기하듯 힌트 종이를 하나씩 찾으면서 답이 무엇인지 알아맞혀요.

TIP 아이가 어리면 거실, 아이 방과 같이 공간을 제한해주세요.

신나게 놀아요

TIP 아이가 스스로 찾아볼 수 있는 수준에 맞게 종이를 숨겨놓으세요.

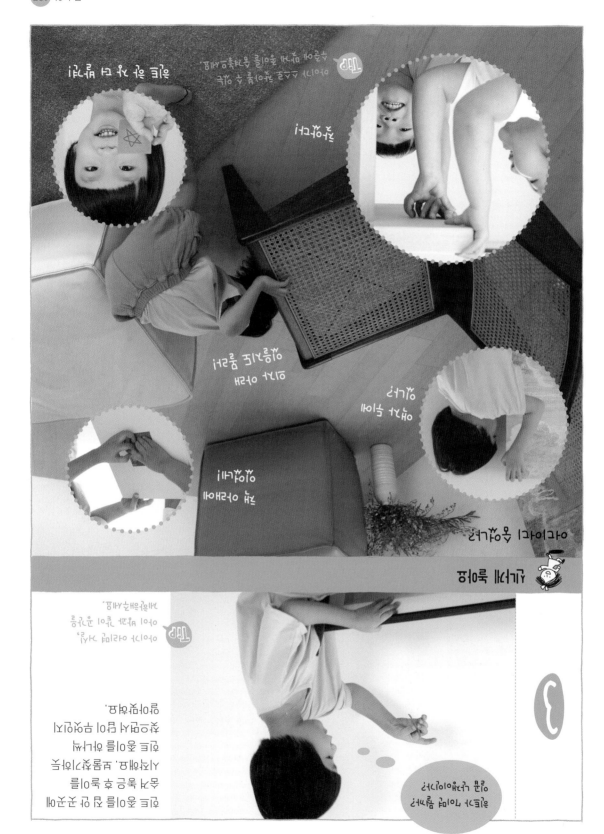

몸 놀이

봉지 공 날리기

비닐봉지로 만든 공을 선풍기로 날려서 목표 지점까지 가는 놀이를 해봅니다. 봉지 공을 떨어뜨리지 않고 힘을 모아 같은 목표를 향해 날리는 과정에서 서로를 돕는 긍정적인 경험을 할 수 있습니다.

1

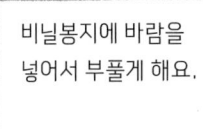

비닐봉지에 바람을 넣어서 부풀게 해요.

2

봉지 끝을 묶어서 공처럼 만들어요.

3

봉지 공 아래에서 손 선풍기를 켜서 봉지 공을 띄워요.

4

이제 봉지 공을 날려서 이리저리 움직여요.

신나게 놀아요

목표 지점을 정하고 친구와 서로 도와가며 목표 지점까지 봉지 공을 날려요.

이야~, 봉지 공이 날았다! 떨어지지 않게 조심조심!

Tip 함께 무엇인가를 성공으로 이끄는 경험은 아이에게 자신이 의미 있는 존재라는 것을 느끼게 해주는 계기가 돼요.

몸 놀이

포일 공 띄우기

주변을 둘러보면 손쉽게 장난감을 만들 수 있는 재료를 얼마든지 구할 수 있습니다. 흔히 볼 수 있는 구부러지는 빨대와 알루미늄 포일로 아이 혼자, 혹은 친구들과 함께 놀 수 있는 장난감을 만들어봅니다.

1

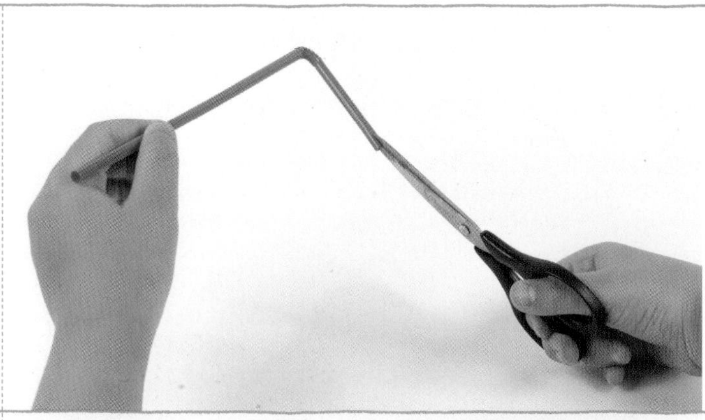

구부러지는 빨대의 짧은 끝부분에 가위집을 내어 8가닥으로 나눠요.

2

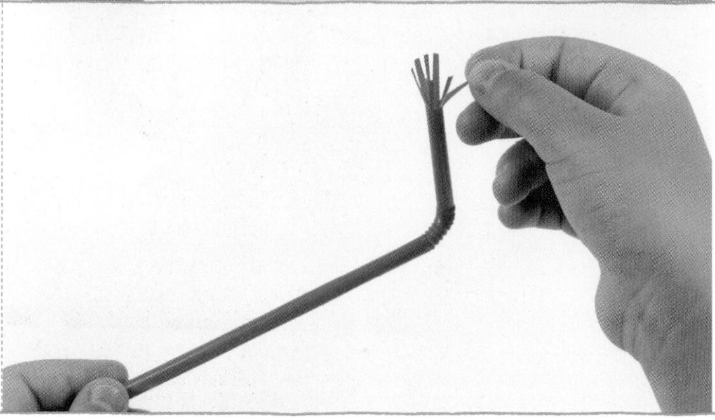

나눠진 빨대 끝을 바깥쪽으로 벌려요.

3

TIP 종이를 뭉친 작은 공이나 폼폼 등도 가능해요.

알루미늄 포일을 구슬 정도 크기로 작게 뭉쳐 벌어진 빨대 끝에 올려 놓아요.

4

반대쪽 빨대 끝을 힘껏 불어 포일 공을 띄워요.

신나게 놀아요

엄마 아빠, 친구들과 함께 공 띄우기 시합을 해봐요.

누가 더 오래, 더 높이 공을 띄울 수 있을까?

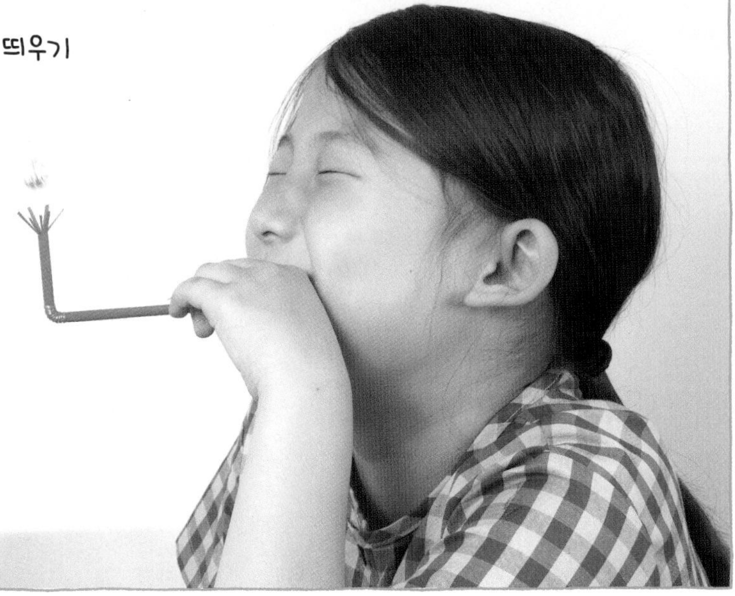

몸 놀이

자이언트 거품 놀이

보글보글 비눗방울 놀이는 모든 아이의 사랑을 받는 놀이입니다. 이번에는 하늘로 둥실둥실 날려 보내는 가벼운 비눗방울이 아니라 한 번에 와르르 쏟아지는 거대한 자이언트 거품을 만들어봅니다.

1

페트병 위쪽 1/3 지점에 종이테이프를 둘러 붙여요.

2

종이테이프를 따라 페트병을 잘라요.

3

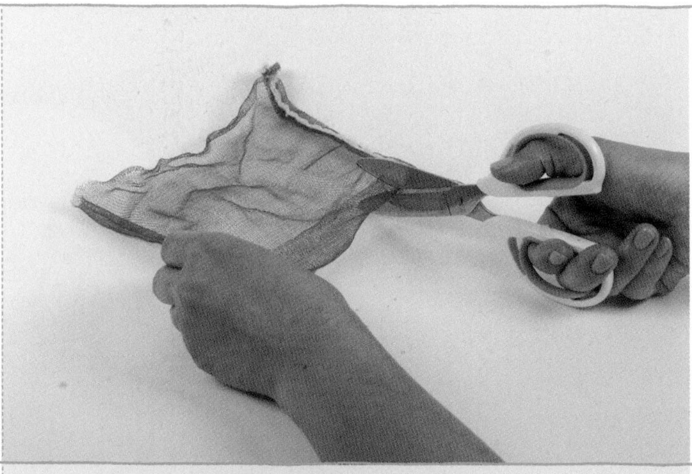

페트병의 잘린 면보다
조금 큰 크기로 양파망을
잘라요.

4

페트병의 잘린 면을
양파망으로 감싼 다음
고무줄로 단단히 고정해요.

신나게 놀아요

양파망에 비눗물을 묻힌 다음, 병 입구를
후~ 힘껏 불어요. 보글보글 부글부글 거대한
거품이 만들어져요.

TIP 양파망에 비눗물을 충분히
묻혀야 거품이 많이 만들어져요.

몸 놀이

날아라! 종이비행기

종이비행기를 날려서 구멍 속으로 통과시키는 놀이입니다. 원하는 구멍에 넣기 위해 종이비행기를 날리는 힘을 조절하기란 쉽지 않지만 여러 번 던지고 주워오면서 신나게 놀 수 있습니다.

1

큰 전지에 동근 물건을 대고 동그라미를 여러 개 그리고 칼로 오려요. 구멍의 크기는 비행기가 통과할 수 있을 만한 크기로 다양할수록 좋습니다.

! 칼 사용은 위험하니 어른이 도와주세요.

2

색지나 색종이로
종이비행기를 여러 개
만들어요.

TIP 종이비행기 끝부분을 올리면 위로, 내리면 아래로 날아요.

3

뒤에 공간이 있는 곳에
전지를 붙이고, 종이
비행기를 날려 구멍으로
통과시켜요.

TIP 종이비행기가 잘 날지 않으면 다른 재질의 종이로 만들거나 힘을 조절하도록 도와주세요.

신나게 놀아요

날아라, 비행기!
첫 번째 구멍에 비행기가 쏙~!

몸 놀이

색깔 조각 모으기

색을 구분해서 분류하는 조각 모으기는 넓은 공간이나 많은 준비물이 필요하지 않아 좋은 놀이입니다. 나의 것과 다른 사람의 것을 구분하여 손을 대지 않고 색종이를 옮기려면 큰 집중력과 인내력이 요구됩니다.

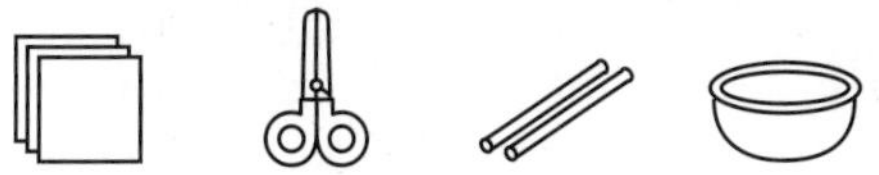

1

Tip 조각이 많을수록 좋으니 같은 색 색종이를 여러 장씩 준비해요.

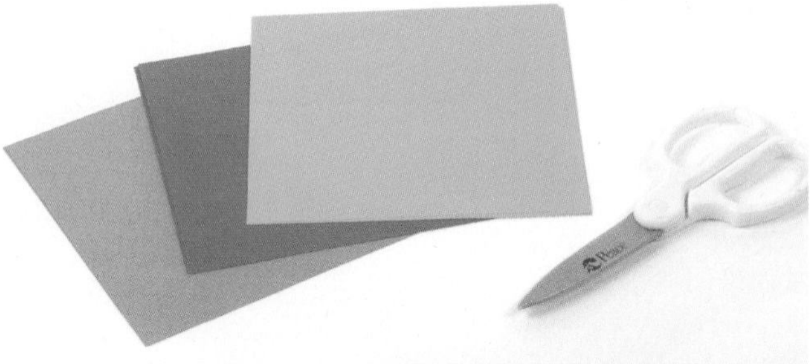

여러 가지 색의 색종이를 같은 크기로 잘라요.

2

색종이 조각을 탁자 위에 섞어서 펼쳐놓아요.

3

TIP 같은 색 색종이가 부족하면 아이마다 두세 가지 색을 정하도록 해요.

아이마다 자신의 색을 정하고, 빨대로 자기 색종이 조각을 빨아올려서 자기 그릇으로 옮겨요.

! 종이 조각을 옮길 때 손을 대면 안 돼요!

신나게 놀아요

호로록, 색종이를 빨아올리자.

TIP 누가 더 많이 모으나 경쟁하는 것이 아니라 여러 색 중 자신의 색을 찾는 놀이입니다.

몸 놀이

종이컵 볼링

종이컵을 탑처럼 쌓아서 공으로 넘어트리는 놀이입니다. 종이컵을 높이 쌓는 활동은 균형감과 공간력, 집중력을 키워줍니다. 또한 높이 쌓은 종이컵을 한 번에 넘어뜨리면서 쌓인 스트레스를 발산할 수 있습니다.

종이컵 작은 공

1

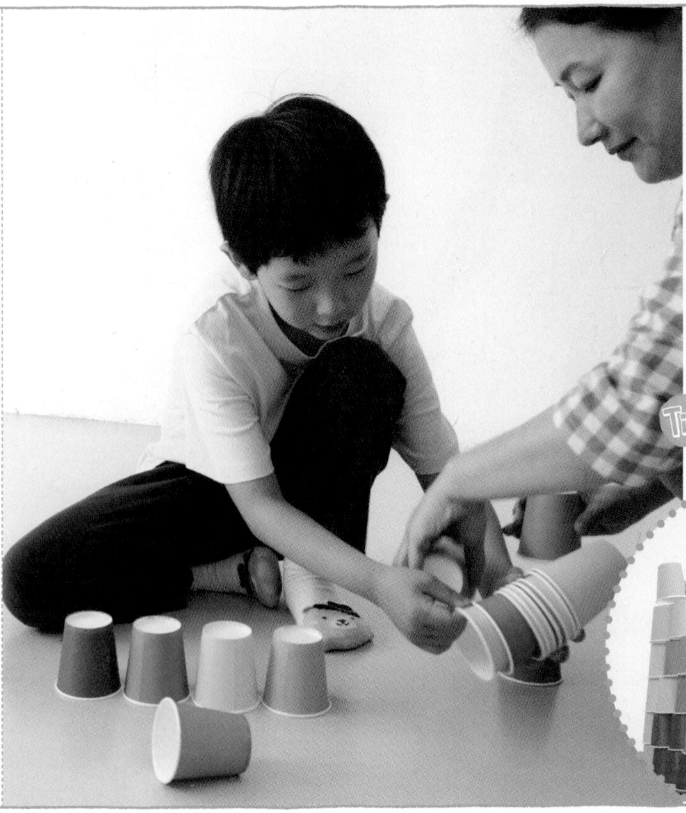

준비해 둔 종이컵 수십 개를 높이 쌓아요. 어떤 모양으로 쌓아도 상관없어요.

TIP 쌓는 규칙을 정해서 쌓는 것도 재미있어요.

2

공을 굴리거나 던져서
종이컵 탑을 무너뜨려요.

신나게 놀아요

와르르~, 탑이 한 번에 무너졌어요.
한 번에 안 무너지면 다 쓰러질 때까지
계속해요.

여럿이 함께 종이컵
탑을 쌓고 차례대로
무너뜨리는 놀이도
재미있어요.

몸 놀이

몰키 게임

핀란드의 국민 게임으로 불리는 몰키는 점수가 쓰여 있는 나무 기둥을 세워 놓고 나무 조각을 던져 쓰러뜨린 기둥의 점수를 더해 승부를 겨루는 놀이입니다. 휴지 심을 이용해서 집 안에서 간단하게 몰키 게임을 해봅니다.

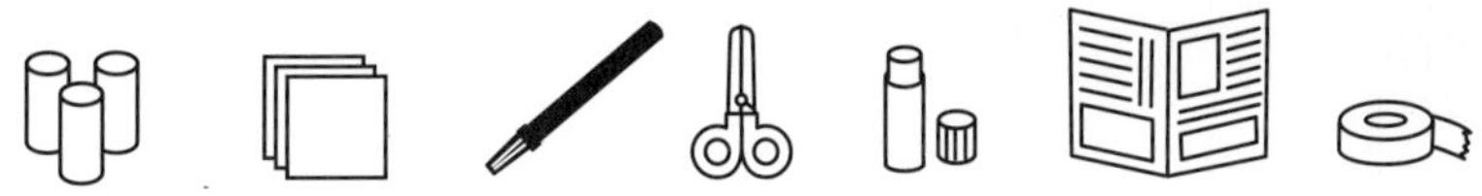

1

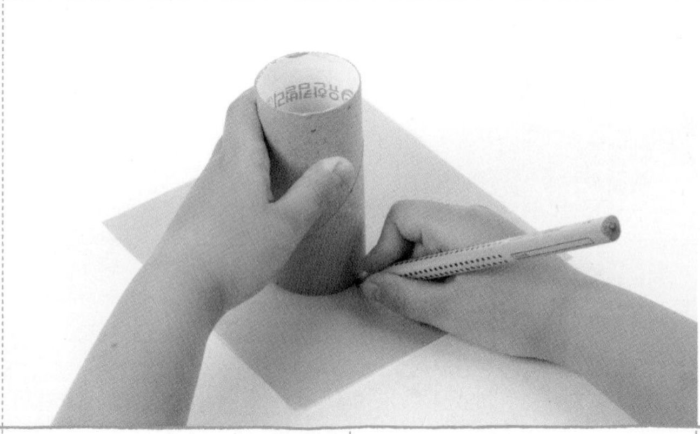

색종이에 휴지심을 대고 동그라미 12개를 그린 후 가위로 오려요.

2

오린 색종이에 1부터 12까지 숫자를 써요.

휴지 심 한쪽에 풀을 바르고 오린 색종이를 붙여요.

같은 방법으로 쓰러뜨리는 몰키 기둥 12개를 만들어요.

마지막 휴지 심 안에 신문지를 뭉쳐 넣어 무겁게 만들고 양옆을 종이테이프로 막아서 던질 공을 만들어요.

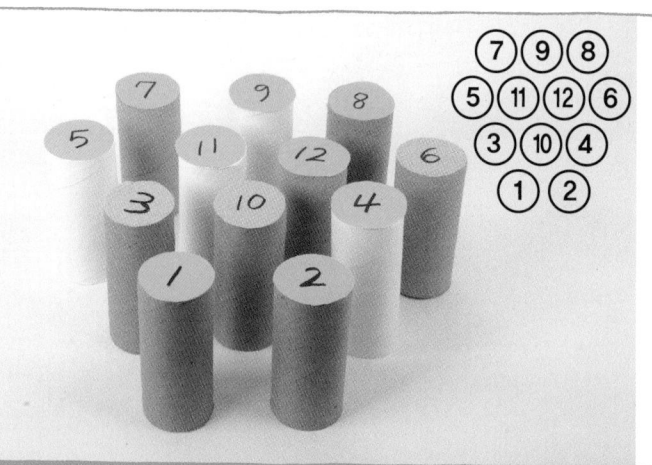

몰키 기둥 12개를 모양대로 배치한 후 휴지 심 공을 던져서 기둥을 쓰러뜨려요.

★점수 계산 방법

① 한 개가 쓰러지면 기둥에 쓰여 있는 점수를 받아요.
② 두 개 이상 쓰러지면 기둥 개수대로 점수를 받아요.
③ 점수를 더해서 제일 먼저 50점을 채우는 사람이 이겨요.

신나게 놀아요

휴지심 공을 힘껏 던져서
기둥을 와르르~.
몇 점인지 계산해볼까?

TIP 점수를 잘 받으려면 정확하게 하나만 쓰러뜨리거나 한 번에 많은 기둥을 쓰러뜨려야 해요.

TIP 던지는 거리는 아이의 연령에 맞춰 조절해요.

몸 놀이

꿈틀꿈틀 애벌레

색종이를 접어서 꿈틀꿈틀 움직이는 애벌레 장난감을 만들어봅니다. 여러 가지 다양한 표정과 무늬의 애벌레를 만들어 놀 수도 있고, 여러 명이 함께 애벌레 경주를 할 수도 있습니다.

색종이 가위 사인펜 빨대

1

색종이를 길게 4조각으로 잘라요.

2

자른 색종이 한 조각을 반으로 접어요.

3

대문 접기를 2번 해요.

4

접은 색종이 양쪽을
둥글게 잘라요.

TIP 아래 모양을 참고하여 자르세요.

5

색종이를 펴서 세우면 이런 모양이 돼요.

한쪽에 애벌레 얼굴을 그려요.

신나게 놀아요

빨대로 애벌레를 후후 불면 애벌레가
꿈틀꿈틀 움직여요.

아기 애벌레를 집으로 보내주자.

몸 놀이

우유갑 표창

우유갑은 단단하고 코팅이 되어 있는 종이여서 장난감을 만들기에 좋은 재료입니다. 우유갑을 잘라서 던지고 놀 수 있는 종이 표창을 만들어봅니다. 친구와 서로 주고받으며 놀 수도 있고, 목표를 정해서 맞추기 놀이를 해도 좋습니다.

1L 우유갑 가위 장식용 스티커

1

우유갑의 입구와 바닥을 잘라내고 몸통만 남겨요.

2

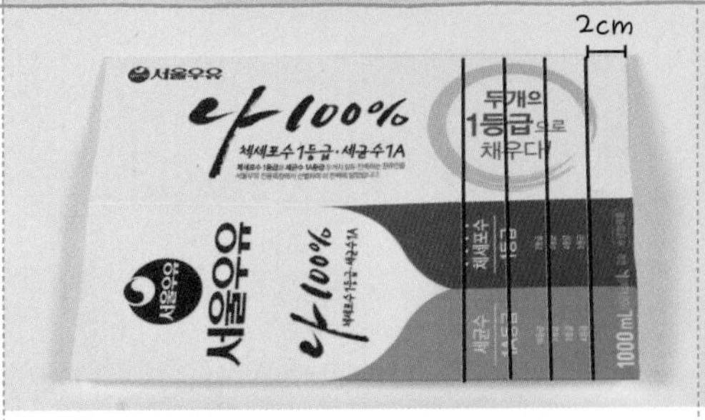

몸통을 눌러 납작하게 해요.

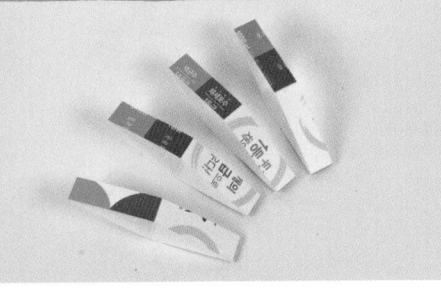

2cm 너비로 4조각을 잘라내요.

3

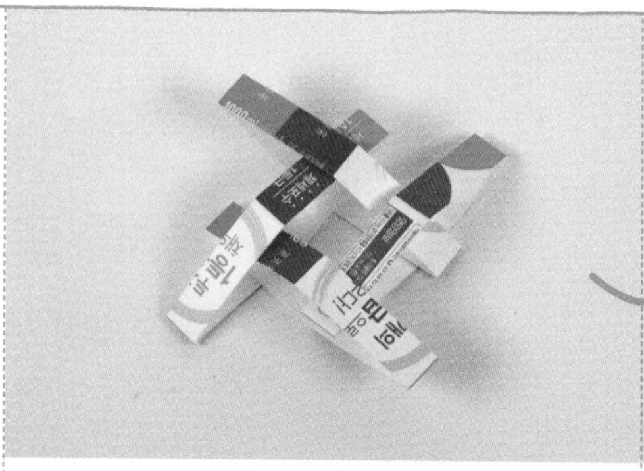

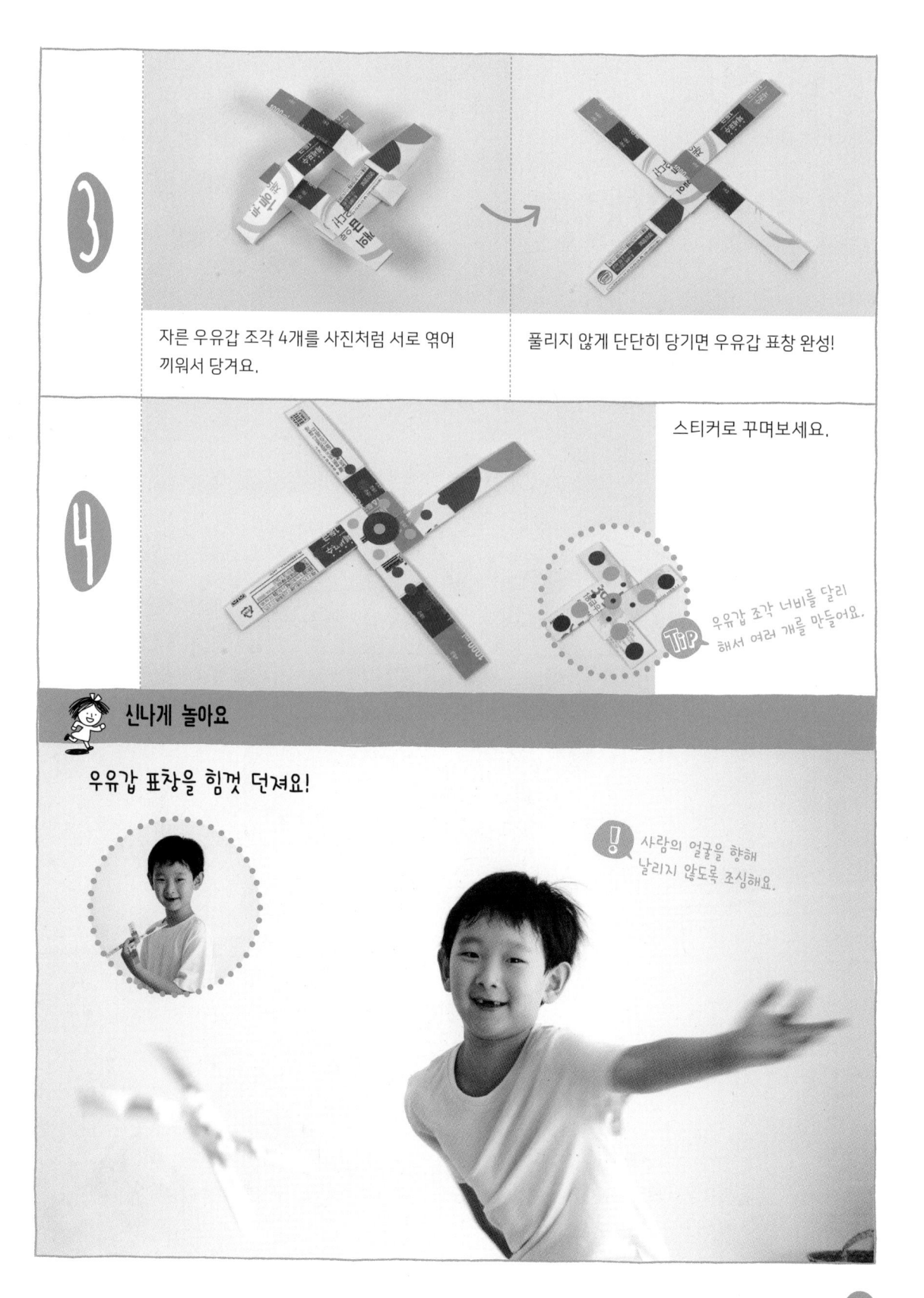

자른 우유갑 조각 4개를 사진처럼 서로 엮어 끼워서 당겨요.

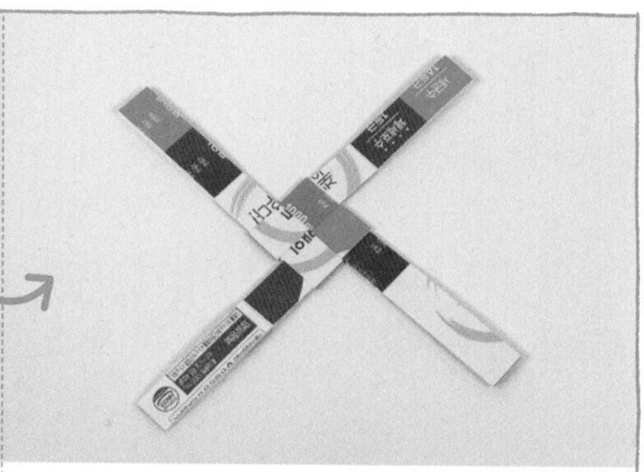

풀리지 않게 단단히 당기면 우유갑 표창 완성!

4

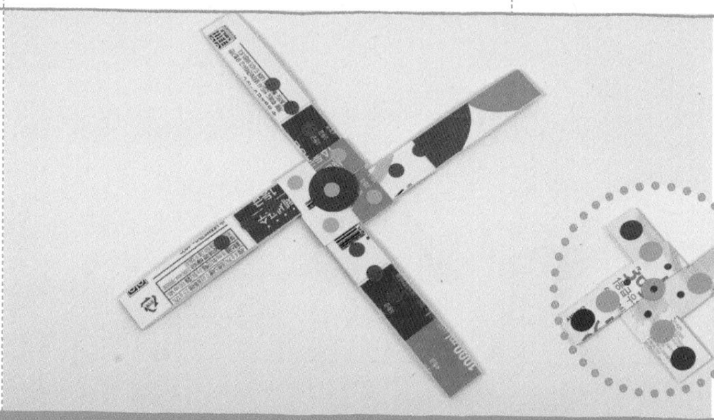

스티커로 꾸며보세요.

TIP 우유갑 조각 너비를 달리 해서 여러 개를 만들어요.

신나게 놀아요

우유갑 표창을 힘껏 던져요!

! 사람의 얼굴을 향해 날리지 않도록 조심해요.

몸 놀이

페트병 캐치볼

가볍게 공을 던져 주고받는 캐치볼은 적당한 공간만 있으면 누구나 쉽게 할 수 있는 운동입니다. 야구 글러브 대신 페트병으로 직접 만든 글러브로 아이와 함께 캐치볼을 해봅시다. 건강하고 재미있는 시간을 보낼 수 있을 거예요.

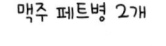

1

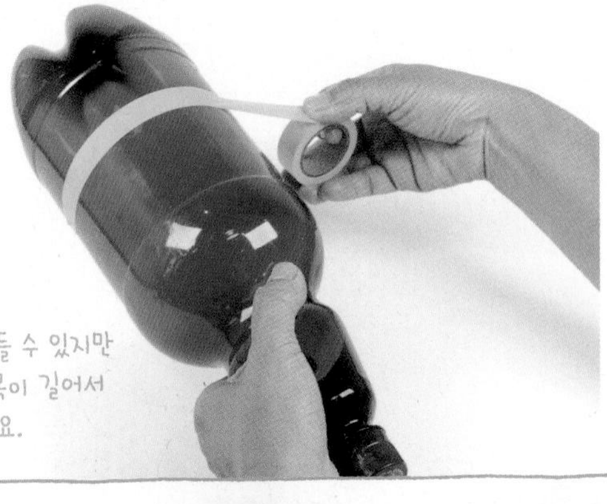

맥주 페트병의 아래쪽 1/3 정도에 종이테이프를 붙여 자를 곳을 표시해요.

TIP 생수병으로도 만들 수 있지만 맥주 페트병이 목이 길어서 손에 쥐기 편해요.

2

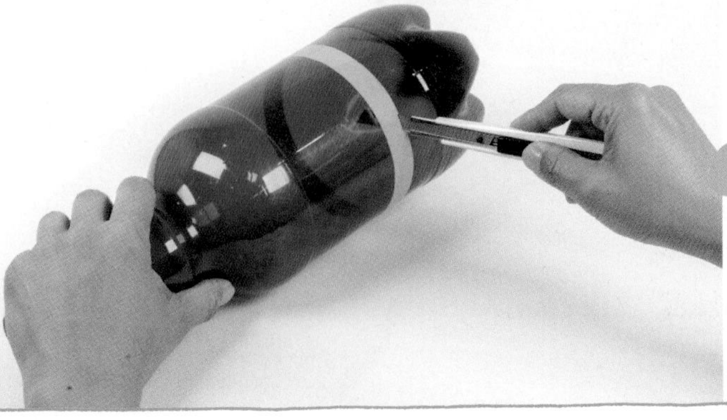

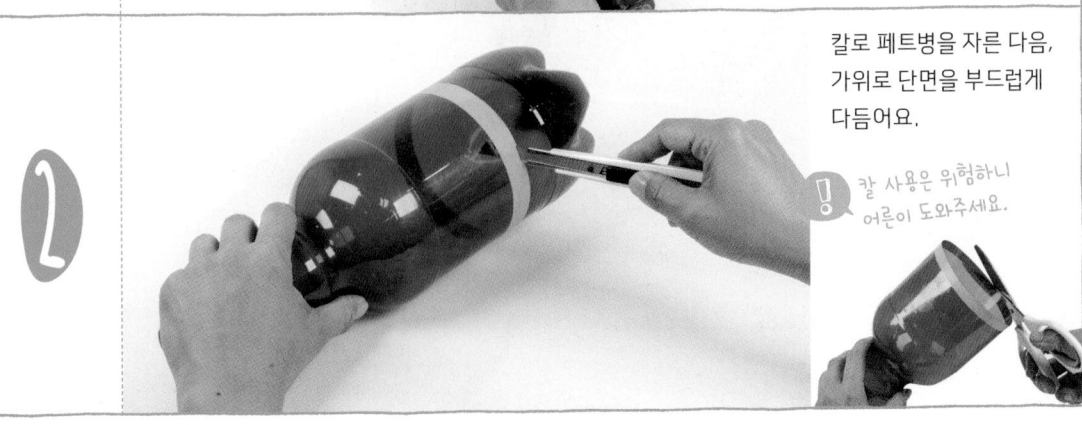

칼로 페트병을 자른 다음, 가위로 단면을 부드럽게 다듬어요.

! 칼 사용은 위험하니 어른이 도와주세요.

3

자른 단면에 손을 다치지 않도록
종이테이프를 둘러요.

4

같은 방법으로 페트병 글러브 2개를
만들어요.

신나게 놀아요

볼풀공이나 고무공을 던져서 페트병
글러브로 받으며 캐치볼을 해보아요.

TIP 페트병 글러브에 쏙 들어갈 크기의
볼풀공이나 고무공을 사용해요.

몸 놀이

우유갑 딱지

요즘은 플라스틱 재질의 딱지를 사서 딱지치기를 하지만 뭐니 뭐니 해도 최고의 딱지는 단단한 종이로 접어 만든 딱지입니다. 아이와 함께 우유갑으로 단단한 딱지를 직접 접어 신나게 딱지치기를 해보세요.

동영상으로 봐요!

1L 우유갑 가위

1

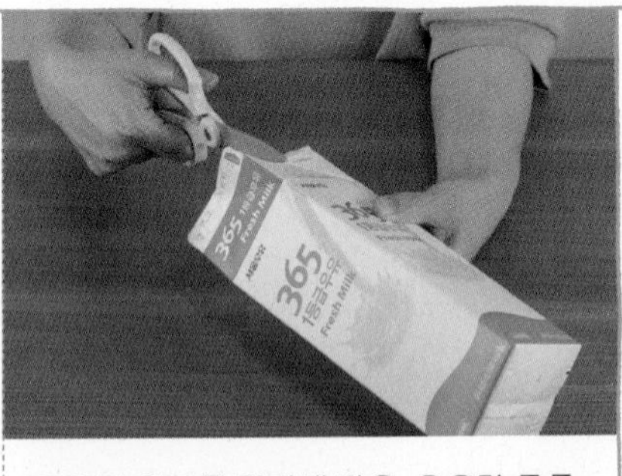

우유갑 입구를 잘라낸 다음, 우유갑 몸통 옆의 네 모서리를 잘라요.

2

십자가 모양으로 펼쳐요.

3

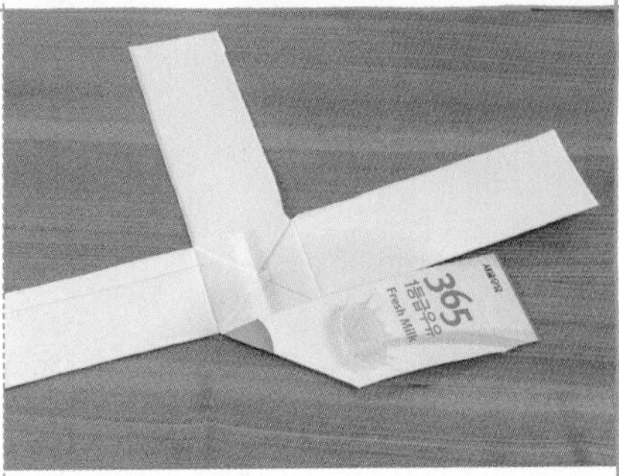

제일 아래쪽 면을 사선으로 접어요.

4

우유갑 밑면에 맞춰 접어 올려요.

5

다시 사선으로 접고 옆으로 접어 넘겨요.

6

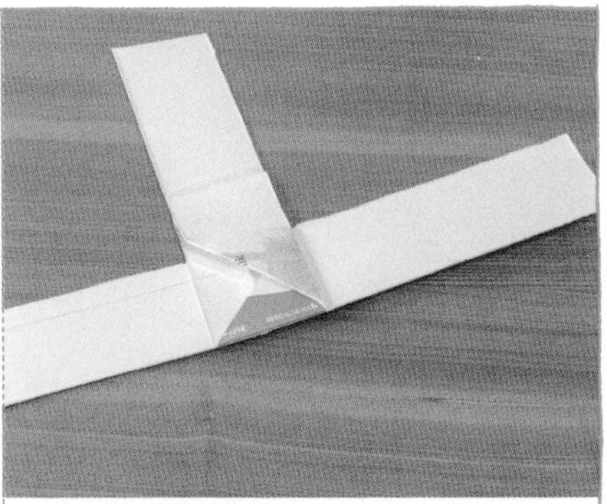

남은 부분을 잘라내요. 우유갑을 돌려 반대면도 똑같이 접어요.

7

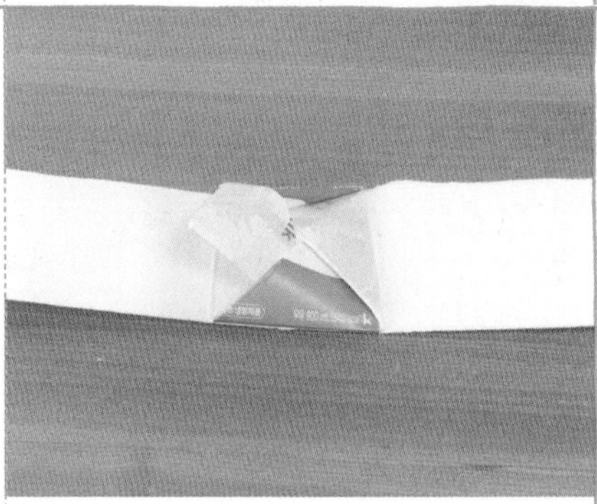

⑥처럼 사선으로 접은 부분을 안으로 끼워 넣어요.

8

Tip 우유갑을 반대로 두고 접으면 흰색 딱지를 만들 수 있어요.

우유갑을 앞뒤로 뒤집어서 나머지 두 면도 똑같이 접으면 딱지 완성!

신나게 놀아요

여러 개를 접어 친구와 딱지치기를 해봐요.

딱지의 흰 면에 그림을 그려 넣어 나만의 딱지를 만들어요.

몸 놀이

책 도미노

책을 줄 맞춰 세워서 도미노 놀이를 해봅니다. 혼자 해도 좋지만 여러 친구가 모여서 하면 더 재미있어요. 도미노 놀이는 공간지각력을 기르고 집중력을 키우는 데 도움이 되며 여럿이 함께 도미노를 세우는 과정에서 질서 의식과 협동심도 키울 수 있습니다.

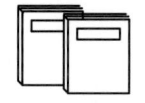

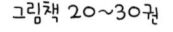

그림책 20~30권

1

여러 가지 크기의 그림책 수십 권을 준비해요.

2

넓은 공간에 그림책을 도미노처럼 세워요.

TIP 여럿이 도미노를 세우다 보면 종종 쓰러지기 마련입니다. 그럴 때 서로를 비난하지 않고 격려하며 할 수 있도록 도와주세요.

3

책이 잘 서지 않으면 책장을 살짝 펼쳐서 세워요.

4

책 도미노가 다 완성되면 맨 끝의 책을 밀어서 넘어뜨려요.

신나게 놀아요

책을 색별로 세우거나 크기순으로 세우는 등 규칙을 정해서 세워봐요.

와르르~ 도미노 성공!

TIP 모두가 도미노를 넘어뜨리고 싶기 마련이에요. 그러니 미리 가위바위보로 순서를 정하고 시작하는 게 좋아요.

몸 놀이

탁구공 슛!

탁구공을 던져서 종이컵에 넣는 놀이입니다. 힘의 강약 조절을 잘해야 하며 집중력이 필요합니다. 공 넣기를 어려워하면 위에서 떨어뜨려서 넣고, 쉽게 넣으면 공을 한 번 튀겨 넣게 하는 등 난이도를 조절합니다.

종이컵 10개(2색 각 5개)　탁구공 2개

1

탁자 양쪽에 컵 5개씩을 각각 마주 보게 일렬로 놓아요.

2

두 사람이 마주 보고 번갈아 탁구공을 던져서 상대편 앞에 있는 컵에 넣어요.

3

공이 들어간 컵은 뒤집어 놓아요. 모든 컵을 뒤집으면 다시 처음부터 시작해요.

4

컵에 공 넣기를 어려워하면 컵 위쪽에서 공을 떨어뜨려 넣어도 돼요.

신나게 놀아요

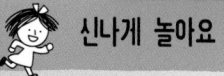

이야~, 다섯 개 다 넣었다!
공을 쉽게 넣으면 탁구처럼 탁자에 공을 한 번 튕긴 다음 넣어보아요.

몸 놀이

종이컵 오뚝이

누워 있는 종이컵 안에 작은 돌을 던져 넣어 일으켜 세우는 놀이입니다. 단순한 활동이지만 컵에 돌이나 공을 던져 넣는 것보다는 조금 더 어려워서 힘의 조절과 집중력이 필요합니다. 아이가 어려워하면 던지는 방향이나 힘의 세기를 조절할 수 있도록 도와주세요.

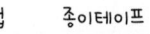

종이컵 / 종이테이프 / 작은 돌이나 구슬

1

탁자 위에 종이컵을 세워요.

2

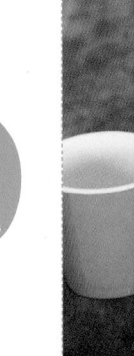

종이테이프로 종이컵을 탁자에 붙여요.

컵이 좌우로 움직이지 않도록 가로로도 종이테이프를 붙여요.

종이컵을 앞으로 눕혀요.

3

누워 있는 컵 안으로 작은 돌이나 구슬을 던져 넣어요. 돌이 컵에 들어가면 컵이 오뚝 일어서요.

4

컵이 서지 않으면 좀 더 세게 던지거나 방향을 살짝 바꿔보세요.

TIP 돌이 컵 안쪽 바닥을 맞춰야 컵이 잘 일어서요.

신나게 놀아요

몸 놀이

발가락 고리 마술

발가락 고리 마술은 발가락에 실을 걸고 그 실에 걸린 고리를 빼내는 마술 같은 놀이입니다. 여러 차례 연습하여 고리 빼기에 익숙해지면 친구나 가족 앞에서 마술 공연을 해보아요.

동영상으로 봐요!

1

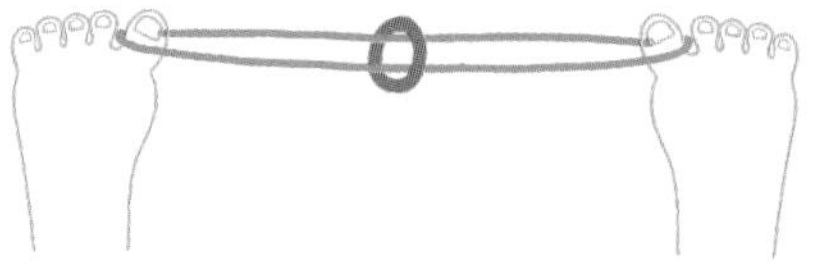

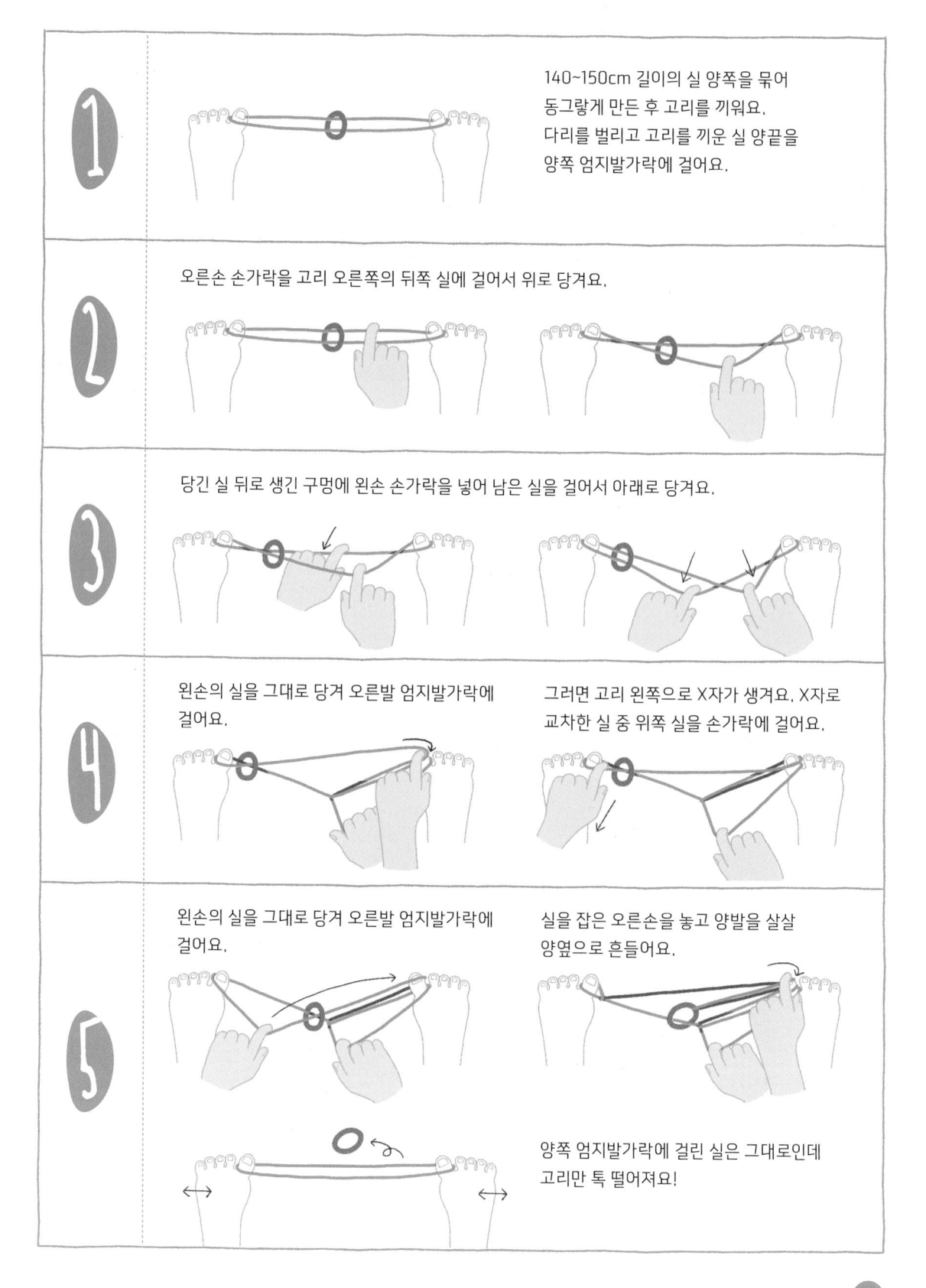

140~150cm 길이의 실 양쪽을 묶어 동그랗게 만든 후 고리를 끼워요. 다리를 벌리고 고리를 끼운 실 양끝을 양쪽 엄지발가락에 걸어요.

2

오른손 손가락을 고리 오른쪽의 뒤쪽 실에 걸어서 위로 당겨요.

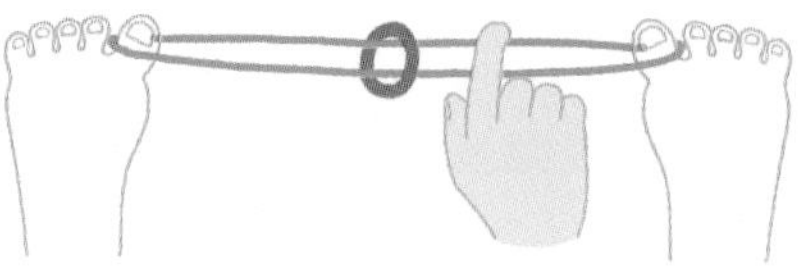

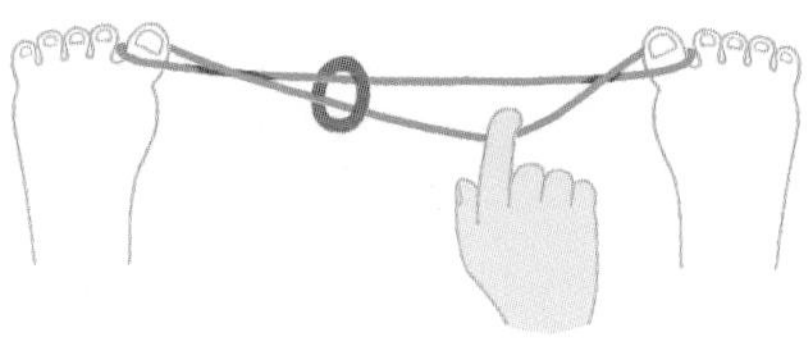

3

당긴 실 뒤로 생긴 구멍에 왼손 손가락을 넣어 남은 실을 걸어서 아래로 당겨요.

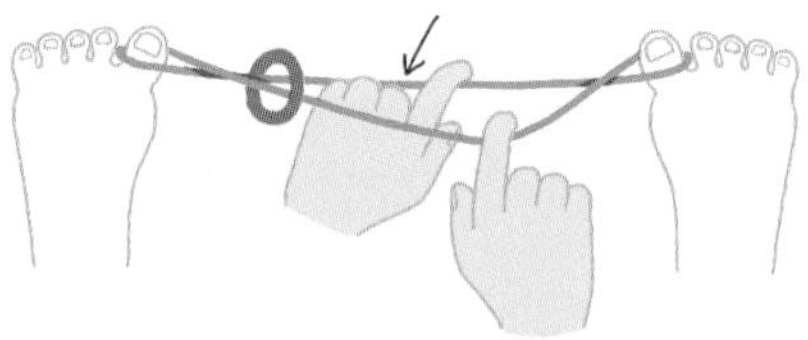

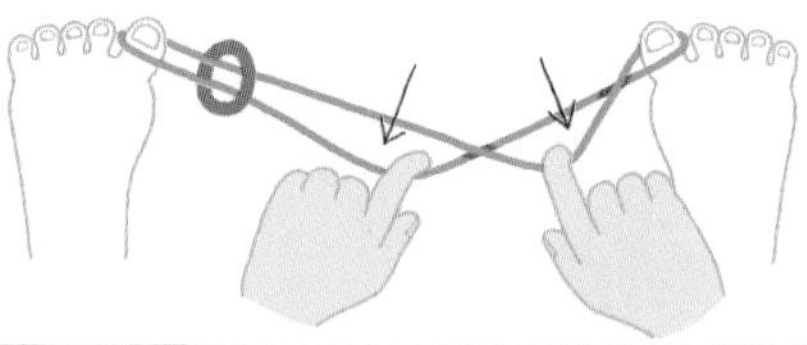

4

왼손의 실을 그대로 당겨 오른발 엄지발가락에 걸어요.

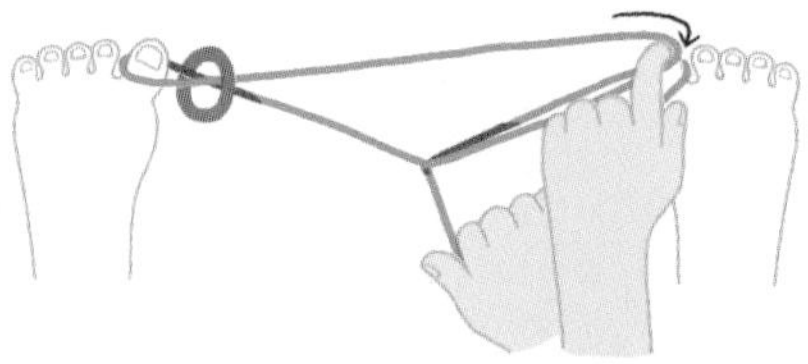

그러면 고리 왼쪽으로 X자가 생겨요. X자로 교차한 실 중 위쪽 실을 손가락에 걸어요.

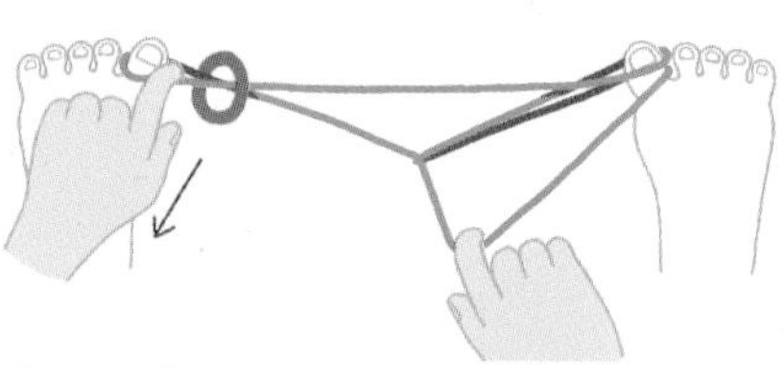

5

왼손의 실을 그대로 당겨 오른발 엄지발가락에 걸어요.

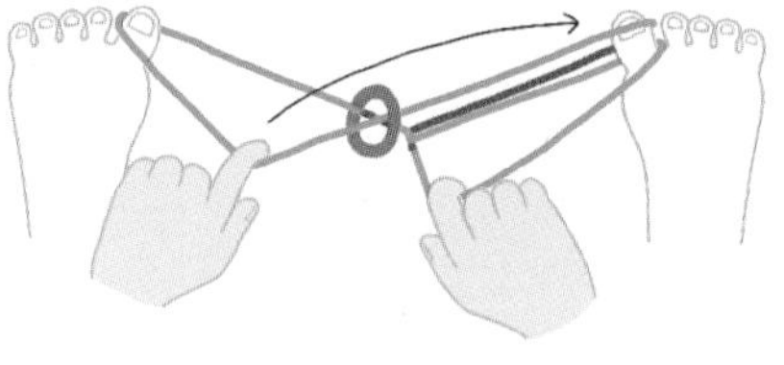

실을 잡은 오른손을 놓고 양발을 살살 양옆으로 흔들어요.

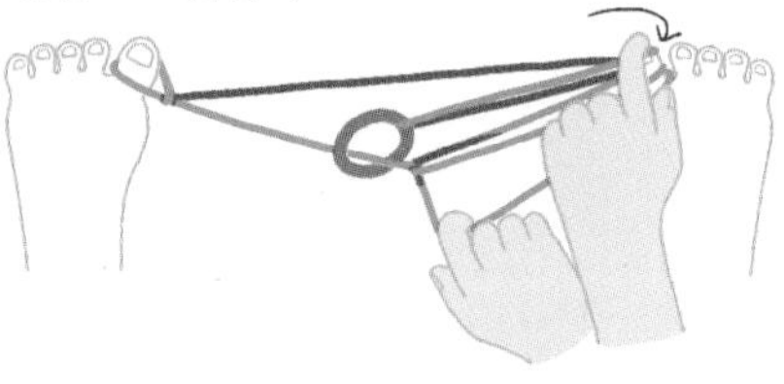

양쪽 엄지발가락에 걸린 실은 그대로인데 고리만 톡 떨어져요!

상호 놀이

컵 옮기기

아동심리전문가의 조언

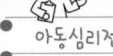

집단 놀이의 묘미인 도전을 즐길 수 있는 놀이입니다. 같은 것을 잡기 위해 고무줄 사이로 느껴지는 서로의 힘을 맞추고, 이견을 조율해가면서 진행하는 놀이이기 때문에 협동능력을 키워줍니다. 또 컵을 옮기면서 한 가지 목표에 집중하므로 선택적 주의력이 촉진됩니다. 단, 서로가 "이렇게 해야지!" 하고 주장하기 시작하면 언쟁이 될 수 있으니 "내가 ~할게. 네가 ~해줄래?"라는 요청하기 구문을 알려주면 좋습니다. 또는 말없이 눈빛과 감각적인 신호만을 통해 놀이해보는 것도 좋습니다.

종이컵 여러 개, 고무밴드 5개

1

고무밴드 1개를 가운데 두고 양쪽으로 2개씩 묶어 연결한 다음, 두 사람이 각각 양손에 고무밴드를 하나씩 잡고 사방으로 잡아당겨요.

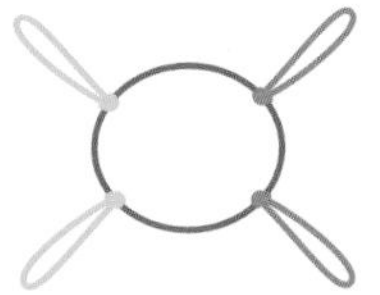

2

바닥에 엎어놓은 종이컵에 가운데 고무밴드를 걸어서 조여요.

3

조심조심 종이컵을 들어
올려서 옮겨요.

! 종이컵을 옮길 때 한 명이 힘을 많이 주면 고무밴드가 벌어져서 컵이 떨어지니 주의해요.

4

옮긴 컵을 하나씩
차곡차곡 포개어 쌓아요.

✚ 고무밴드를 4명이 하나씩 잡고 종이컵을 옮기는 것도 재미있어요.

신나게 놀아요

청기 백기

아동심리전문가의 조언

주의력과 순발력을 키울 수 있는 쉽고 재미있는 놀이입니다. 친구나 부모의 말에 집중하여 명확하게 듣고, 즉각 반응하는 연습을 하게 됩니다. 반대로 지시한대로 상대가 맞게 하는지 집중하여 보면서 시각과 청각 집중력을 모두 훈련할 수 있습니다. 단, 승패가 있는 놀이이기 때문에 승리욕이 높은 아이라면 시작 전 놀이의 구조를 정확히 정해두는 게 좋습니다. 지시는 몇 번씩 하며, 성공과 실패 카운트는 누가 할지, 서로의 지시 수준이 비슷한지 등이 결과를 받아들이는데 중요한 기준이 됩니다.

색종이, 나무젓가락, 가위, 풀

1

파란색 색종이의 1/3 정도를 잘라낸 다음, 한쪽 끝에 나무젓가락을 놓아요.

2

색종이를 나무젓가락에 감고 풀이나 테이프를 이용하여 붙여요.

3

젓가락에 색종이를 붙인
부분에 남은 색종이 조각을
덧붙여 깃발을 완성해요.

4

파란색 색종이와 같은
크기의 흰 종이를
준비해서 같은 방법으로
백기도 만들어요.

신나게 놀아요

청기 백기 놀이를 해봐요.
말하는 사람의 지시를 잘 듣고
그대로 따라하면 돼요.

청기 올려! 백기 올려!
백기 올리지 말고 청기 올려!

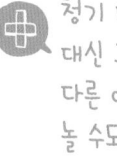

청기 대신 강아지, 백기
대신 고양이, 이렇게 깃발에
다른 이름을 붙여서
놀 수도 있어요.

상호 놀이

등 그림 알아맞히기

아동심리전문가의 조언

서로를 접촉하고 느끼며 촉각으로 알아맞히는 놀이는 정서적 유대감인 애착을 증진해주는 상호 놀이입니다. 서로를 조심스럽게 접촉하고 천천히 그림을 그리는 자극에서 사랑을 느끼고, 그림을 그린 뒤 서로 마주 보고, 맞추고 틀리며 웃는 과정에서 관계의 편안한 즐거움을 경험하게 됩니다. 그러므로 그림을 맞추는 것에 의의를 두기보다는 정서적 유대감에 초점을 두고 손끝의 접촉, 눈 맞춤, 마주 보는 웃음 등의 정서에 관심을 두는 것이 좋습니다.

1

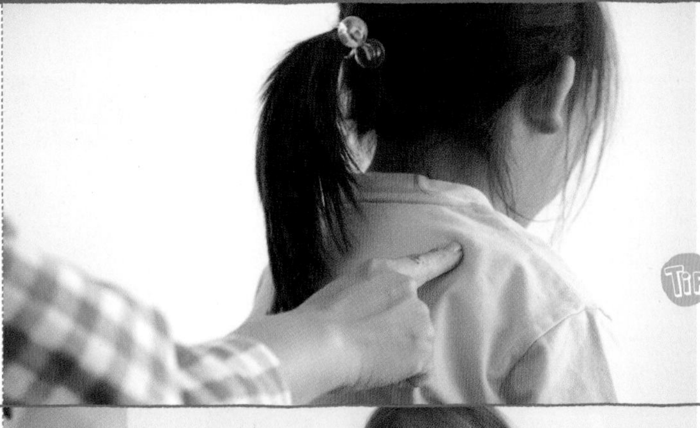

둘이 짝을 짓고 한 사람이 뒤돌아 앉아요. 다른 사람은 손가락으로 등에 숫자나 글자를 써요.

TIP 한글을 모르는 어린아이라면 도형이나 숫자를 그려요.

2

어떤 숫자나 글자를 썼는지 알아맞히면 술래가 바뀌어요.

3

틀리면 맞힐 때까지 여러 번 반복해요.

신나게 놀아요

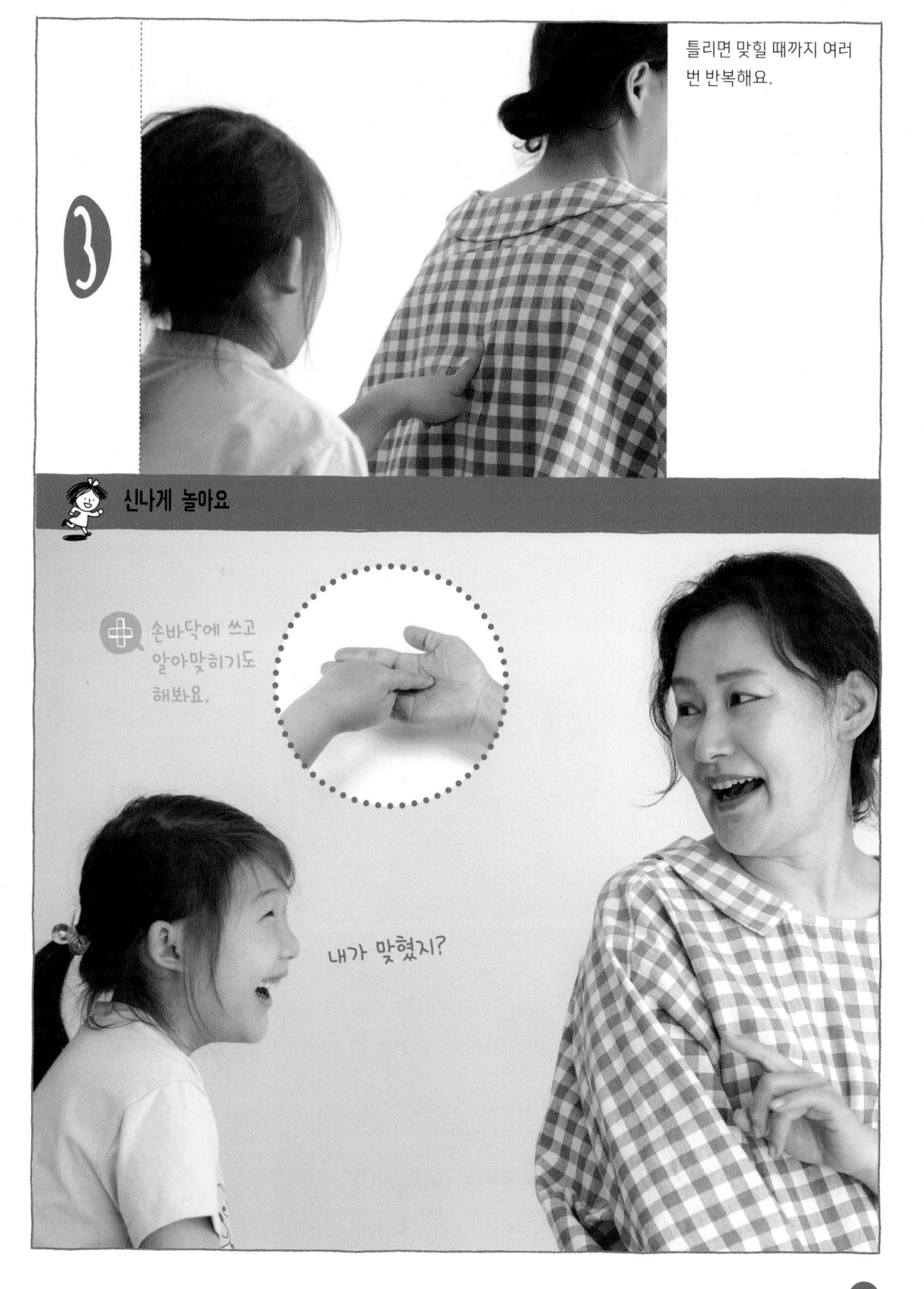

손바닥에 쓰고 알아맞히기도 해봐요.

상호 놀이

여우야 여우야 뭐하니

아동심리전문가의 조언

노래와 행동을 주고받는 집단 놀이는 사회성에서 가장 중요한 함께하는 즐거움과 상호성을 키워주며 여럿이 쉽게 어울릴 수 있어 적응력도 높여줍니다. 또한, 같은 것에 주의를 기울이고, 같은 것을 노래하고, 같이 도망가며 관계에 소속하고자 하는 소속감 욕구를 충족할 수 있습니다. 다만 집단놀이를 할 때 한 명 혹은 몇 명이 계속 술래를 하게 된다면 소외감을 느끼고 감정이 상할 수 있습니다. 그럴 때는 잡히는 것과 상관없이 술래를 돌아가면서 할 수 있도록 대안을 알려주는 것이 좋습니다.

1

가위바위보로 여우 역할을 할 친구를 정해요.
여우 친구는 벽을 향해 서고, 다른 친구들은 반대쪽 출발선에 서요.

2

여우 친구와 노래를 주고받으며 앞으로 조금씩 나가요.

(다 같이)
한 고개 넘었다, 아이고 다리야.
두 고개 넘었다, 아이고 무릎아.
세 고개 넘었다, 아이고 허리야.

3

(다 같이) 여우야 여우야 뭐하니?
(여우 친구) 밥먹는다.
(다 같이) 무슨 반찬?
(여우 친구) 개구리 반찬.
(다 같이) 죽었니? 살았니?
(여우 친구) 죽었다.

(다 같이) 죽었니? 살았니?
(여우 친구) 살았다!

여우 친구가 '살았다' 하면 다른 친구들은 여우 친구를 피해 도망가요.

신나게 놀아요

여우야 여우야 지금 몇 시니? 놀이도 해봐요.

(다 같이) 여우야 여우야 지금 몇 시니?
(여우 친구) 1시! (손가락으로 1을 나타내요)
1을 나타내면 다른 친구들은 한 발자국 여우에게 다가가요.

(다 같이) 여우야 여우야 지금 몇 시니?
(여우 친구) 3시! (손가락으로 3을 나타내요)
다른 친구들은 세 발자국 여우에게 다가가요.
이런 식으로 조금씩 앞으로 나가는 거예요.

(다 같이) 여우야 여우야 지금 몇 시니?
(여우 친구) 너를 잡아먹을 시간!

여우 친구가 도망치는 다른 친구들을 쫓아가 잡아요.

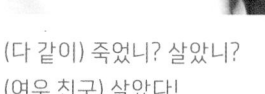

상호 놀이

사방치기

아동심리전문가의 조언

아이들은 자신의 몸을 자신 있게 움직이고 통제할 때 신체적 자기 효능감이 높아지며 자신감이 생깁니다. 사방치기는 양발을 동시에 움직이다가도 한 발로 서야 하므로 몸의 균형감각을 촉진하며, 선을 보면서 정확하게 움직여야 하므로 시지각 협응 능력을 촉진하는 좋은 놀이입니다. 아이가 아직 어리다면 처음에는 선을 밟을 수 있지만 동작을 배우는 데 의의를 두고 놀이하기, 두 번째 목표는 깨금발 균형 잡기, 세 번째는 망 잡기 등 놀이 수준의 단계를 정하는 것이 좋습니다.

마스킹테이프, 망

1

1. 사방치기 판을 그려요. 집 밖이면 바닥에 분필 등을 이용해 그리고, 집 안이면 마스킹테이프 등을 붙여 만들어요.

2. 제일 먼저 ①에 망을 던지고 ②부터 순서대로 깨금발과 양발로 폴짝폴짝 뛰어서 ⑧까지 간 뒤 돌아와요. 돌아오다가 망이 있는 바로 앞칸에서 망을 주워요.

-①과 ②, ④와 ⑤, ⑦과 ⑧은 양발로 디디고, ③, ⑥는 깨금발로 디뎌요.

-①과 ②, ④와 ⑤, ⑦과 ⑧ 중에 망이 있으면 그 옆 칸에 깨금발로 딛고 망을 주워요.

-⑦과 ⑧에서 되돌아올 때는 한 번에 뒤로 돌아요.

2

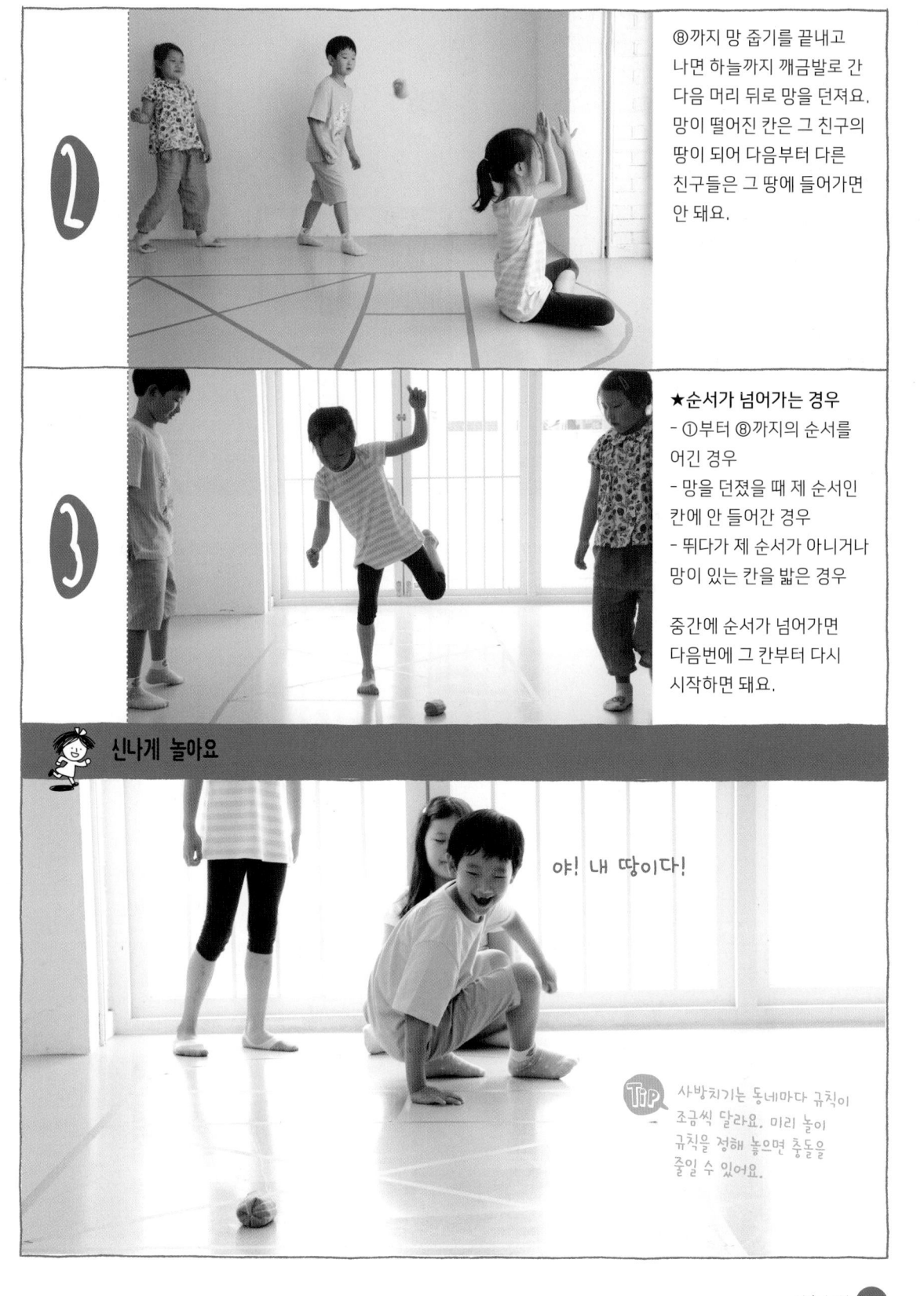

⑧까지 망 줍기를 끝내고 나면 하늘까지 깨금발로 간 다음 머리 뒤로 망을 던져요. 망이 떨어진 칸은 그 친구의 땅이 되어 다음부터 다른 친구들은 그 땅에 들어가면 안 돼요.

3

★순서가 넘어가는 경우

- ①부터 ⑧까지의 순서를 어긴 경우
- 망을 던졌을 때 제 순서인 칸에 안 들어간 경우
- 뛰다가 제 순서가 아니거나 망이 있는 칸을 밟은 경우

중간에 순서가 넘어가면 다음번에 그 칸부터 다시 시작하면 돼요.

신나게 놀아요

TIP 사방치기는 동네마다 규칙이 조금씩 달라요. 미리 놀이 규칙을 정해 놓으면 충돌을 줄일 수 있어요.

상호 놀이

땅따먹기

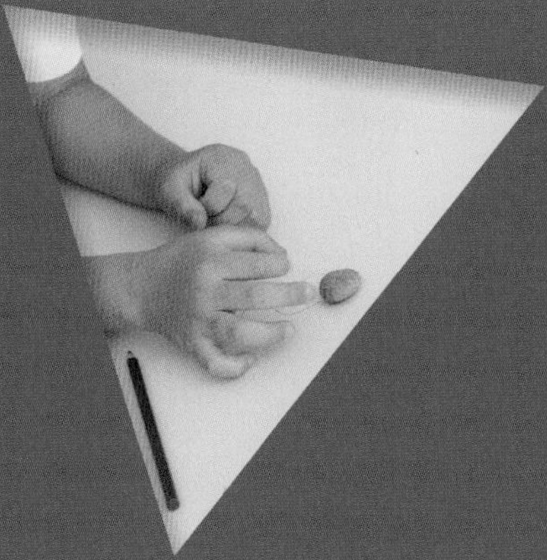

아동심리전문가의 조언

땅따먹기는 놀이계획능력과 운영능력이 계발되는 놀이입니다. 단순히 돌을 튕기는 것이 아니라 땅을 만들기 위해서 계획을 세우고, 계획한 대로 돌을 튕기면서 구성과 실행능력이 촉진됩니다. 동시에 친구들이 자신이 계획한 지점을 먼저 차지했을 경우 문제를 해결하며 문제해결력을 키웁니다. 다만 소근육 조절이 어려운 유아는 돌멩이를 손가락으로 튕겨서 원하는 자리로 보내는 것이 어려울 수 있습니다. 상대 친구가 월등히 잘해서 상호 놀이가 승패로 치우치게 된다면, 짝을 이루어서 집단으로 놀이하는 것이 좋습니다.

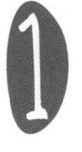

종이(전지), 종이테이프, 작은 돌, 색연필

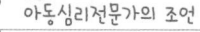

1

바닥에 큰 종이를 깔고 종이테이프로 붙여 고정해요.
모서리를 하나씩 골라 자신의 집으로 정하고 표시해요.

Tip 꼭 흰 전지가 아니라 신문지 같은 종이도 상관없어요.

2

가위바위보로 순서를 정한 후 자신의 집에 작은 돌을 놓고 손가락으로 튕겨 움직여요.

3

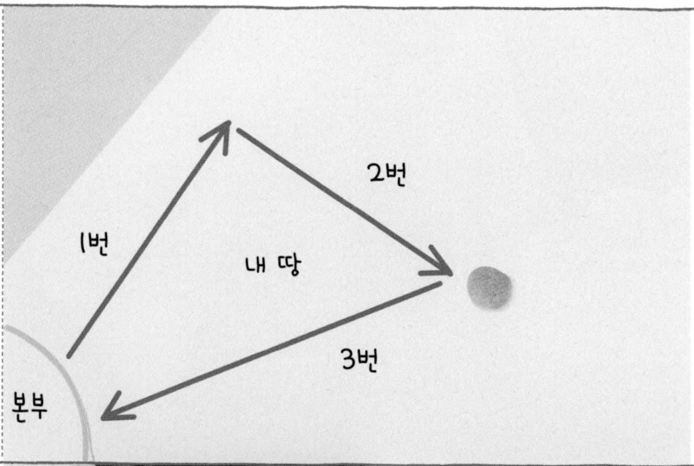

돌을 3번 움직여서 자신의 집으로 돌아오면 그 안이 '내 땅'이 돼요.

4

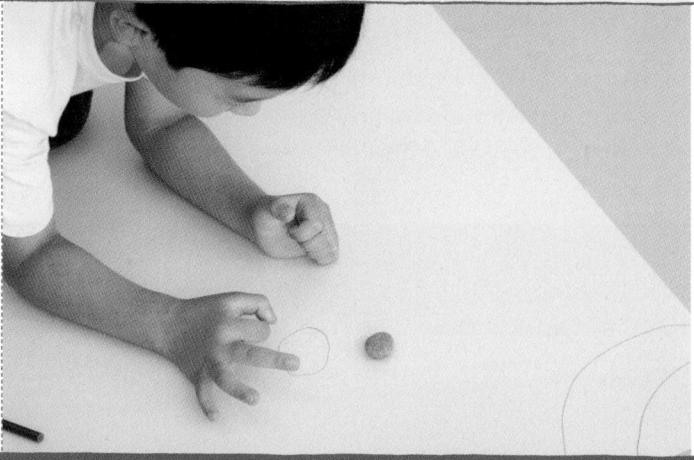

3번 만에 집으로 돌아오지 못하거나 돌이 종이 밖으로 나가면 다음 친구에게 기회가 넘어가요.

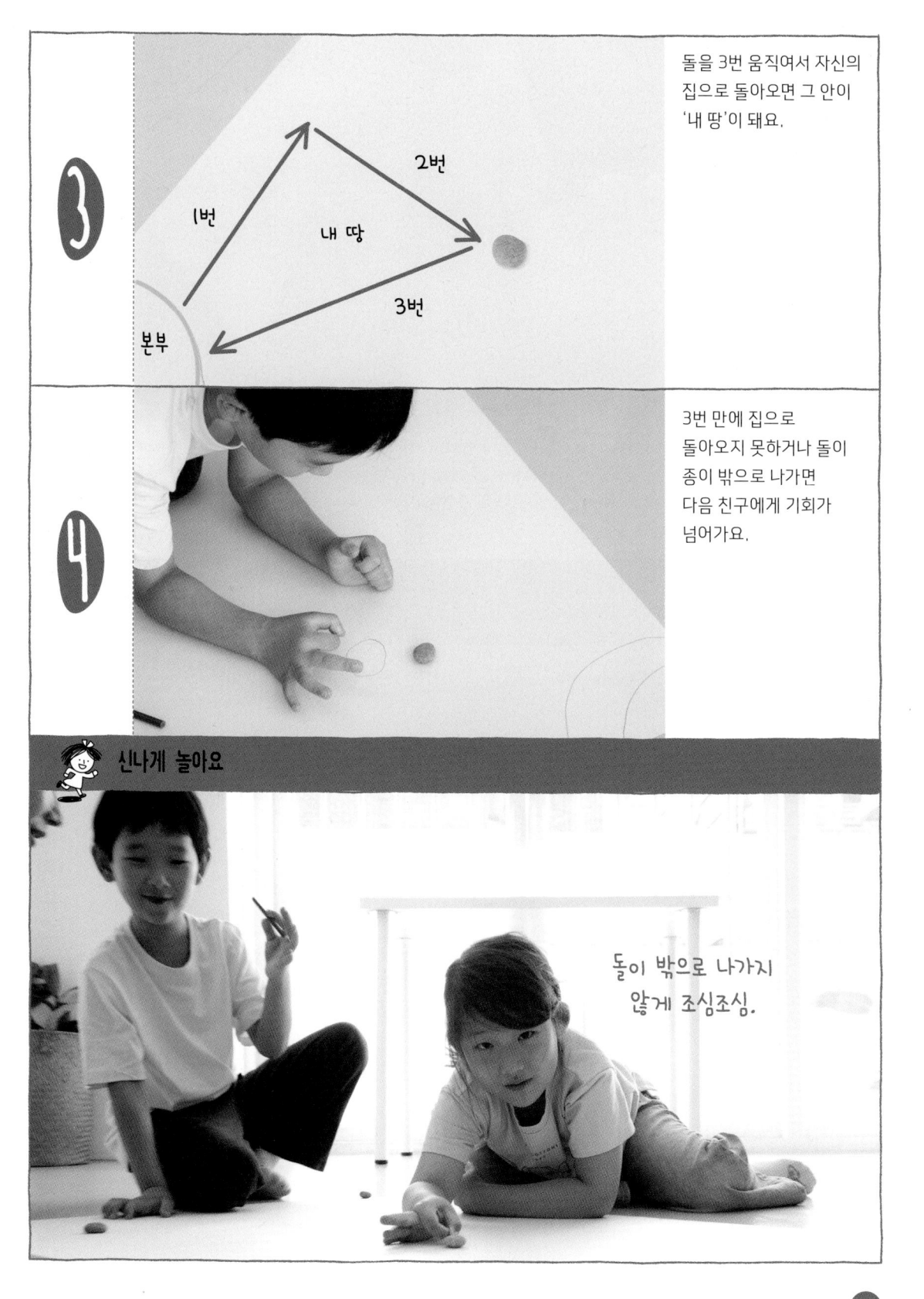

신나게 놀아요

상호 놀이

삼각형 땅따먹기

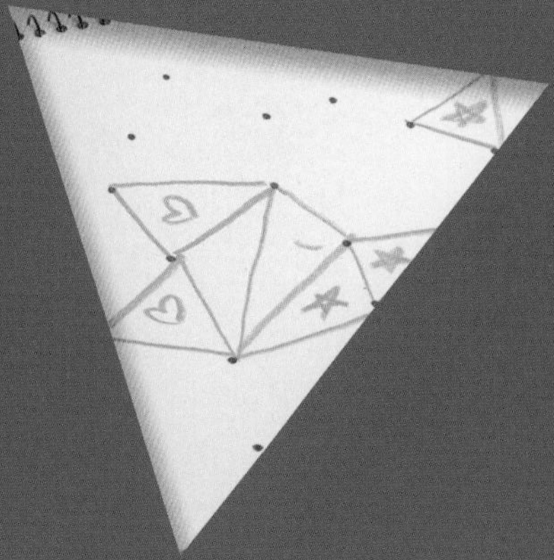

아동심리전문가의 조언

종이 한 장과 연필 한 자루만 있으면 손쉽게 집중하여 할 수 있으므로 병원이나 식당 등 순서를 기다려야 하는 상황에서도 하기 좋은 놀이입니다. 시간 공백이 있을 때 기다리기 지겨워하는 아이들에게 알려주면 놀이에 몰입하면서 자신의 무료한 마음과 행동을 조절할 수 있습니다. 아이가 아직 어리다면 놀이 과정을 통해 삼각형이 세 점과 세 선으로 이루어진다는 것에 대해 알려주시고, 점의 개수를 줄여 연결하기 쉽게 도와주세요.

스케치북, 사인펜이나 색연필

1

종이에 적당한 간격으로 점을 찍어요.

TIP 아이가 아직 어리다면 점을 듬성듬성 적당한 개수로 찍어야 놀이하기 쉬워요.

2

친구들과 순서를 정해 차례대로 점과 점을 이어 선을 그어요.
한 번씩 번갈아 선을 긋다가 내 차례에 삼각형이 완성되면 내 땅이 돼요.

! 삼각형 안에 점이 있어서는 안 돼요.

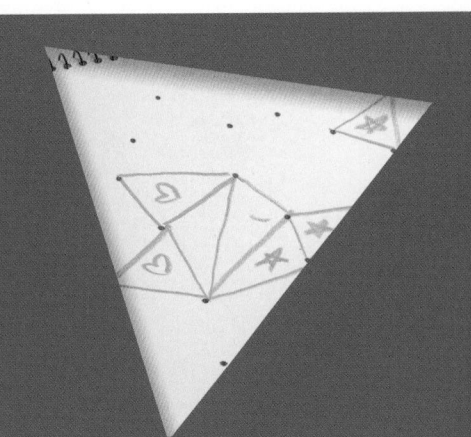

3

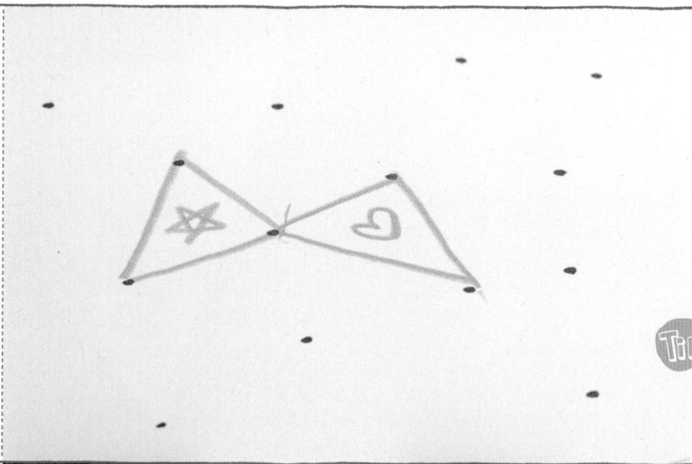

번갈아 선을 그리면서 내 땅을 점점 늘려가요.

TIP 별이나 하트 등을 그려 내 땅이라는 표시를 해요.

4

더는 연결할 점이 없으면 각자의 표시를 세어 누구 땅이 더 많은지 확인해요.

TIP 아이가 삼각형 만드는 것을 어려워하면 어떻게 하면 좋은지 살짝 알려주세요.

신나게 놀아요

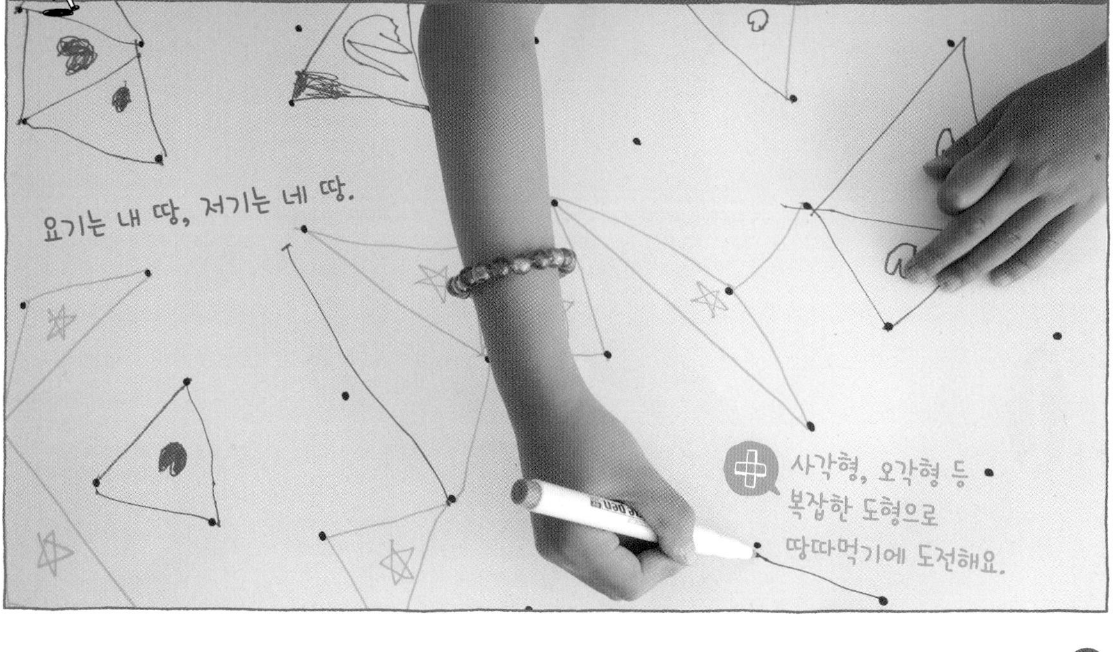

요기는 내 땅, 저기는 네 땅.

사각형, 오각형 등 복잡한 도형으로 땅따먹기에 도전해요.

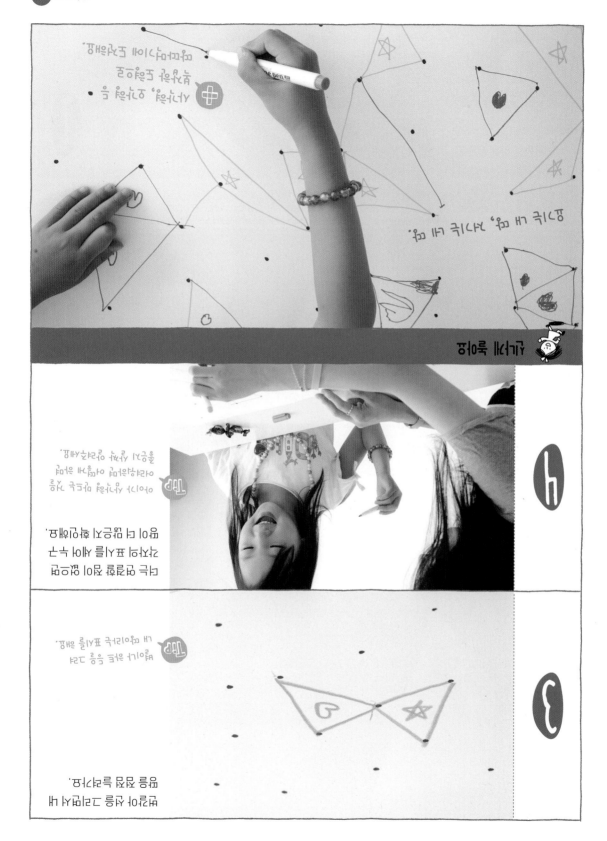

상호 놀이

얼굴 그려주기

아동심리전문가의 조언

관찰력과 주의력을 키울 수 있는 놀이입니다. 친구의 얼굴에 집중하는 것은 시각적 주의력을 높여주며, 타인에 대한 의미 있는 관심을 높이고, 사회성 발달에 긍정적인 영향을 줍니다. 아이의 성향에 따라 지나치게 꼼꼼하게 그리려고 하면 얼굴을 대주는 친구가 힘들어할 수 있으니 그럴 경우 눈, 코, 입 순서대로 서로 번갈아 그리는 것이 좋습니다. 신체적 자기존중감이 발달하는 유아기 아이들은 예쁘지 않은 얼굴 그림에 당황할 수 있으니 시작 전에 서로를 바라보며 즐겁게 하는 놀이라는 것을 일깨워주세요.

OHP 필름(투명 필름), 네임펜

1

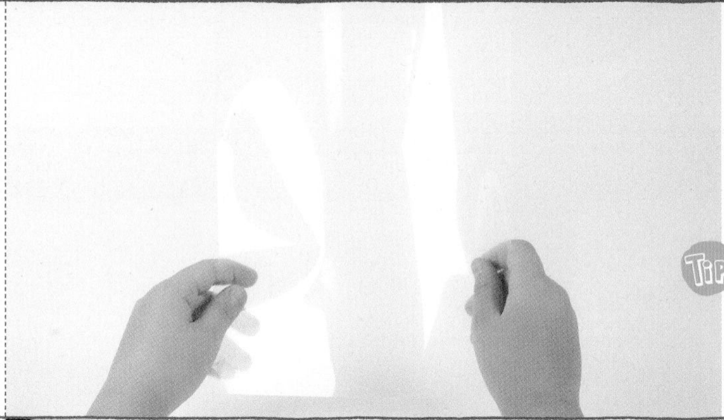

OHP 필름같이 투명하고 빳빳한 필름을 준비해요.

Tip 투명 필름이 없으면 투명 파일을 잘라서 써도 돼요.

2

한 친구가 얼굴에 필름을 바짝 대고 들면 필름 위에 비쳐 보이는 친구의 얼굴을 따라 그려요.

3

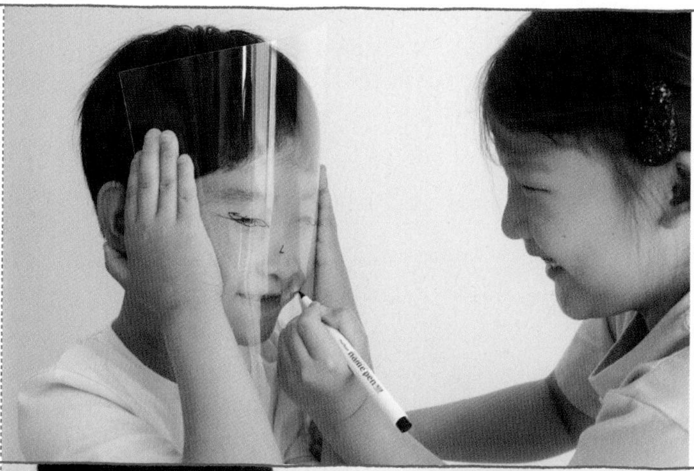

이제 역할을 바꾸어 다른
친구의 얼굴도 그려요.

4

윤곽이 어느 정도
그려지면 필름을 내려놓고
그려서 완성해요.

신나게 놀아요

내 얼굴이 이렇게 생겼어?

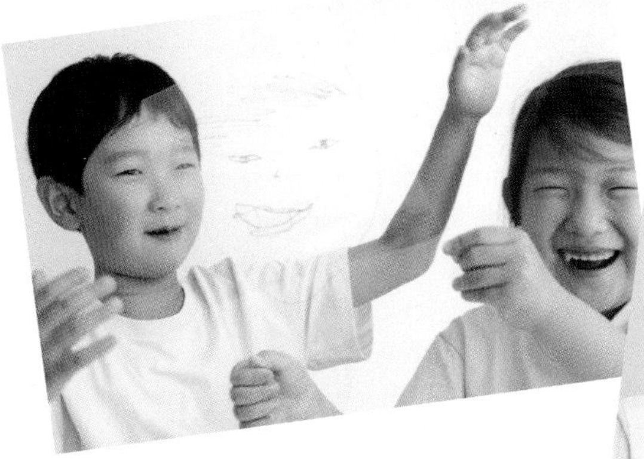

누가 그린 얼굴이 더 닮았을까?

TIP 예쁘게 그리거나 잘 그리는 것은 중요한 것이 아니니 잘 못 그렸다고 실망하지 않도록 다독여주세요.

상호 놀이

따로 또 같이

아동심리전문가의 조언

친구의 그림에 나의 그림을 이어가는 활동은 상대의 의도를 유추하고 이해하는 추론능력과 조망수용능력을 향상해줍니다. 살짝 보이는 그림 선을 보고 어떤 그림일지 추론하고, 친구가 무엇을 그렸는지 친구의 마음을 생각해보면서 타인의 마음과 의도가 나와 다를 수 있다는 것을 수용하게 됩니다. 다소 자기중심적인 기질의 아이라면 무엇을 그릴지 정하지 않고 친구의 그림을 추론하여 어우러지게 그리도록 해보는 것도 도움이 됩니다.

종이, 색연필

1

종이를 4등분해서 접은 후 펼쳐 처음으로 그리는 친구가 맨 위 칸에 머리를 그려요. 한 친구가 그림을 그릴 때 다른 친구는 보지 않아요.

2

첫 칸의 그림이 보이지 않도록 뒤로 접은 후 다른 친구가 두 번째 칸에 몸의 윗부분을 그려요.

TIP 친구가 이어 그리기 쉽도록 다음 칸에 끝이 살짝 보이도록 그리면 좋아요.

3

세 번째 칸에는 다른 친구가 몸 아랫부분을 그려요.

4

네 번째 칸에는 다리를 그려요. 그런 다음 그림을 펼쳐서 함께 그림을 확인해요.

TIP 미리 각 칸에 어디까지 그릴 것인지 정해 두고 그려요. 첫 칸은 머리, 다음은 허리, 그 다음은 무릎 위, 마지막은 발까지, 이렇게요.

신나게 놀아요

어떻게 그리고 있을까?

기린이나 꽃, 나무처럼 4등분으로 나눠 그릴 수 있는 길쭉한 것을 여러 가지 그려봐요.

상호 놀이

누가 더 많을까?

아동심리전문가의 조언

예측되지 않는 장면을 펼치면서 하는 놀이입니다. 이러한 놀이 속에서 아이들은 유연성을 배웁니다. 특히 틀이 명확하거나 예측되는 것을 선호하고, 새로운 것을 하기 싫어하는 아이들에게는 어떻게 될지 모르지만 그냥 해보는 유연성과 즐거운 도전을 배울 수 있는 좋은 놀이입니다. 이 놀이를 할 때는 반드시 책을 각자 고르는 것이 좋습니다. 한 책에만 찾기 대상이 많다면 억울한 지점이 생겼을 때 책임의 소지가 불분명해지기 때문입니다.

그림책

1

책장에서 엄마와 아이가 그림책을 한 권씩 골라요.

TIP 어떤 책이든 상관없지만 개수를 세어 겨루려면 그림이 복잡할수록 좋아요.

2

사람이나 동물, 물건 등 개수를 셀 대상을 미리 정한 다음 각각 책을 펼쳐요. 어떤 장면이든 상관없어요.

3

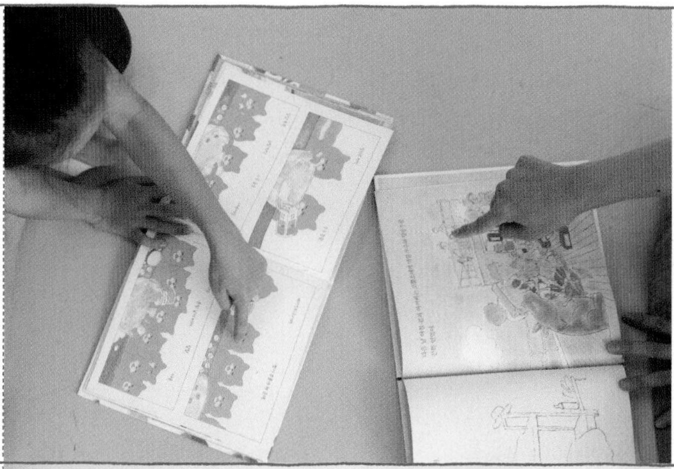

각자의 그림책 장면에서 누가 더 개수가 많은지 세어요.

4

진 사람에게는 꿀밤 때리기나 얼굴에 낙서하기 등 간단한 벌칙을 줘도 재미있어요.

신나게 놀아요

장면을 바꾸거나 책을 바꿔서도 놀아봐요.

인물의 행동을 따라 해 보거나 다른 이야기를 만들어보는 등 펼친 장면을 여러 가지로 활용해 놀아요.

상호 놀이

글자를 찾아라!

아동심리전문가의 조언

간단해보이지만 아이들에게 도전을 통한 성취감과 짜릿한 즐거움을 주는 놀이입니다. 이 놀이처럼 한글을 보고 기억하면서 찾는 놀이는 자연스럽게 기억력을 촉진해줍니다. 머릿속에 한 가지 정보를 오래 기억할수록 정보를 다룰 수 있는 유지 시간이 길어지기 때문입니다. 부모와 아이가 함께할 때는 경쟁 놀이가 되지 않지만, 친구들끼리 함께할 때는 누가 먼저 찾는지에 따라 경쟁이 되기도 합니다. 따라서 여러 명이 함께할 때는 팀을 이뤄서 놀이하는 것이 한 아이의 상대적 좌절을 보호해줄 수 있습니다.

책꽂이와 책

1

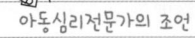

엄마가 낱말 하나를 정해서 알려주면 아이가 책꽂이에 보이는 책등에서 그 낱말에 들어가는 글자를 하나씩 찾아요.

TIP 처음에는 나비, 공주처럼 아이가 글자를 찾기 쉬운 낱말로 정하는 게 좋아요.

2

글자를 찾으면 거기에 작은 포스트잇이나 스티커를 붙여서 표시해요.

3

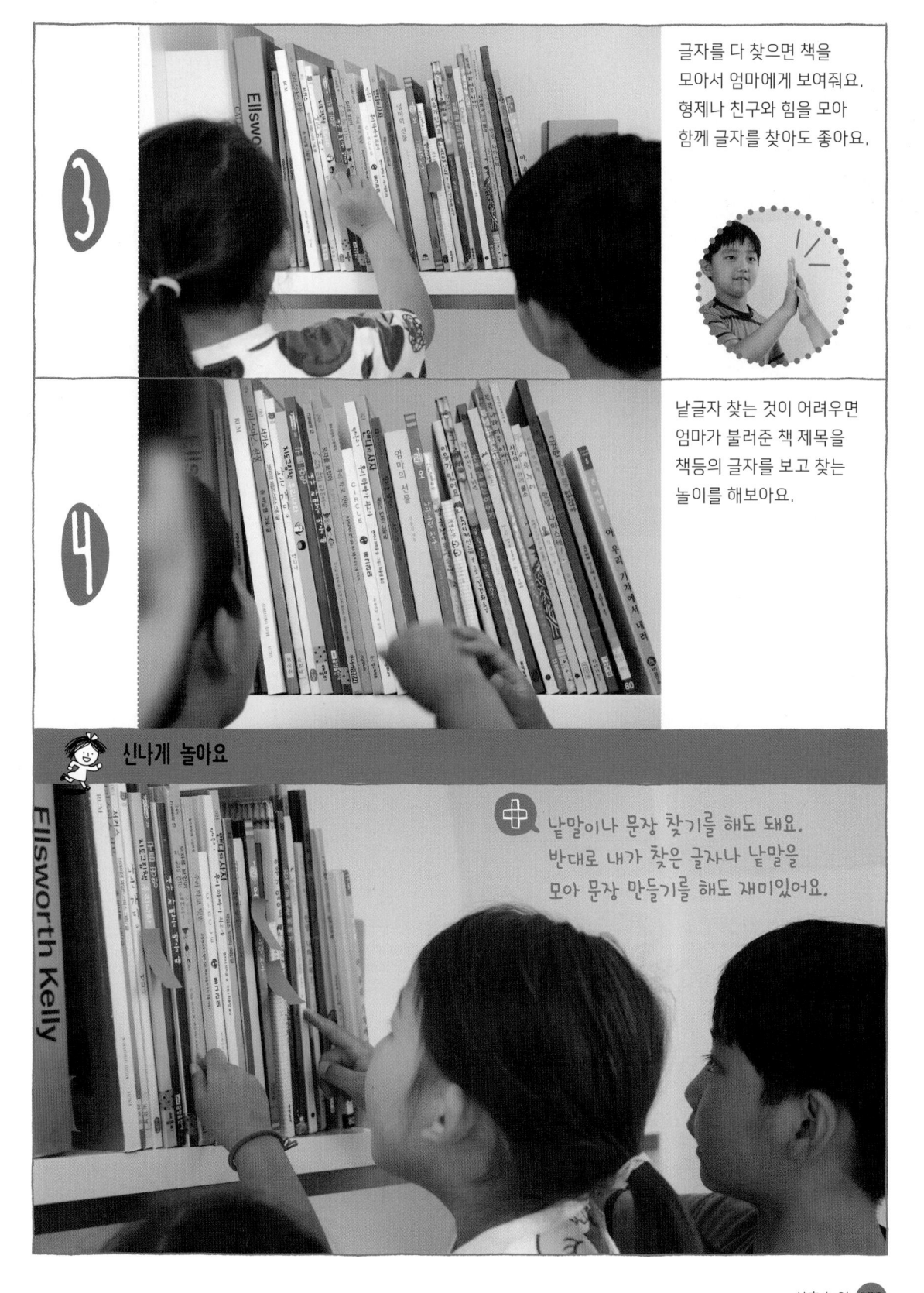

글자를 다 찾으면 책을 모아서 엄마에게 보여줘요. 형제나 친구와 힘을 모아 함께 글자를 찾아도 좋아요.

4

낱글자 찾는 것이 어려우면 엄마가 불러준 책 제목을 책등의 글자를 보고 찾는 놀이를 해보아요.

신나게 놀아요

낱말이나 문장 찾기를 해도 돼요. 반대로 내가 찾은 글자나 낱말을 모아 문장 만들기를 해도 재미있어요.

상호 놀이

세 글자 말놀이

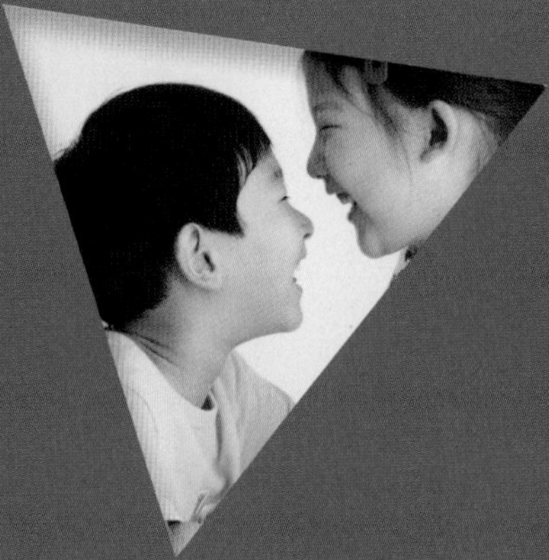

아동심리전문가의 조언

세 글자를 연달아 이어 말하기는 간단한 말놀이 같지만, 엄청난 집중력이 요구되는 놀이입니다. 머리로는 단어를 생각하고, 귀로는 친구의 소리를 들으며, 그다음에 말할 단어를 준비해서 말해야 합니다. 이러한 놀이 과정은 사고력과 청각주의력, 그리고 표현하는 말을 연결하면서 집중력을 촉진해줍니다. 아이가 아직 어려 번갈아 말하기를 어려워한다면 첫음절을 시작하는 사람이 종을 치거나 손뼉을 치는 등의 액션을 추가하여 놀이해도 좋습니다.

1

두 사람이 마주 보고 앉아요.

2

'나팔꽃'과 같이 세 글자 낱말을 정해서 두 사람이 한 글자씩 돌아가면서 말해요.
두 사람이 세 글자를 번갈아 말하기 때문에 말하는 글자가 계속 달라져요.

3

점점 빨리, 점점 큰 소리로
말하다 보면 누군가
틀리게 돼요.

4

사랑해, 도레미, 경찰서,
새우깡, 주전자 등 음절이
세 개인 다른 낱말로도
말놀이를 해봐요.

신나게 놀아요

악센트 말놀이

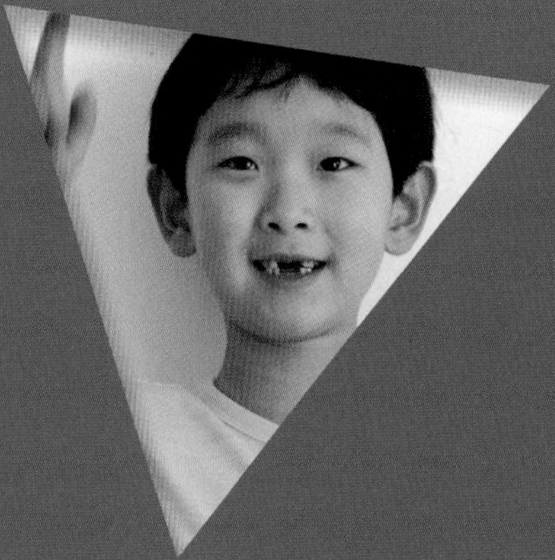

아동심리전문가의 조언

자신이 말하고 있는 것을 스스로 기억하며 기억을 유지하는 능력을 키울 수 있는 놀이입니다. 잦은 실수가 생겨 처음부터, 처음부터 시작하게 되지만 악센트라는 재미있는 요소 덕분에 함께하는 놀이 과정에서 실수가 서로를 즐겁게 해줄 수 있다는 유연성을 배울 수 있습니다. 실수가 즐거움이 될 수 있도록 도전을 신나게, 실수를 즐겁게 경험할 수 있는 분위기를 만드는 것이 중요합니다. 놀이가 성공을 위한 진지한 도전이 된다면 수줍음이 많은 아이는 친구들의 시선에 좌절할 수 있으니까요.

1

두 사람이 마주 보고 한 낱말의 첫 글자부터 마지막 글자까지 돌아가며 악센트를 주어 발음해요.

2

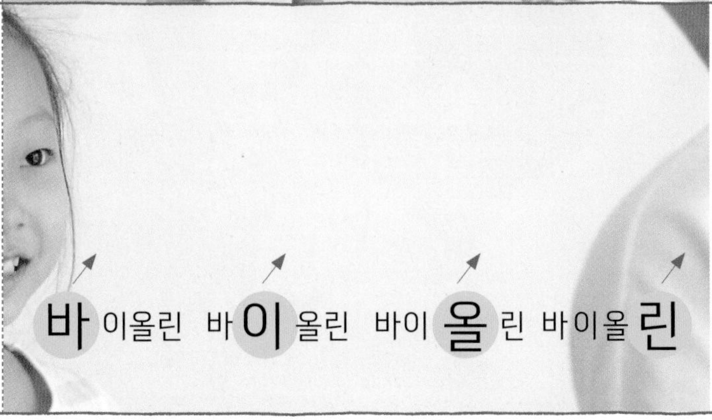

예를 들어 바이올린의 경우 바, 이, 올, 린에 차례대로 악센트를 주어요.

3

속도가 빨라질수록
재미있어요.

TIP 아이가 익숙해질 때까지 단어의 글자 수와 속도, 발음의 난이도를 조절해주세요.

4

악센트 주는 글자를
발음할 때 깡충 뛰면 더
재미있어요.

신나게 놀아요

손 놀이

포근한 목도리

손가락으로 털실을 엮는 것을 핑거 니팅이라고 합니다. 종이컵으로 만든 틀에 실을 걸어서 엮으면 손가락으로 하는 핑거 니팅보다 실이 굵게 엮입니다. 그럼 통통하고 부드러운 실로 포근한 목도리를 만들어봅시다.

동영상으로 봐요!

단단한 종이컵 / 아이스크림 막대 / 셀로판테이프 / 칼 / 털실

1

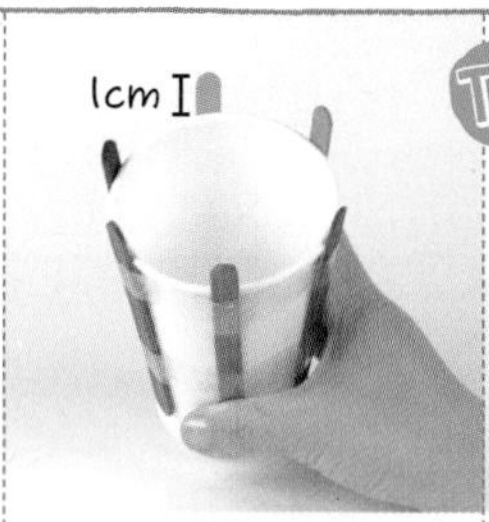

종이컵 겉면에 아이스크림 막대를 일정한 간격으로 붙여요.

종이컵 밑면을 칼로 뚫어요.

TIP 칼 사용은 위험하니 어른이 도와주세요.

실을 종이컵 가운데로 통과해서 종이컵 아래까지 늘어뜨려요.

TIP 종이컵 아래에 칼집을 내고 실 끝을 끼워 고정하면 편해요.

2

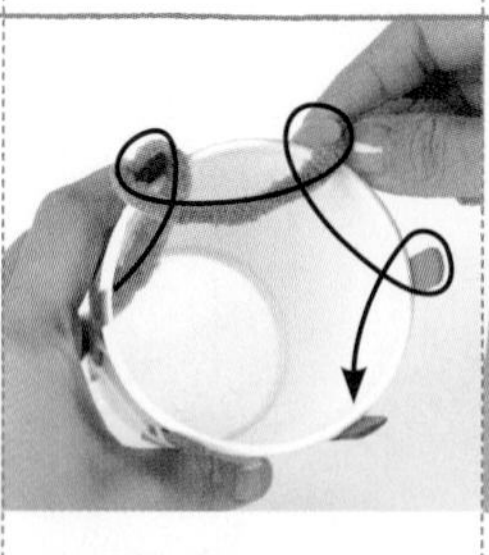

실을 막대에 순서대로 돌려 감아요.

한 바퀴를 돌고 나면 다시 한 바퀴를 더 감아요.

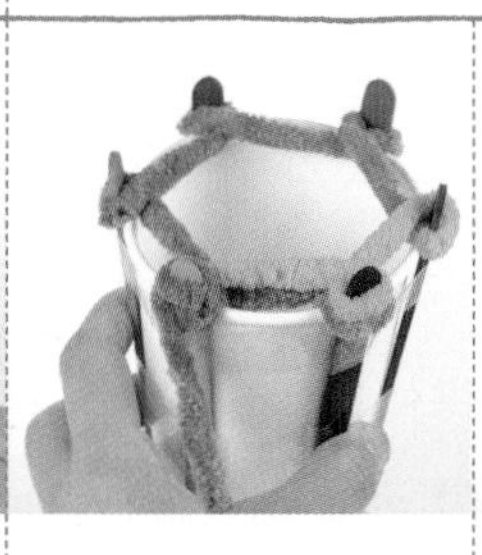

막대에 실이 두 줄씩 걸렸어요.

막대의 아래 고리를 위로 올려 막대 뒤로 넘겨요.

3

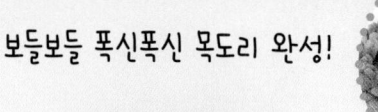

아랫실을 모두 넘기고 나면 다시 실을 한 바퀴 감아서 두 줄로 만들고, 다시 아랫실을 위로 넘겨요. 이 과정을 원하는 길이가 나올 때까지 반복해요.

4 마무리

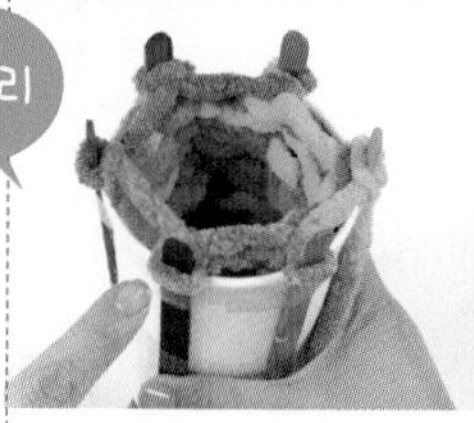

한 줄이 남았을 때 첫 막대의 고리를 다음 막대로 옮겨 걸어요.

고리가 두 개가 되면 아래 고리를 위로 넘겨요. 그리고 다음 막대로 옮겨 걸어요.

이 과정을 마지막 막대에 고리가 하나 남을 때까지 반복해요.

실을 자르고 마지막 고리에 실 끝을 넣어 당겨서 마무리해요.

나만의 작품을 만들어요

털방울 만들기

① 원하는 털 방울 지름만큼 박스 종이를 자르고 가운데 틈을 내요.

② 털실을 감아요. 많이 감을수록 방울이 풍성해져요.

③ 충분히 감고 나면 다른 실을 가운데 틈에 넣어 묶어요.

④ 종이를 빼고 단단히 묶은 다음 접힌 털실의 가운데를 가위로 잘라요.

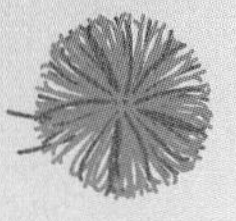

⑤ 가위로 방울 모양을 동그랗게 다듬고 가운데 묶은 실로 목도리 끝에 연결해요.

보들보들 폭신폭신 목도리 완성!

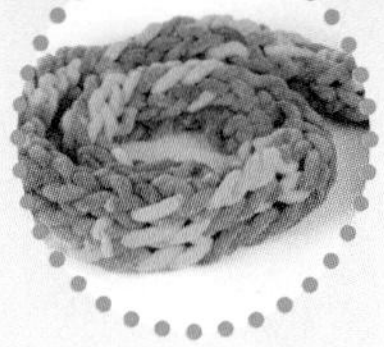

손 놀이

핑거 니트 뱀 인형

손가락에 실을 걸어서 엮는 핑거 니팅으로 길죽한 뱀 인형을 만들어봅니다. 얼핏 복잡해 보여도 간단한 동작의 반복이니 생각보다 금방 익힐 수 있습니다. 같은 방법으로 팔찌나 목걸이도 만들 수 있습니다.

동영상으로 봐요!

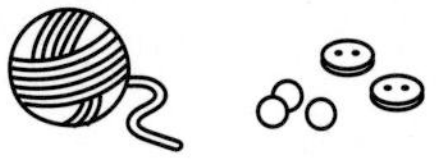

1

실을 풀어 10cm 정도 되는 곳을 엄지손가락과 손바닥 사이에 끼워서 잡아요.

Tip 통통하고 알록달록한 털실이 좋아요.

2

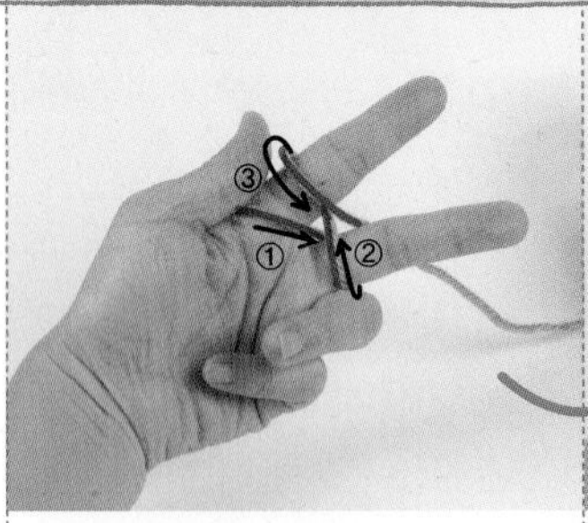

검지와 중지 사이에 실을 끼우고 8자 모양으로 걸어요.

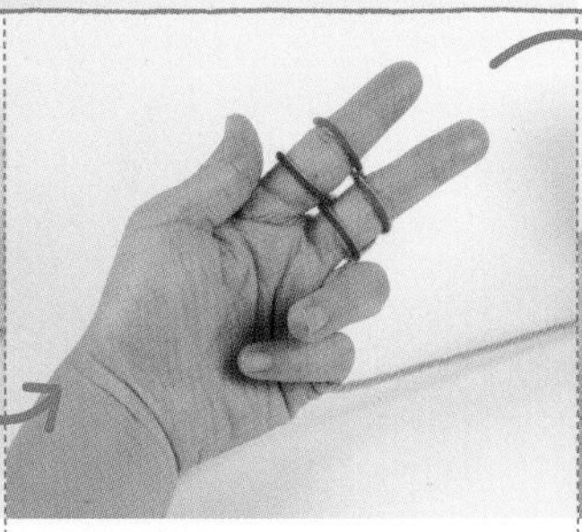

다시 한 번 8자 모양으로 실을 걸어 2줄이 걸리게 해요.

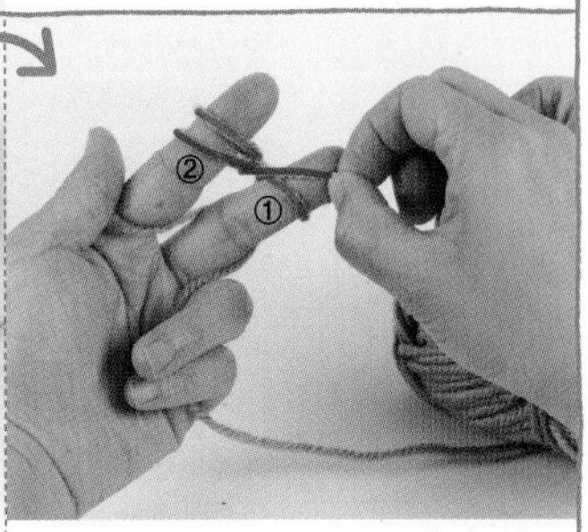

아래 실을 끌어 올려 위의 실을 지나 손가락 끝으로 넘겨요.

3

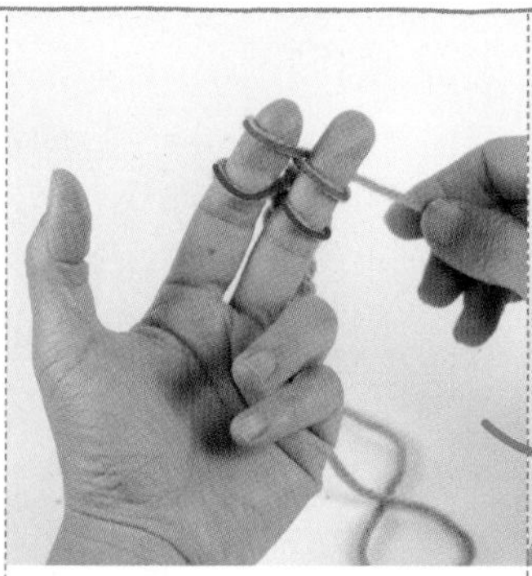

다시 손가락에 8자 모양으로 실을 감아요.

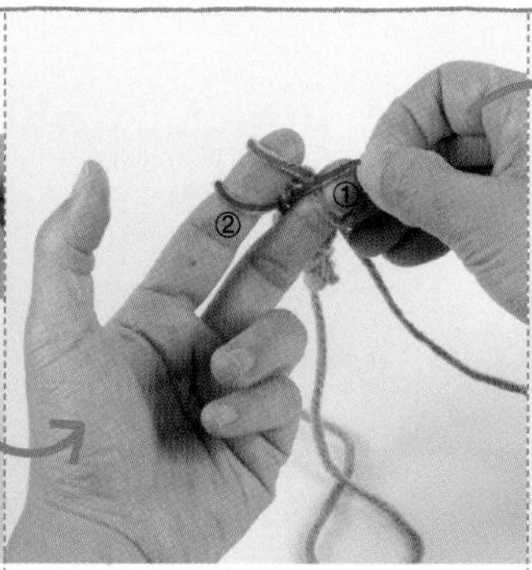

아래 실을 끌어 올려 위의 실을 지나 손가락 끝으로 넘겨요.

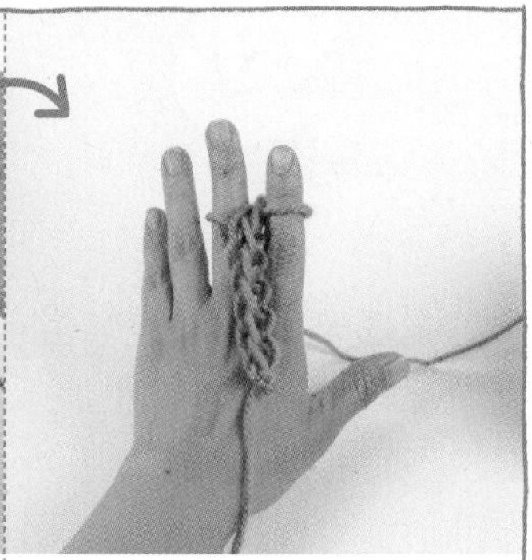

이렇게 계속 반복하면 손가락 뒤쪽으로 매듭 줄이 생겨요.

4

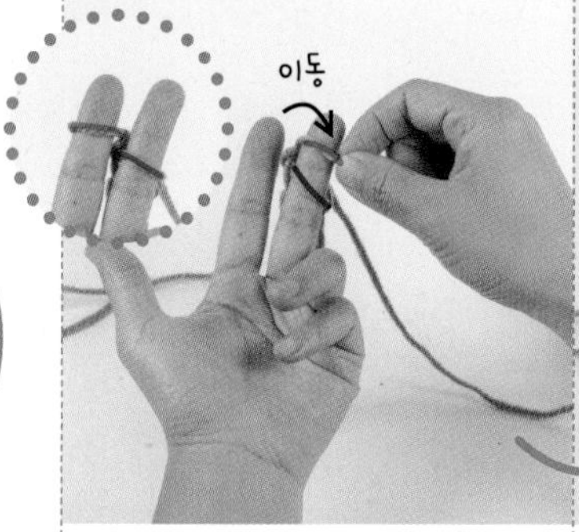

원하는 길이만큼 매듭을 만든 후 왼쪽 실을 오른쪽으로 옮겨요.

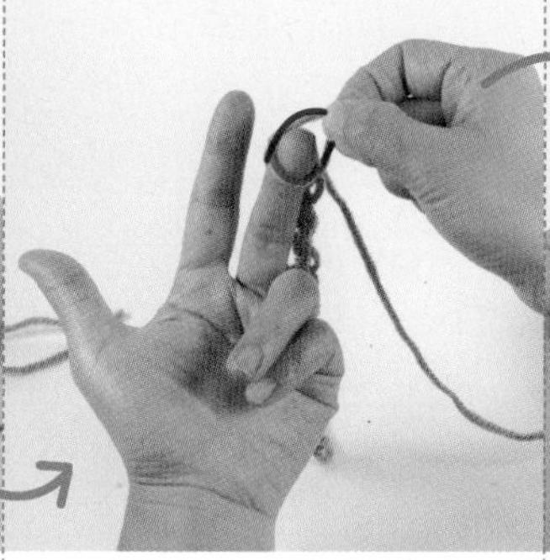

다시 아래 실을 위로 끌어 올려 손가락 끝으로 넘겨요.

TIP 손가락을 빼면 둥근 고리가 생겨요.

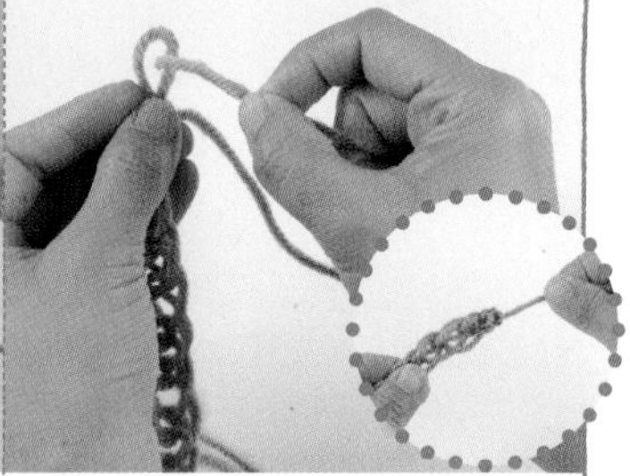

실을 8cm 남기고 자른 후 고리를 통과하고 잡아당겨 매듭지어요.

나만의 작품을 만들어요

꼬물꼬물 뱀 친구들이 완성되었어요.

양끝을 연결하여 팔찌나 목걸이를 만들어봐요.

TIP 끝부분에 단추나 폼폼을 붙여서 눈을 만들어요. 실을 두 겹으로 사용하면 통통한 뱀이 돼요.

손 놀이

티셔츠 가방

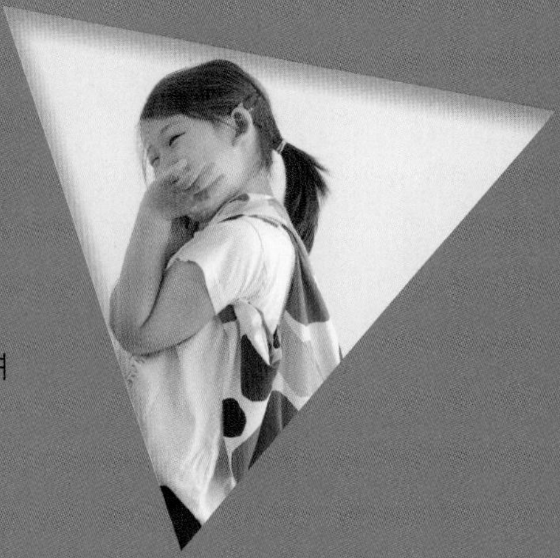

아이가 좋아했지만 이제는 작아져서 입을 수 없게 된 티셔츠를 이용하여 가방을 만들어봅니다. 이렇게 재활용 의류로 옷이나 가방을 만들면서 업사이클링을 직접 경험할 수 있습니다.

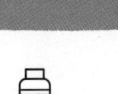

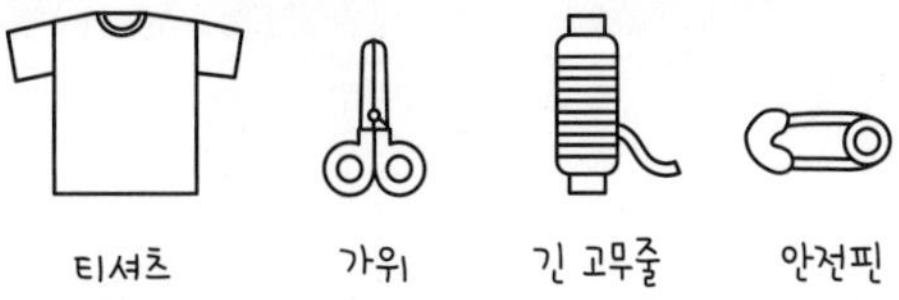

1

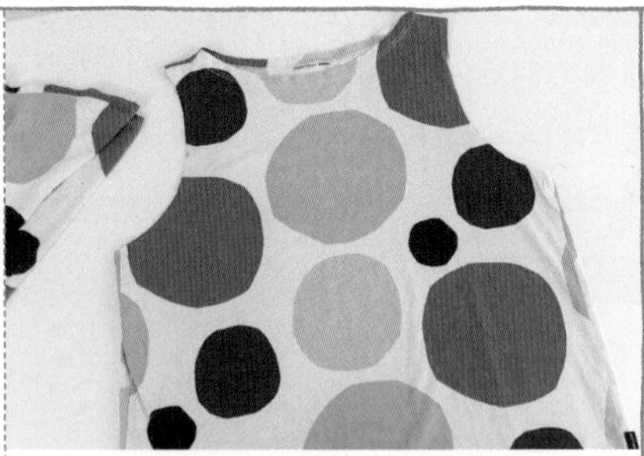

티셔츠 양쪽 소매를 사진처럼 잘라요.

2

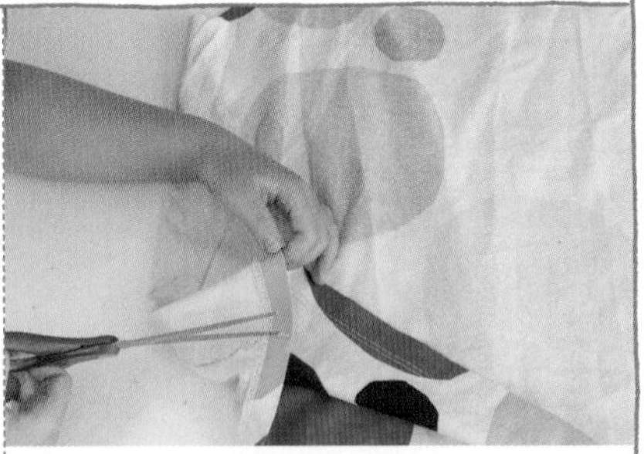

티셔츠를 뒤집은 다음, 아랫단에 고무줄을 넣을 수 있도록 작은 구멍을 내요.

3

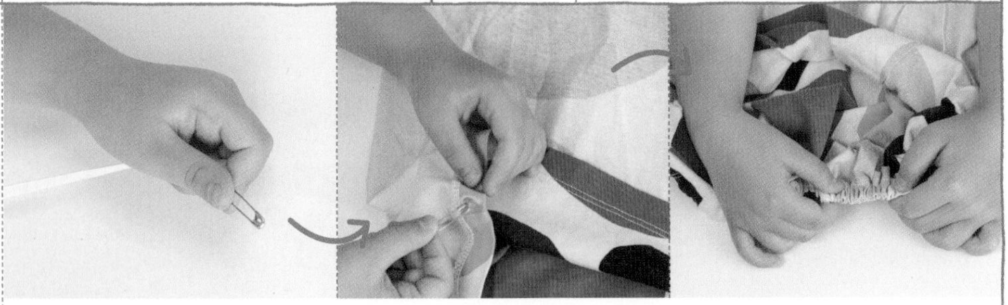

고무줄 끝에 안전핀을 고정한 후, 아랫단 구멍에 넣어서 한 바퀴 통과시켜요.
이때 고무줄 끝이 아랫단에 딸려 들어가지 않도록 주의해요.

4

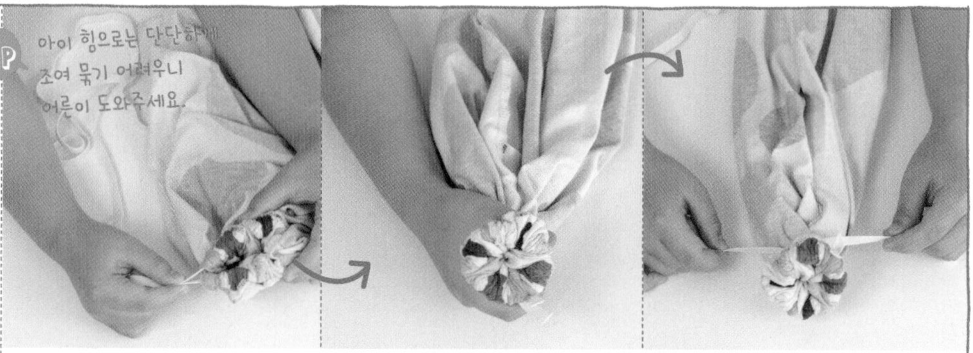

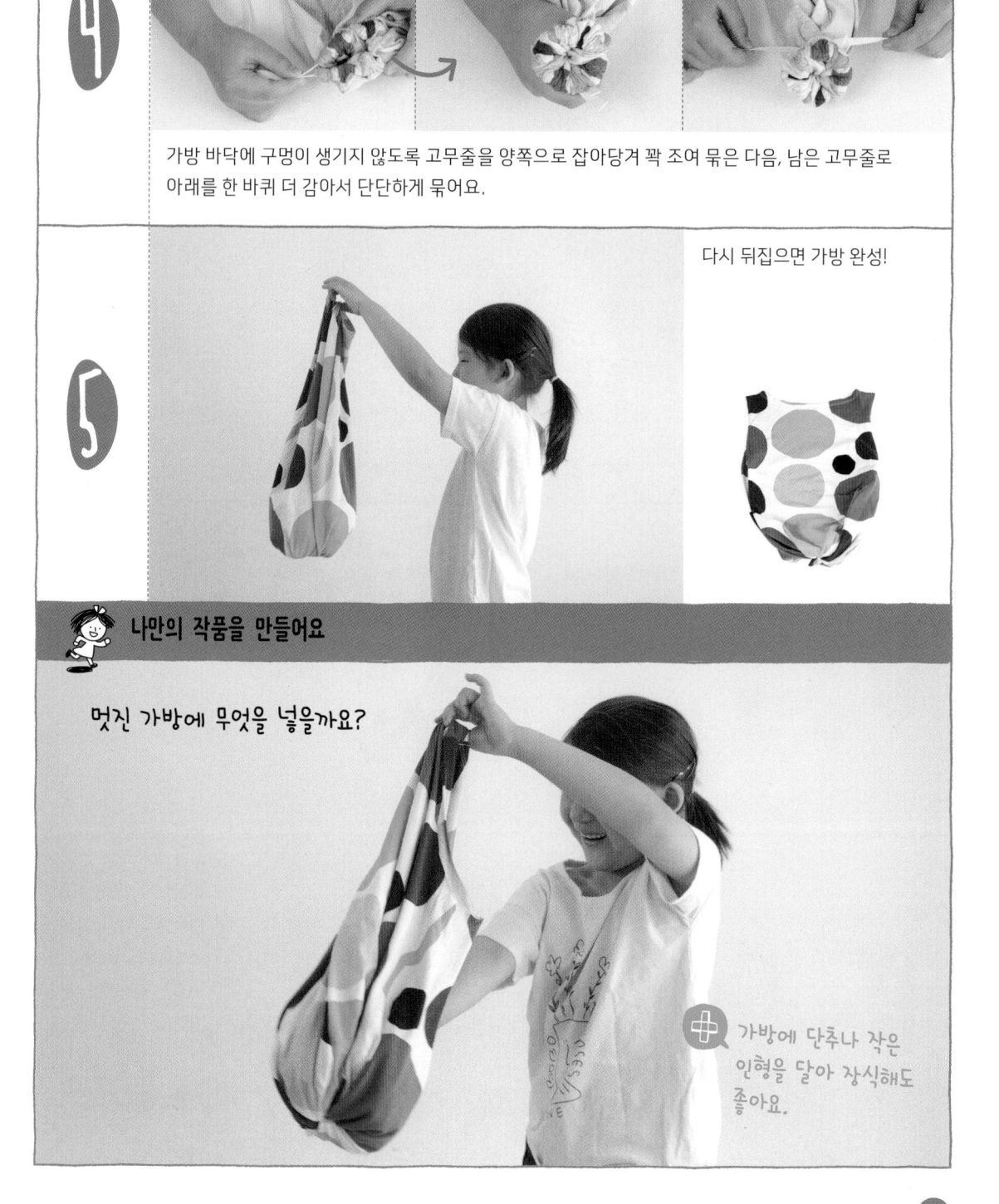

TIP 아이 힘으로는 단단하게 조여 묶기 어려우니 어른이 도와주세요.

가방 바닥에 구멍이 생기지 않도록 고무줄을 양쪽으로 잡아당겨 꽉 조여 묶은 다음, 남은 고무줄로 아래를 한 바퀴 더 감아서 단단하게 묶어요.

5

다시 뒤집으면 가방 완성!

나만의 작품을 만들어요

멋진 가방에 무엇을 넣을까요?

가방에 단추나 작은 인형을 달아 장식해도 좋아요.

손 놀이

매듭 머리끈

작아져서 입지 못하게 된 옷을 잘라서 머리끈을 만들어봅니다. 헝겊을 잘라 머리끈에 하나하나 묶는 손작업은 소근육을 발달시키며, 사용하지 않는 물건을 버리지 않고 재활용하는 좋은 경험이 됩니다.

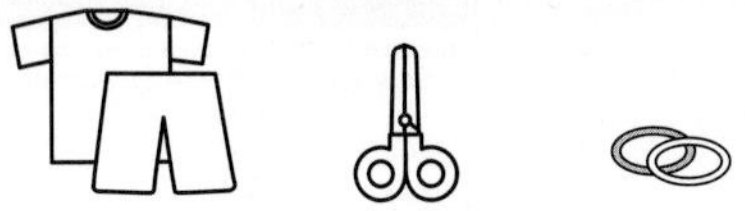

1

작아진 옷을 가늘게 잘라낸 다음, 머리끈에 묶을 수 있는 길이로 잘라요.

2

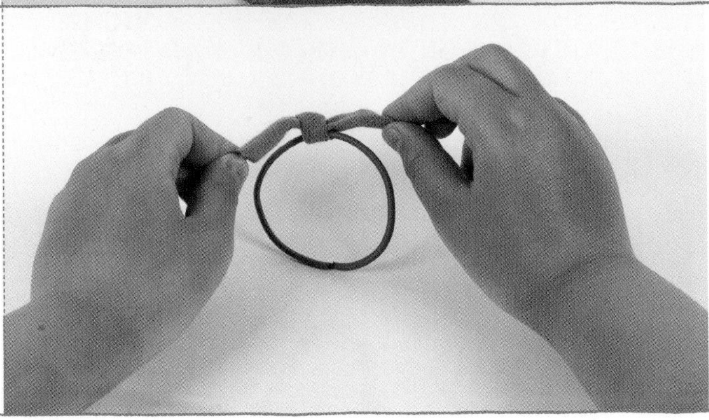

자른 천을 머리끈에 하나씩 묶어요. 여러 옷의 천을 이용해도 되고, 다른 색 조각 천이나 털실을 섞어 묶어도 좋아요.

3

묶은 천의 끝이 머리끈의 바깥쪽으로
향하도록 정리하면서 묶어요.

4

머리끈이 보이지 않을 정도로 가득
묶으면 멋진 머리끈 완성!

나만의 작품을 만들어요

나만의 멋진 매듭
머리끈으로 머리를
묶어보아요.

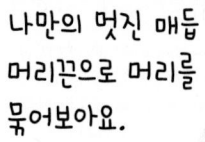

매듭 머리끈에 구슬이나
다른 장식을 붙여도
좋아요.

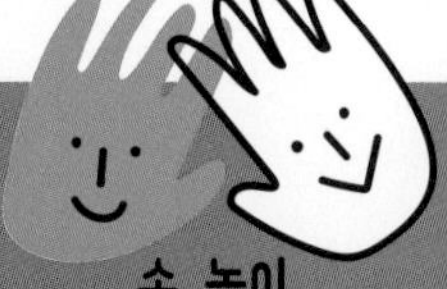

손 놀이

과일 종이접기

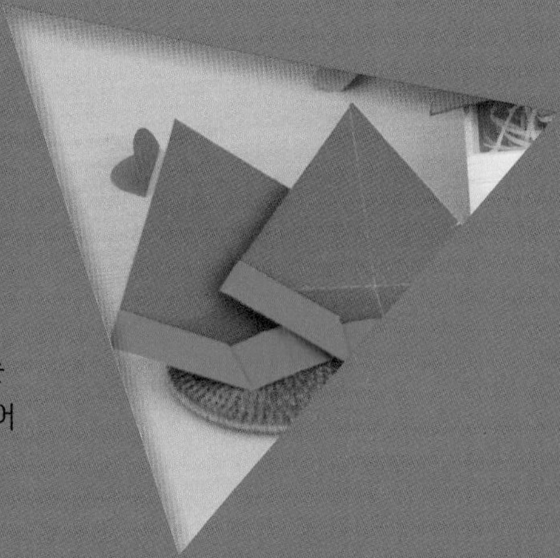

종이접기는 지능 계발, 소근육 발달, 집중력 향상 등 다양한 효과가 있는 활동입니다. 무엇보다 가장 큰 매력은 종이 한 장으로 새로운 것을 만들어 낼 수 있다는 것이지요. 그럼 색종이로 여러 가지 과일을 접어봅니다.

색종이

- - - - - - - - - - 안으로 접는 선
-·-·-·-·-·-·- 밖으로 접는 선
———————— 오리는 선

귤

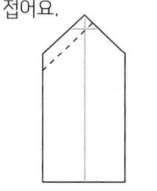

★색종이를 반으로 잘라 사용해요.

① 세로로 접었다 펴서 표시선을 만들어요.

② 표시선에 맞춰 양쪽 모서리를 접어요.

③ 윗부분 1/3을 접었다 펴서 표시선을 만들어요.

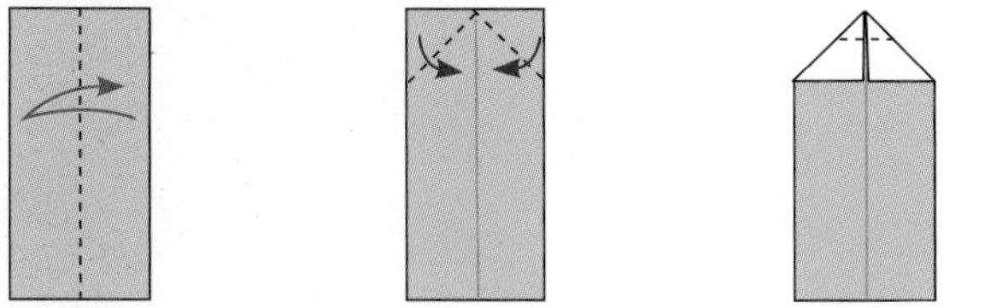

④ 종이를 뒤집은 후 표시선에 맞춰 사선으로 접어요.

⑤ 뒤로 접힌 삼각형을 펼쳐요.

⑥ 오른쪽도 왼쪽과 같은 방법으로 접어요.

⑦ 가운데 겹쳐진 부분을 펼쳐요.

⑧ 펼친 부분을 밀어 접어 마름모 모양으로 만들어요.

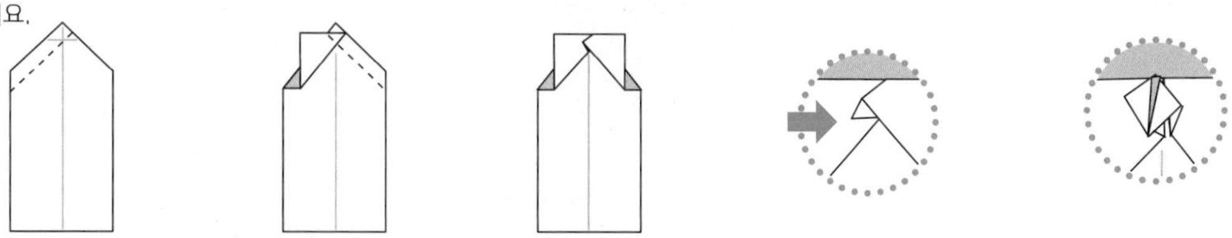

⑨ 마름모 가운데를 기준으로 뒤로 접어요.

★삼각형이 튀어 나온 아래 모양이 돼요.

⑩ 아래를 반으로 접어요.

⑪ 양쪽 모서리를 접어요.

⑫ 뒤집으면 귤 완성!

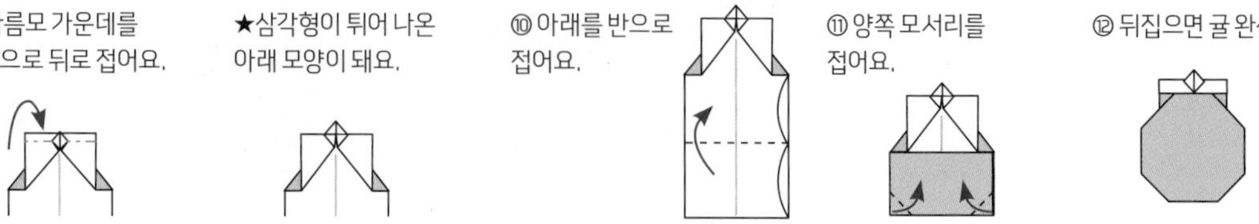

수박

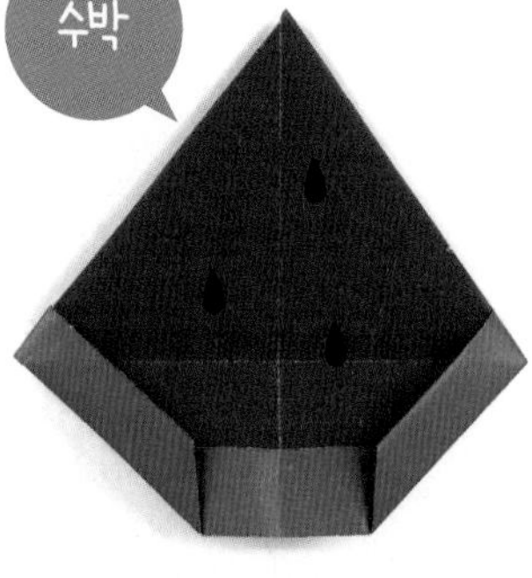

★양면 색종이를 사용하면 좋아요.

① 가로 세로로 반을 접었다 펴서 표시선을 만들어요.

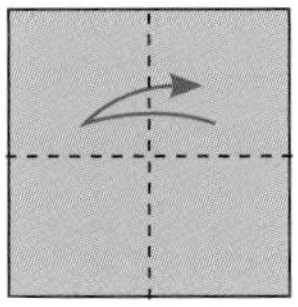

② 아래쪽 반을 삼등분 하여 1/3만 접어 올려요.

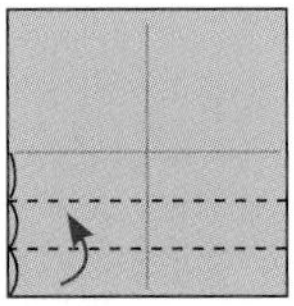

③ 양쪽 모서리를 접어요.

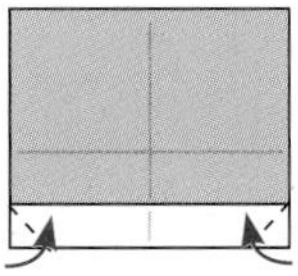

④ 가로 표시선에 맞춰 양쪽 끝을 한 번 더 접어요.

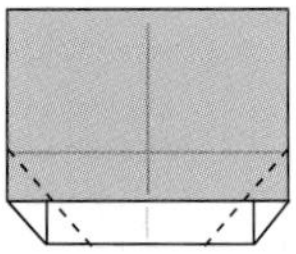

⑤ 세로 표시선에 맞춰 위쪽을 뒤로 접어요.

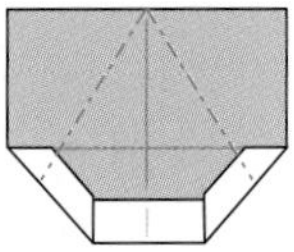

⑥ 수박 완성!

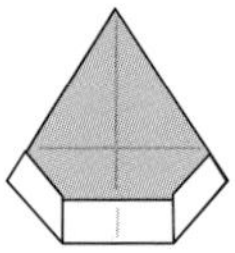

바나나

① 대각선으로 반을 접었다 펴서 표시선을 만들어요.

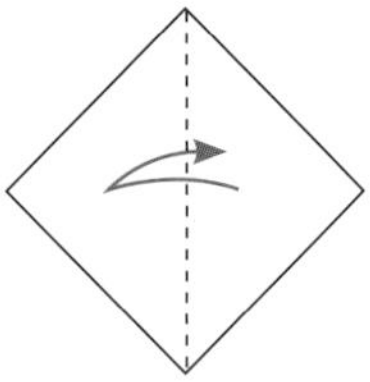

② 표시선에 맞춰 양끝을 안쪽으로 접어요.

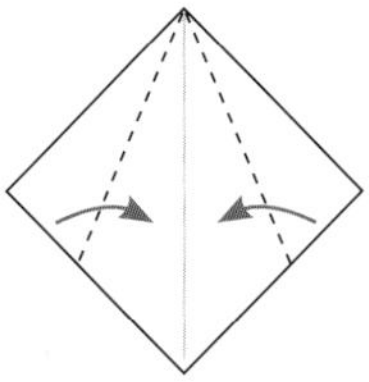

③ 표시선에 맞춰 양끝을 한 번 더 안쪽으로 접어요.

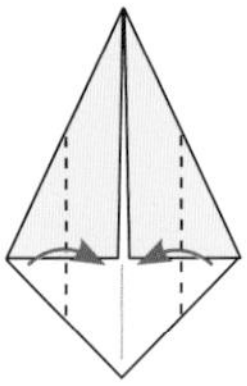

④ 위쪽을 계단 접기 해요.

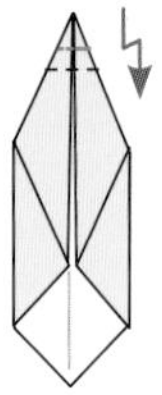

⑤ 아래쪽 끝을 접어요.

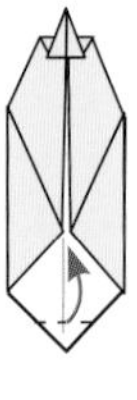

⑥ 점선대로 한 번 더 접어요.

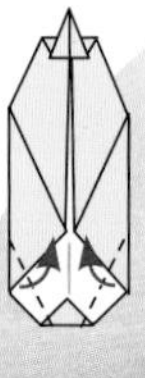

⑦ 중심을 마주 접어요.

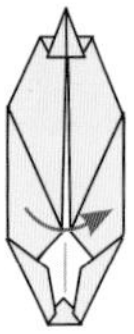

⑧ 바나나 한 개 완성!

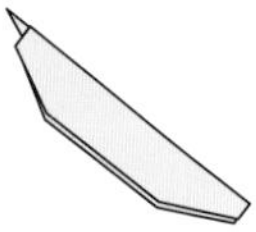

⑨ 바나나를 여러 개 접어 겹치면 바나나 송이가 돼요.

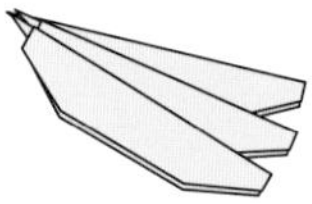

손 놀이

곤충 종이접기

이번에는 종이를 접어 나비나 사슴벌레, 매미 등의 곤충을 만들어봅니다. 곤충을 여러 마리 접은 후 색종이로 나무나 꽃, 덤불을 만들어 곤충이 사는 숲을 꾸며 놀아보세요.

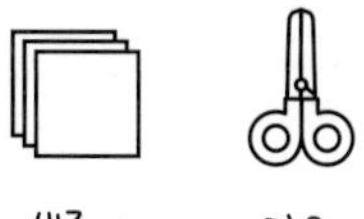

색종이 가위

---------- 안으로 접는 선
-·-·-·-·-· 밖으로 접는 선
———— 오리는 선

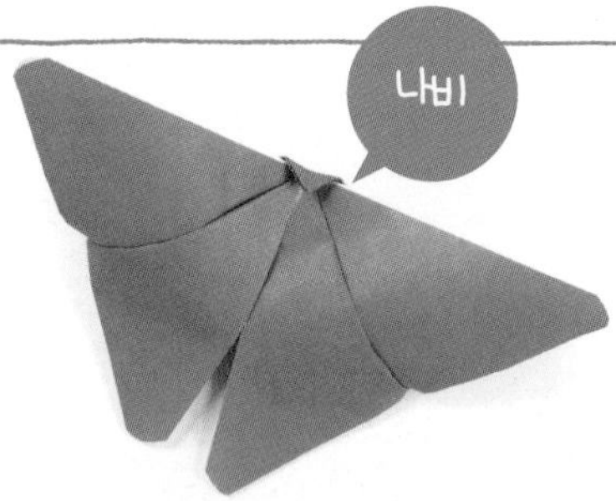

① 가로와 대각선으로 접었다 펴서 표시선을 만들어요.

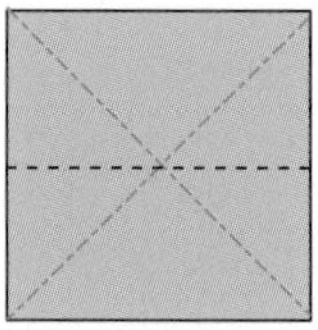

② ➡부분을 안쪽으로 넣어 삼각형을 만들어요.

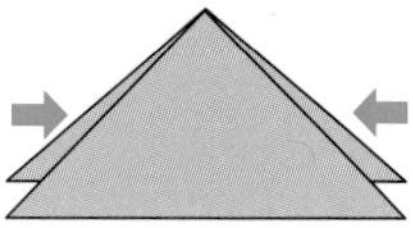

③ 앞장을 양쪽 모두 반으로 접어 올려요.

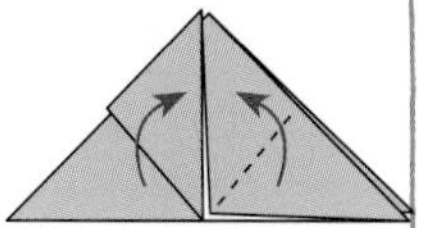

★아래와 같은 모양이 돼요.

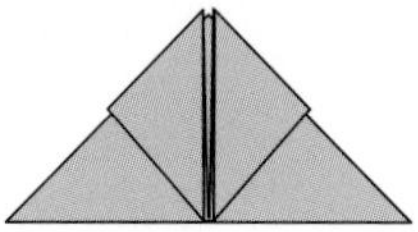

④ 양끝을 다시 펴서 표시선을 만들어요.

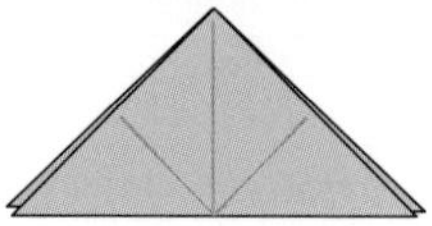

⑤ 양끝을 마주보게 반으로 접고 아래쪽 모서리를 둥글게 잘라요.

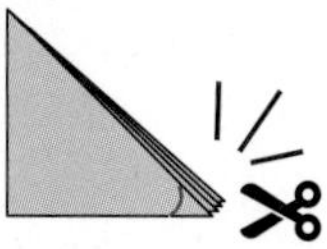

⑥ 다시 펴요.

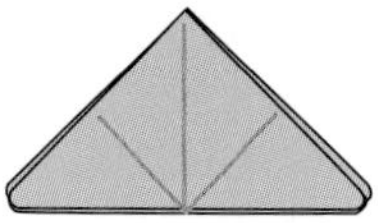

⑦ 앞장을 양쪽 모두 다시 반으로 접어 올려요.

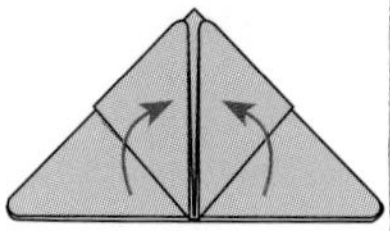

⑧ 종이를 뒤집은 후 앞장의 위쪽 끝을 접어요.

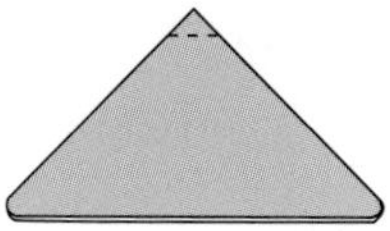

⑨ 앞장을 아래쪽으로 당겨서 반으로 접어요.

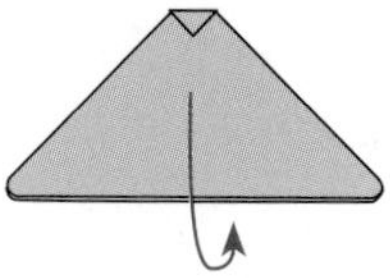

⑩ 접어 놓은 모서리를 뒤로 당겨 넘겨요.

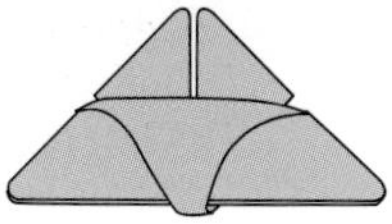

★위아래를 거꾸로 뒤집으면 이런 모양이 돼요.

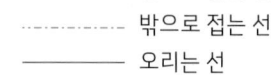

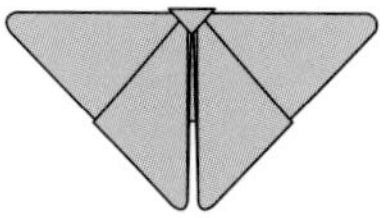

⑪ 입체 나비 완성!

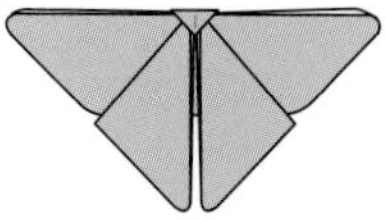

사슴벌레

① 가로 세로 중간에 표시선을 만들고, 세로 표시선에 맞춰 양쪽 끝을 접어요.

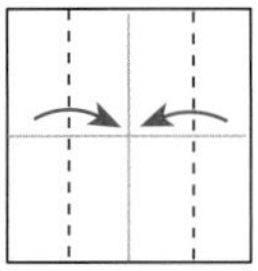

② 가로 표시선에 맞춰 위쪽을 반으로 접어요.

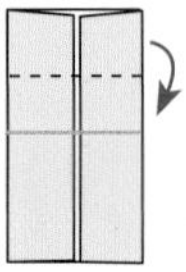

③ 대각선으로 접었다 펴서 표시선을 만들어요.

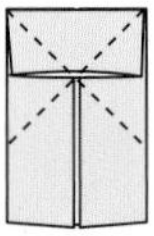

④ 접은 부분을 편 다음 ★부분을 밖으로 펼쳐요.

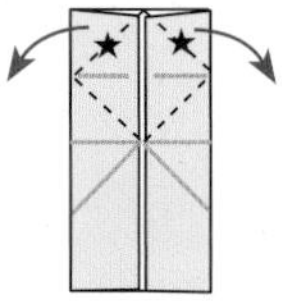

⑤ 양쪽 모서리를 접어 올려요.

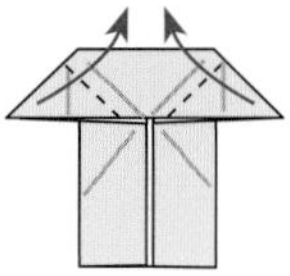

⑥ 아래쪽을 뒤로 접어 올려요.

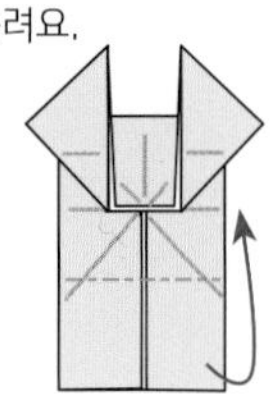

⑦ 양 옆을 안쪽으로 접어요.

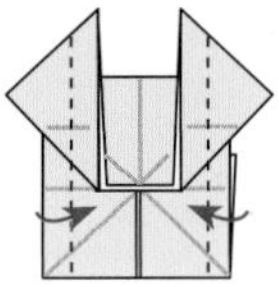

⑧ 아래쪽 모서리를 접은 후 뒤집어요.

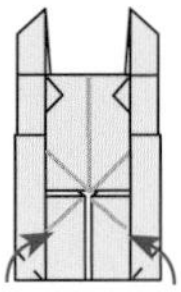

⑨ 사슴벌레 완성!

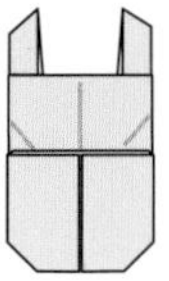

매미

① 대각선으로 반을 접었다 펴서 표시선을 만들어요.

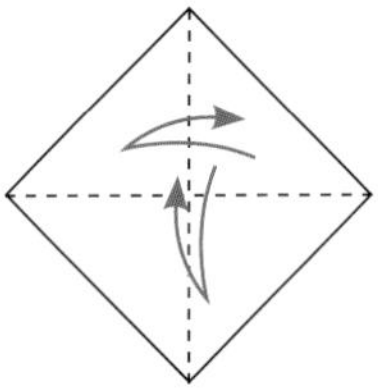

② 반으로 접은 후 표시선에 맞춰 양끝을 안쪽으로 접어요.

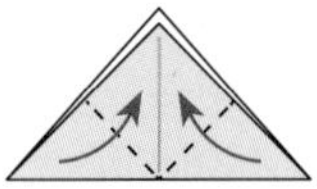

③ 양쪽을 비스듬히 접어 내려요.

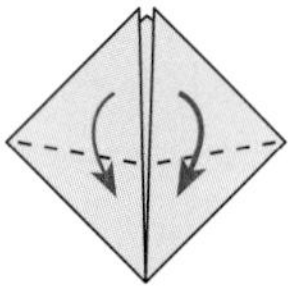

④ 앞장만 접어 내려요.

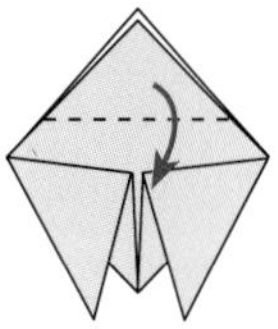

⑤ 뒷장을 접어 내려요.

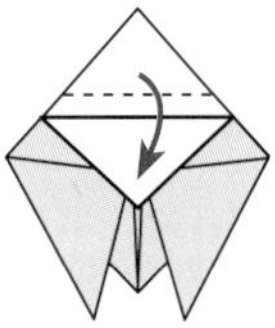

⑥ 양옆을 뒤로 접어요.

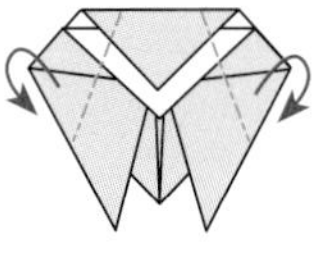

⑦ 매미 완성!

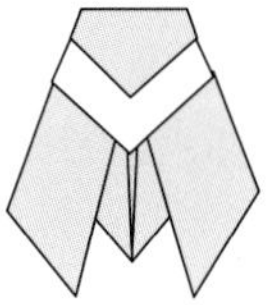

손 놀이

반복 무늬 오리기

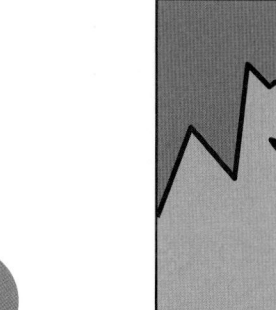

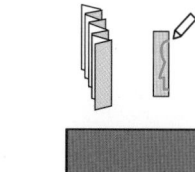

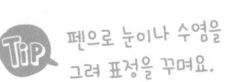

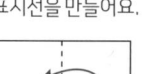

종이를 아코디언처럼 접어서 모양을 그려 오리면 모양이 반복되는 패턴 종이를 만들 수 있어요. 처음에는 간단한 도형으로 연습해보고 접어서 오리는 요령을 익힌 다음 다양한 동물이나 건물, 나무 등 여러 가지 패턴을 만들어봅니다.

① 색종이를 반으로 잘라서 사용해요.

②색종이를 반으로 연속해서 3번 접어서 표시선을 만들어요.

③ 원래대로 펼친 후 다시 병풍 모양으로 접어요.

④ 종이 끝을 왼쪽에 두고 그림을 그려요.

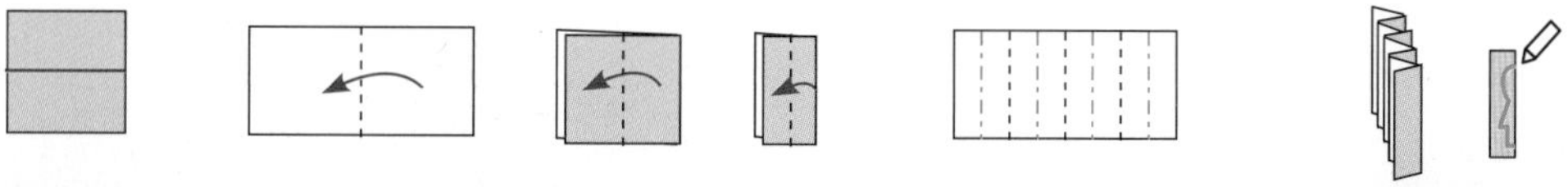

토끼

TIP 펜으로 눈이나 수염을 그려 표정을 꾸며요.

귀가 쫑긋 토끼가 나란히 나란히~

박쥐

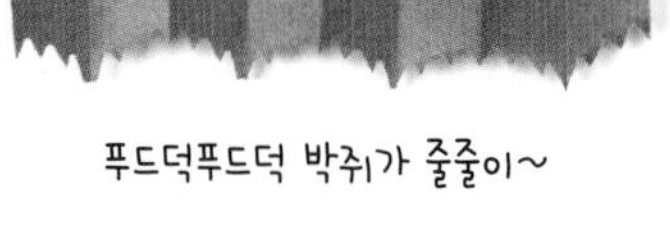

푸드덕푸드덕 박쥐가 줄줄이~

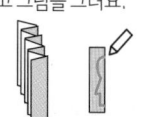

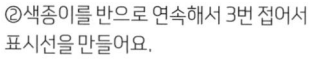

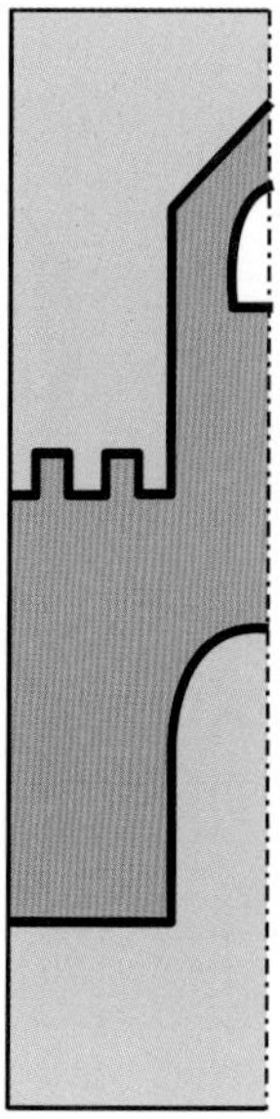

성

동화에 나오는 성이 나란히 서 있어요.

Tip 책에 실은 도안은 1:1 사이즈이니 그대로 따라 그리고 오리면 돼요.

곰

동글동글 귀여운 아기 곰들이 손잡고 있어요.

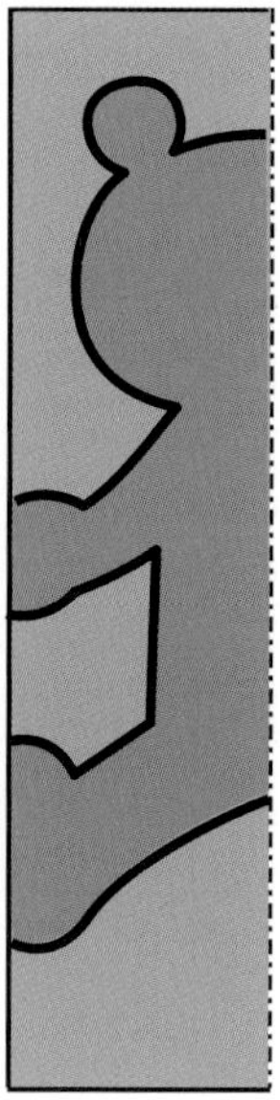

둥글게 연결되는 무늬 오리기

① 색종이를 대각선으로 접어요.

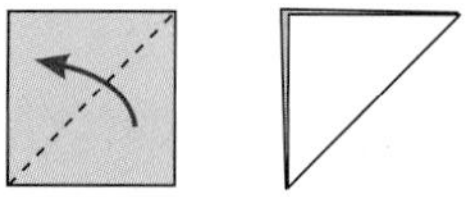

② 색종이를 삼각형 모양으로 2번 더 접어요.

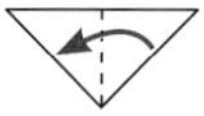

③ 양쪽 면에 닿도록 그림을 그려요.

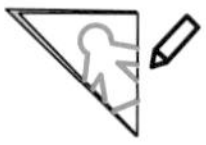

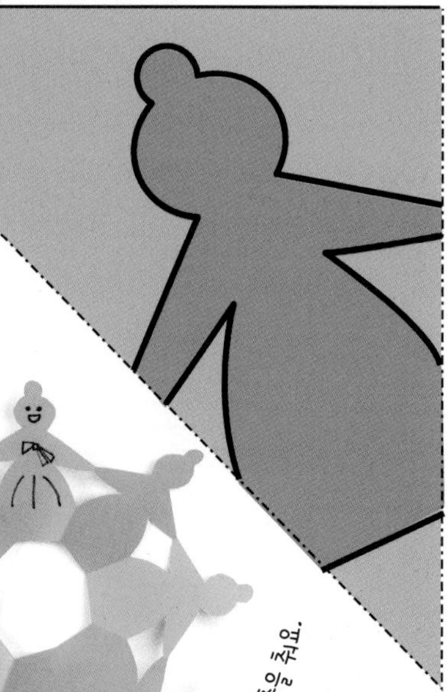

강강술래

둥글게 둥글게 손을 잡고 춤을 춰요.

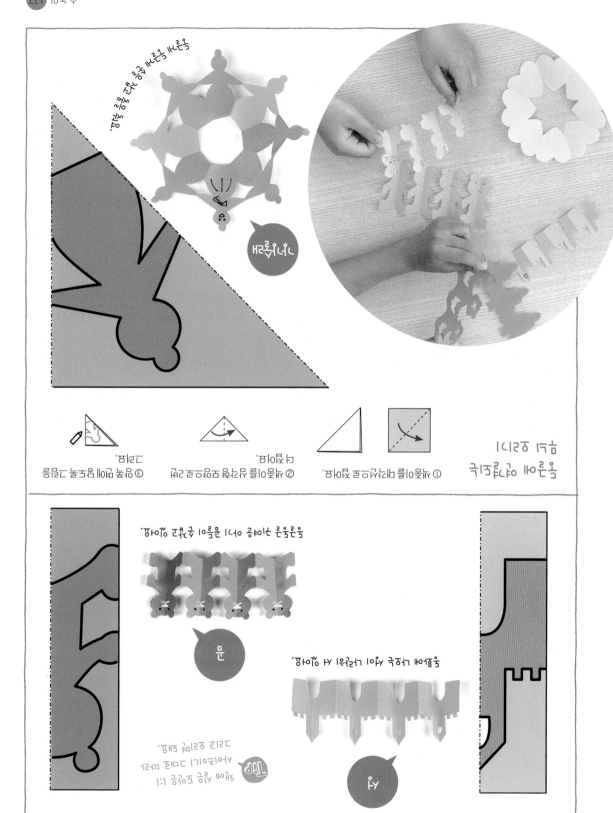

손 놀이

손그림자

손으로 여러 가지 모양을 만들고 빛을 비춰서 벽에 생기는 그림자로 손그림자 놀이를 해봅니다. 손가락을 접고 펴면서 손가락을 어떻게 움직여야 모양이 만들어지는지를 확인하는 놀이는 스스로 자신의 소근육 활동을 모니터링하며 수정하고 연습하는 좋은 기회가 됩니다.

손전등

신나게 놀아요

Tip 아이가 손그림자를 따라 하기 어려워한다면 몸을 이용하여 나비, 나무 등의 그림자놀이를 해보세요.

개

고양이

앵무새

순록

불독

악어

토끼

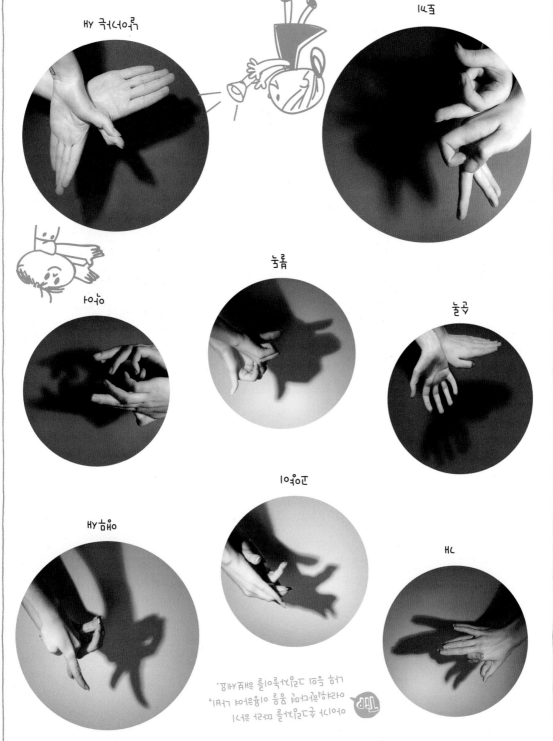

날아가는 새

손 놀이

수갑 마술

실뜨기를 하다가 지루하다면 상대방 손목에 실을 감았다가 스르륵 풀리는 수갑 마술 놀이를 해봅니다. 간단하고 쉽지만 상대방을 놀라게 할 수 있는 신기한 마술 놀이입니다. 엄마와 먼저 연습을 한 다음 친구들을 깜짝 놀라게 해보세요.

동영상으로 봐요!

실

1

140~150cm 길이의 실 끝을 묶어 연결하고, 엄마 팔목에 실을 두 번 감아요.

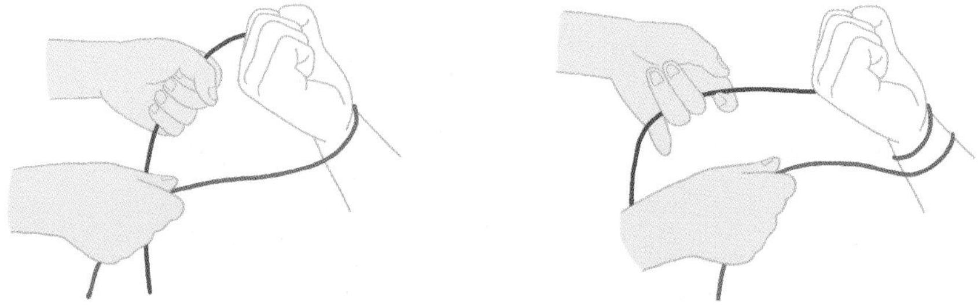

2

양손의 세 손가락에 실을 걸어요.

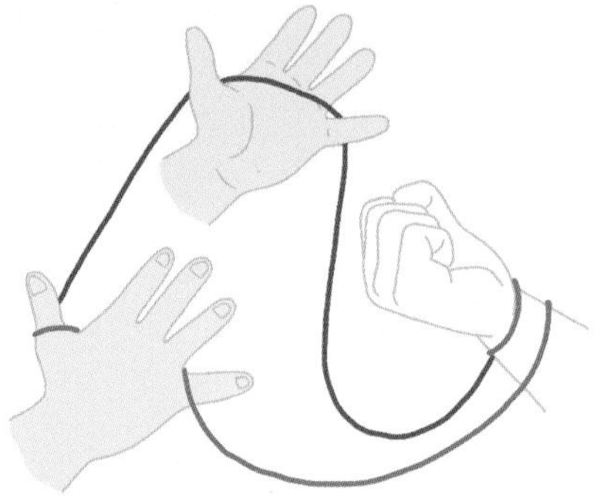

중지로 반대쪽 손의 실을 걸어요.

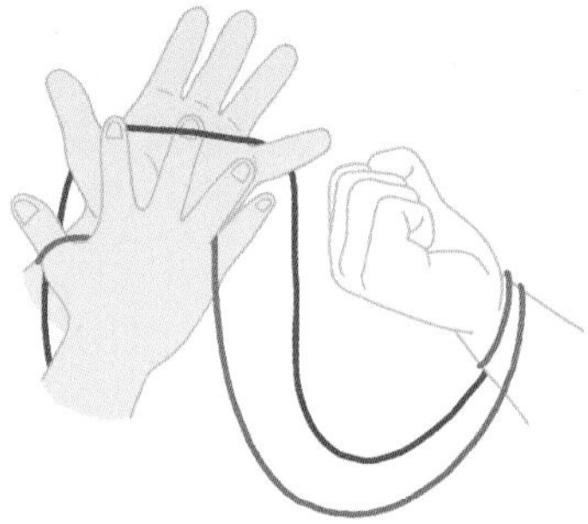

3

가운데 생긴 다이아몬드 모양 사이로 엄마 손을 넣어요.

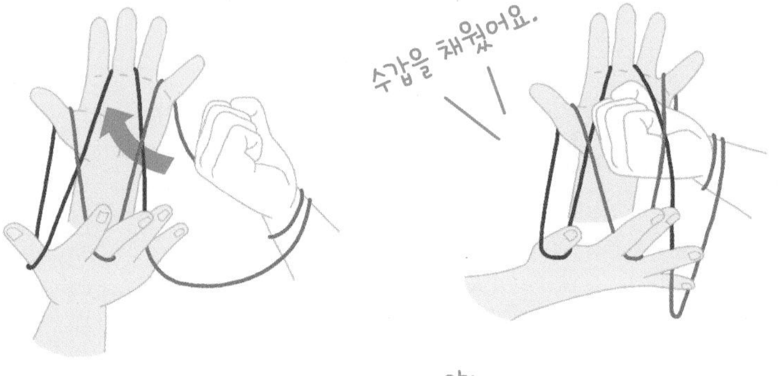

이제 손가락에 감은 실을 풀고
얍! 하고 외치며 실을 당겨봐요.
우아, 엄마 손목의 실이 스르르 풀려요.

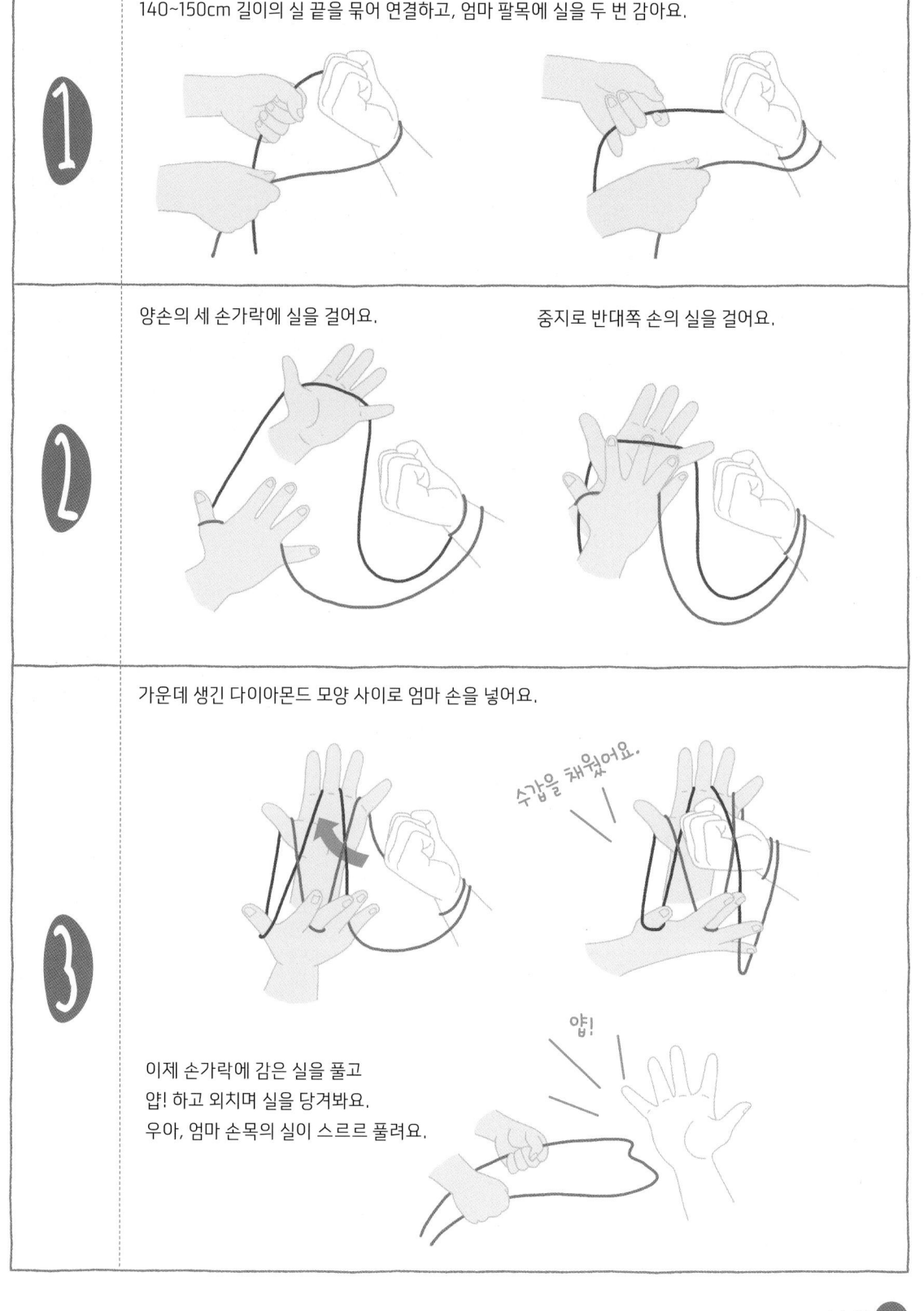

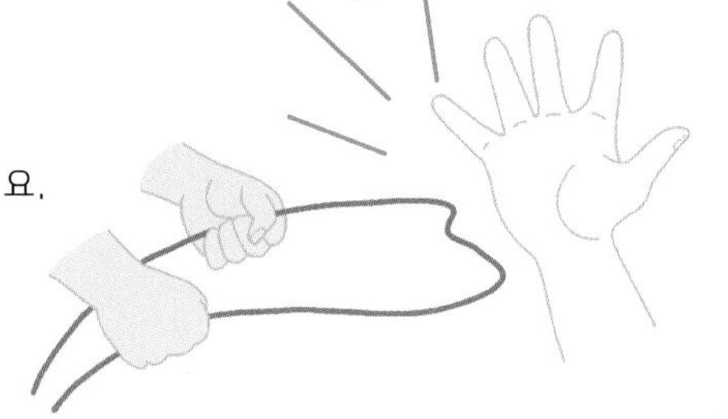

손 놀이

실뜨기

뇌와 손의 협응, 눈과 손의 협응을 통해 소근육 발달이 이뤄지는 좋은 놀이입니다. 어떻게 실을 움직여야 하는지 생각하고, 눈으로 보면서 손가락을 모아 실을 잡고, 다시 손가락을 펴서 모양을 만들면서 손의 미세한 근육을 정교하게 다룰 수 있습니다.

동영상으로 봐요!

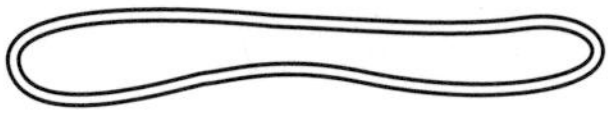

실

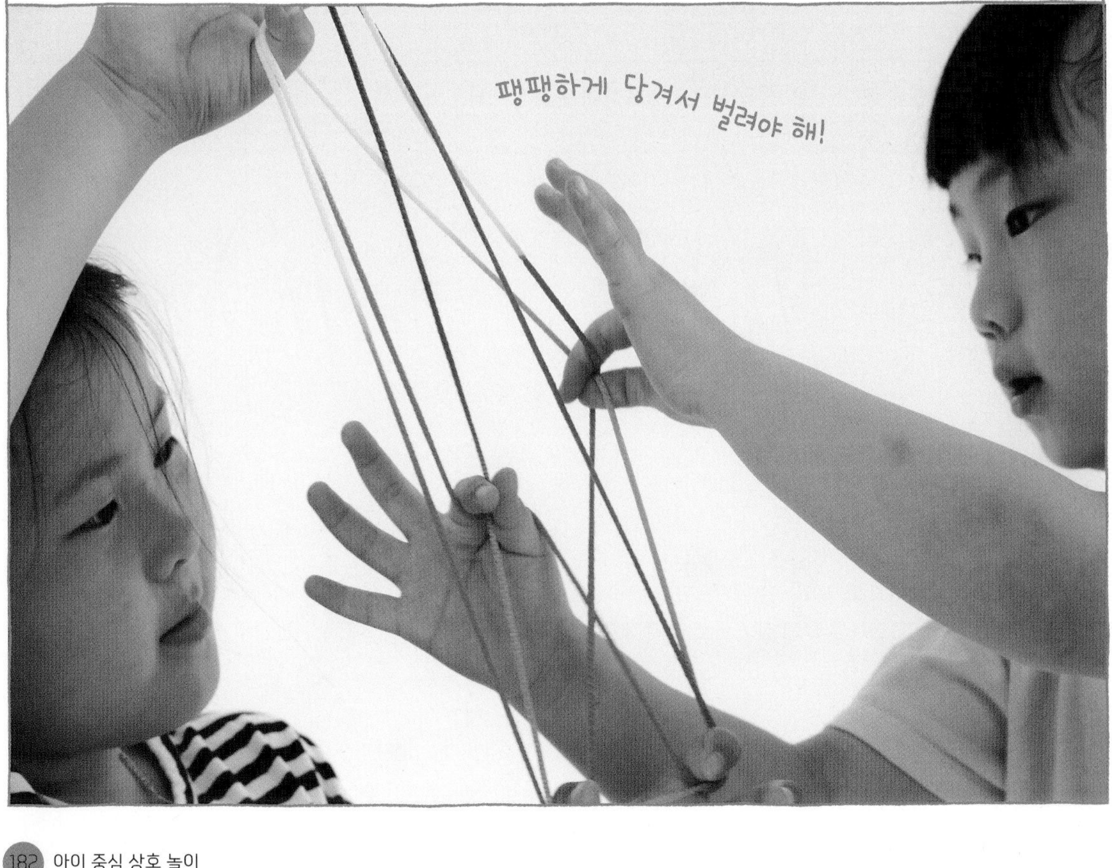

★날틀-바둑판-젓가락-베틀 순서대로 실뜨기해요.

날틀

① 양손에 실을 걸어서 팽팽하게 당겨요.

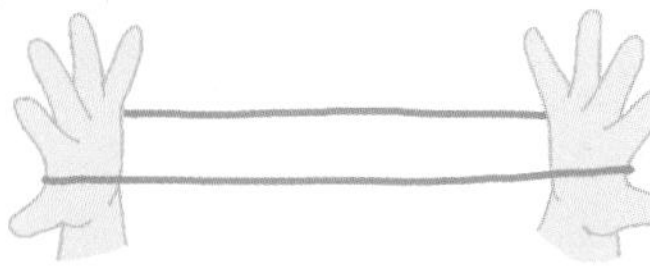

② 한 손의 네 손가락에 실을 한 바퀴 감아요. 다른 한 손에도 실을 감아요.

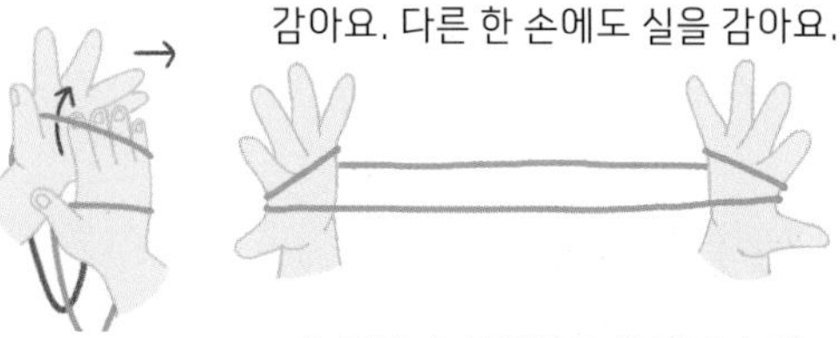

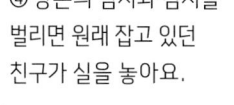

③ 한쪽 중지로 반대쪽 손 가운데 실을 걸어서 당겨요.

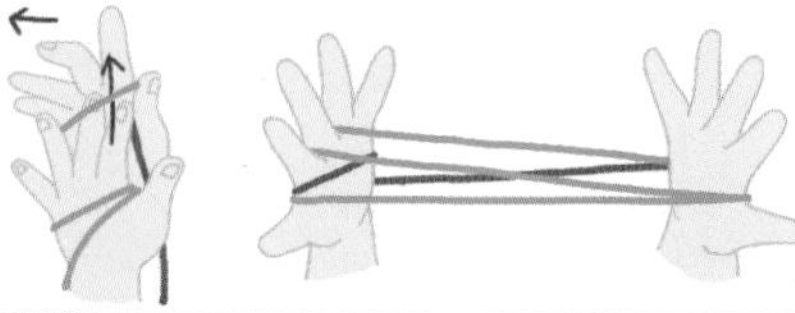

④ 다른 손 중지로도 반대쪽 손의 실을 걸어서 당겨요.

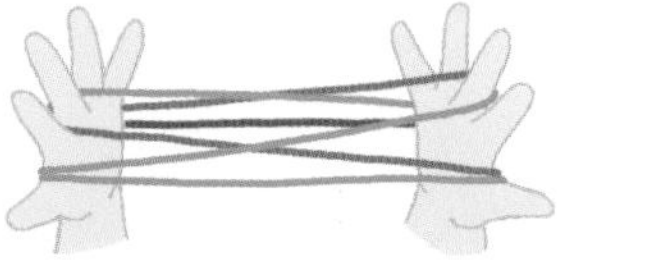

바둑판

① 엄지와 검지로 날틀 양쪽에 실이 X자로 교차하는 곳을 잡아요.

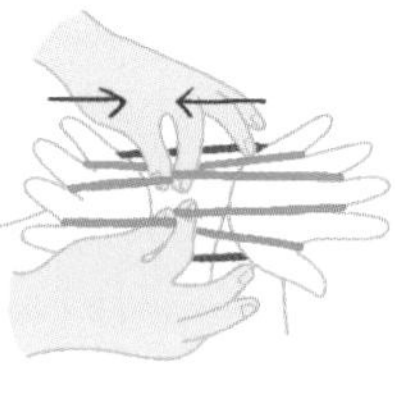

② X자로 교차하는 곳을 꼭 잡은 상태에서 바깥쪽으로 잡아당겨요.

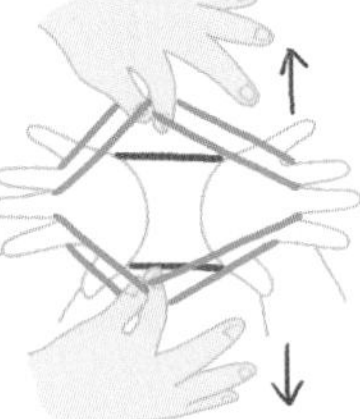

③ 당긴 손을 아래쪽으로 내려서 양쪽 실을 걸고 가운데 위로 밀어 올려요.

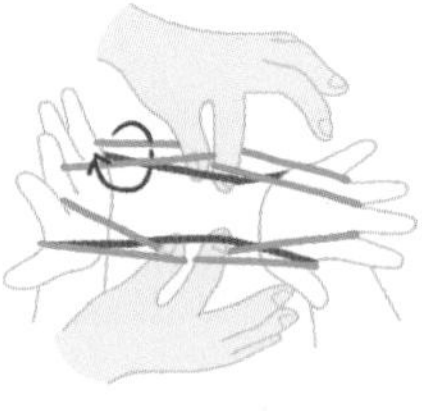

④ 두 손을 양쪽으로 당기면 원래 잡고 있던 친구가 실을 놓아요.

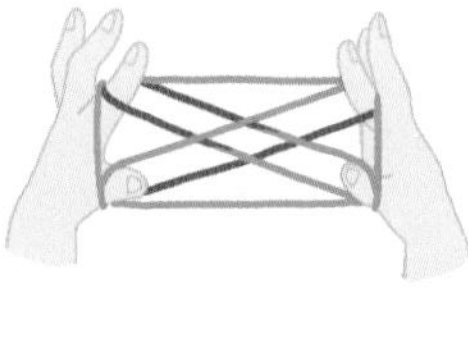

젓가락

① 엄지와 검지로 바둑판 양쪽에 실이 X자로 교차하는 곳을 잡아요.

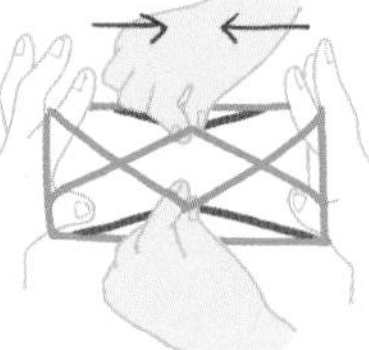

② 교차하는 곳을 꼭 잡고 양쪽으로 당겨서 바깥쪽 실을 걸고 아래로 내린 다음 가운데 위로 밀어 올려요.

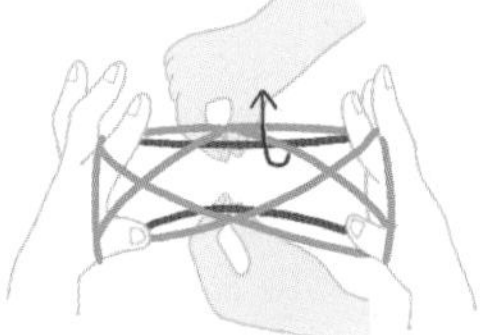

③ 두 손을 양쪽으로 당기면 원래 잡고 있던 친구가 실을 놓아요.

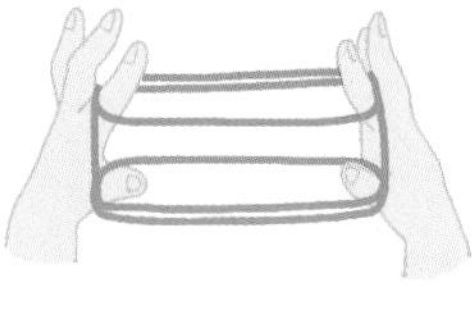

베틀

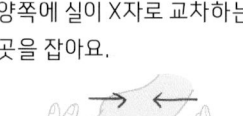

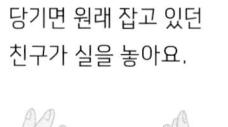

① 오른손 새끼손가락으로 가운데 두 줄 중 왼쪽 실을 걸어 당겨요.

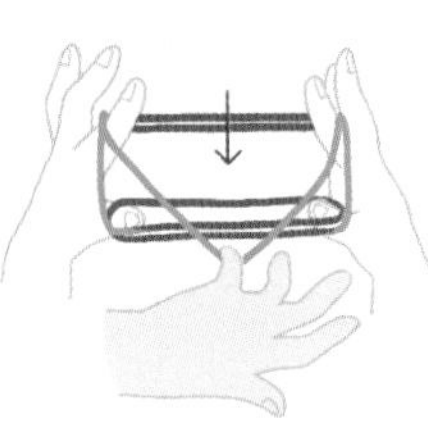

② 왼손 새끼손가락으로는 오른쪽 실을 걸어서 당겨요.

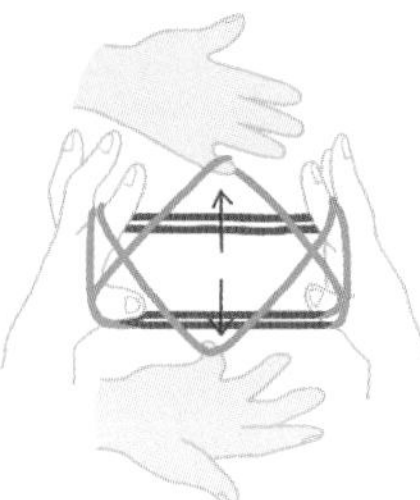

③ 양쪽 새끼손가락에 실을 건 채로 엄지와 검지를 바깥 실에 걸어 위로 밀어 올려요.

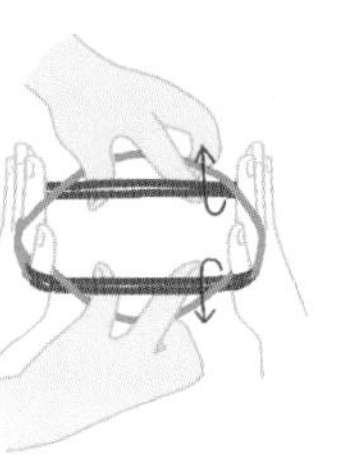

④ 양손의 엄지와 검지를 벌리면 원래 잡고 있던 친구가 실을 놓아요.

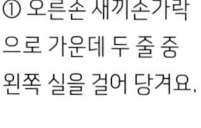

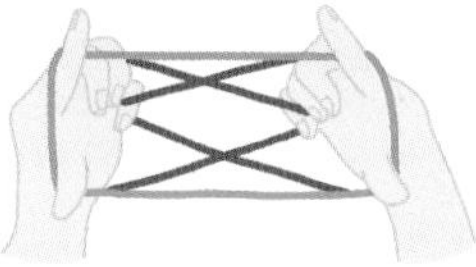

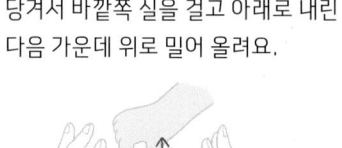

역할 놀이

히어로 놀이

아동심리전문가의 조언

아이들은 누구나 영웅이 되고 싶어 합니다. 가치 있고 멋진 존재가 되고 싶은 것은 건강한 마음입니다. 단, 영웅 놀이는 쉽게 싸움 놀이가 되기도 합니다. 영웅과 악당은 함께 연결되기 때문이죠. 영웅 놀이에서의 핵심은 자신을 영웅에 투사하여 멋진 존재가 되어보는 것이므로 내가 어떤 사람을 영웅이라고 생각하는지가 중요합니다. 막연히 힘이 센 영웅보다 나는 어떤 영웅이 되어 무엇을 하고 싶은지 생각해보는 데서 놀이를 시작하도록 합니다. 영웅과 악당이 있다면 서로가 원하는 각본을 얘기해보는 시간이 필요합니다.

휴지심, 색종이, 가위, 풀, 종이, 고무줄

1

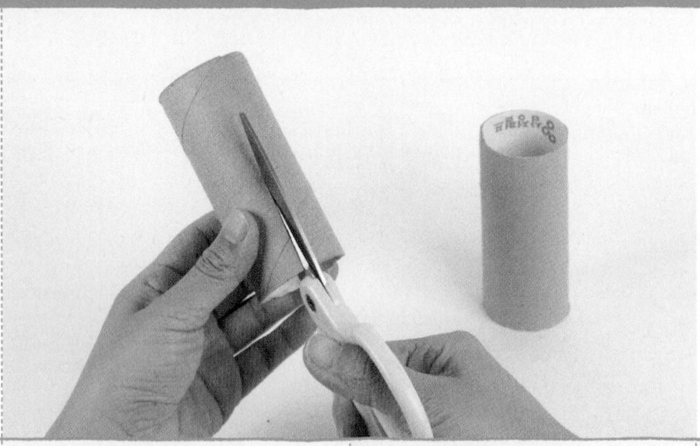

먼저 팔찌를 만들 거예요. 휴지심을 가위로 자르고 아이의 팔목에 맞춰 1~2cm를 잘라내요.

2

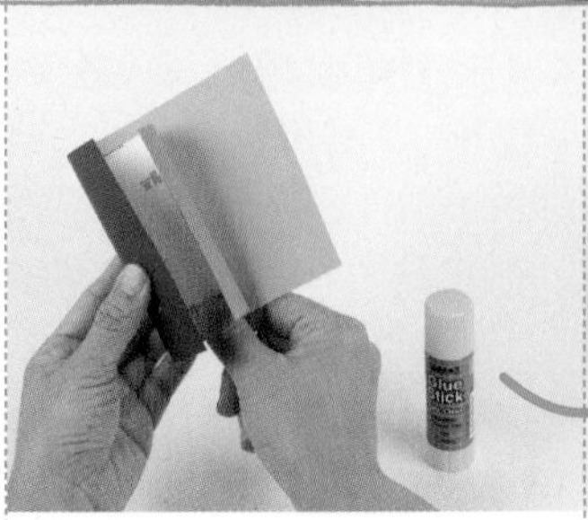

휴지심 겉면에 색종이를 붙여요.

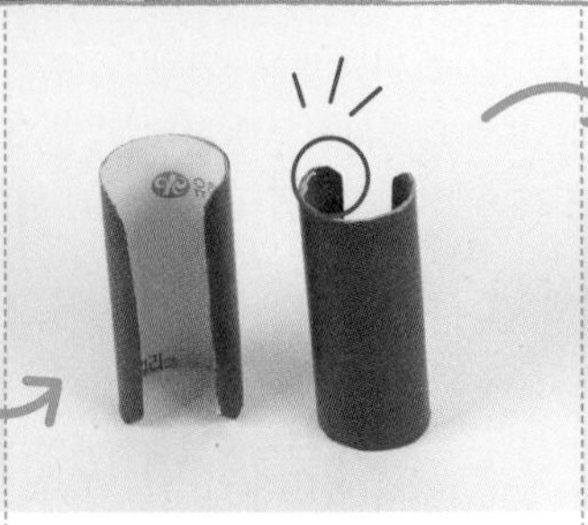

자른 모서리 끝은 다치지 않게 둥글게 잘라요.

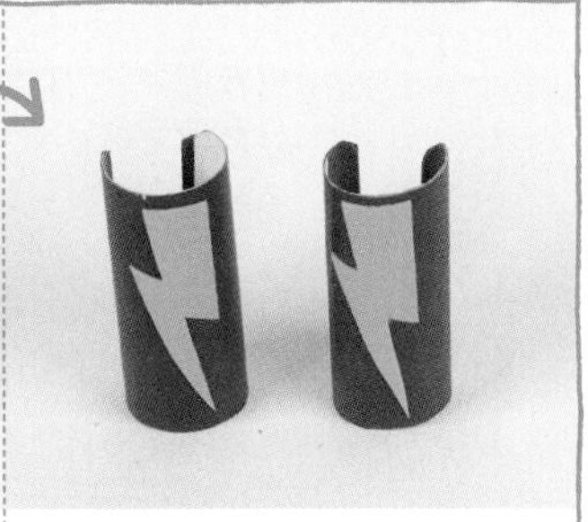

좋아하는 히어로를 나타내는 장식으로 꾸며요.

3

히어로에게 어울리는 가면을 만들고
양끝에 구멍을 내어 고무줄을 연결해요.

4

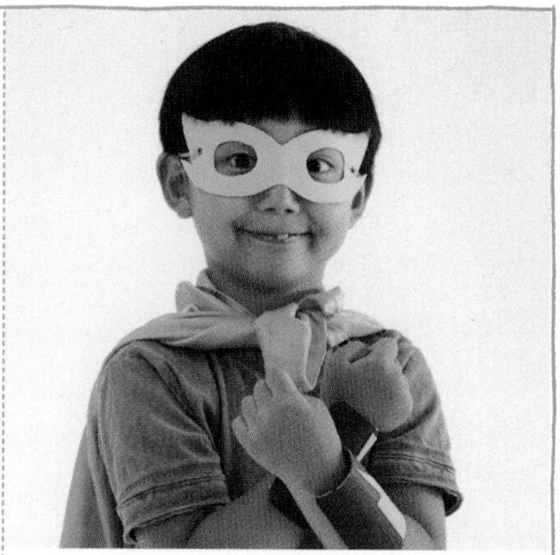

가면과 팔찌를 끼고 좋아하는 히어로로
변신! 망토를 잊으면 안 되겠죠?

신나게 놀아요

Tip 보자기나 다른 소품을 이용하면 더 멋진 히어로가 될 수 있어요.

➕ 여러 종류의 가면과 팔찌를 만들어서 친구들과 함께 히어로 놀이를 해보세요.

역할 놀이

해적 놀이

아동심리전문가의 조언

보물을 찾아 나서는 해적은 모험심이 크고, 새로운 경험을 하고 싶어하는 캐릭터입니다. 따라서 해적 놀이는 두려움을 물리치고 새로운 경험과 창의력을 키워줄 수 있는 놀이입니다. 다만 해적의 캐릭터가 싸워서 이기고, 보물을 훔치는 규정된 캐릭터라고 생각하지 않도록 해적 놀이 캐릭터의 특징에 대해 먼저 이야기 나누는 것이 좋습니다. 칼을 휘두르며 싸우는 놀이를 하게 되면 다칠 수도 있으니 서로 칼로 겨룬다면 어느 강도로 하는 것이 적절한지 미리 규칙을 세워놓는 것이 중요합니다.

박스지, 알루미늄 포일, 종이테이프, 검은 도화지(4절) 2장, 흰 종이, 가위, 풀, 양면테이프, 종이컵, 키친타월 심, 목공풀

해적 칼

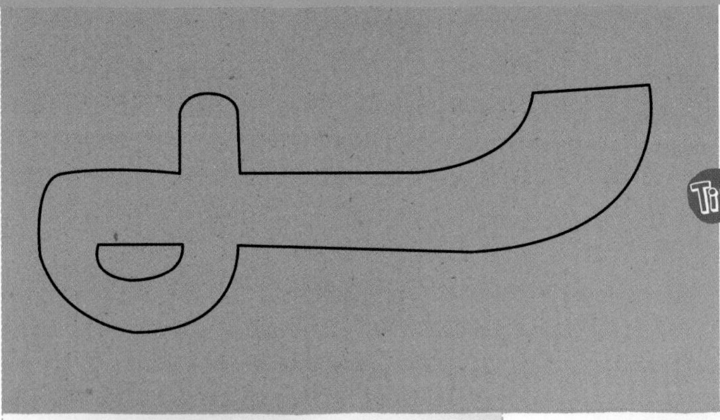

박스지에 해적 칼 모양을 그려서 오려요.

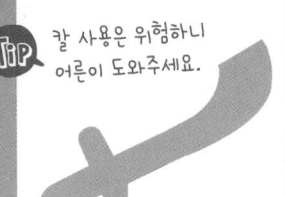

Tip 칼 사용은 위험하니 어른이 도와주세요.

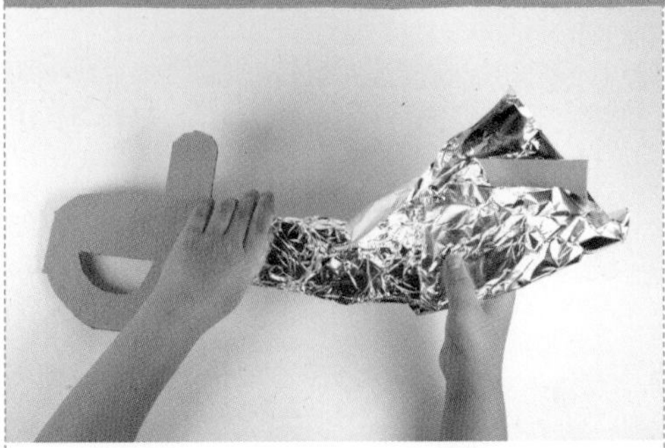

칼날 부분을 알루미늄 포일로 감싸요.

손잡이 부분은 종이테이프로 감싸서 장식해요.

해적 모자

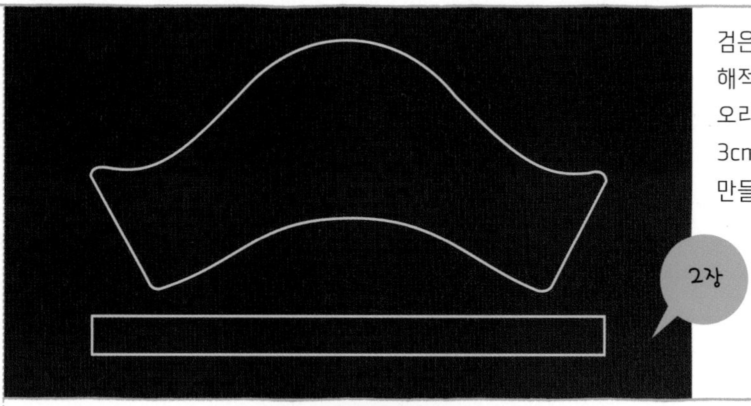

검은 도화지 두 장에 각각 해적 모자 모양을 그려서 오리고, 아래쪽에 높이 3cm 정도의 긴 띠도 만들어요.

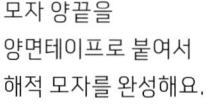

흰 종이로 해적의 해골 표식 등을 만들어서 해적 모자를 장식해요.

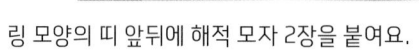

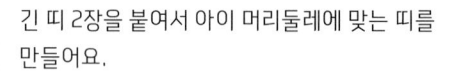

긴 띠 2장을 붙여서 아이 머리둘레에 맞는 띠를 만들어요.

링 모양의 띠 앞뒤에 해적 모자 2장을 붙여요.

모자 양끝을 양면테이프로 붙여서 해적 모자를 완성해요.

갈고리 손

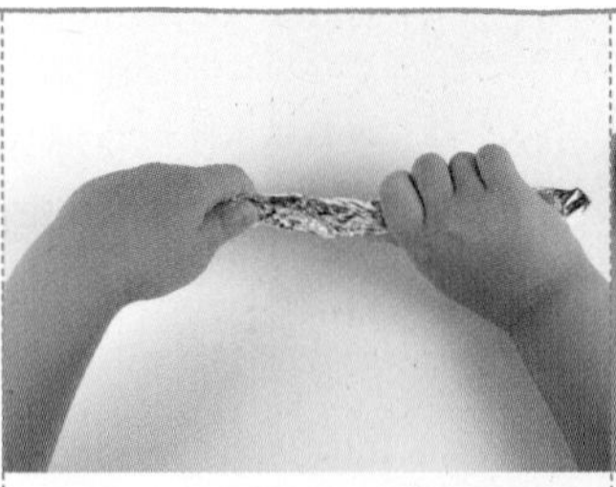

알루미늄 포일을 A4 정도 길이로 자른 다음 단단하게 말아요.

종이컵 아래에 십자(+)로 칼집을 내요. 칼 사용은 부모님이 도와주세요.

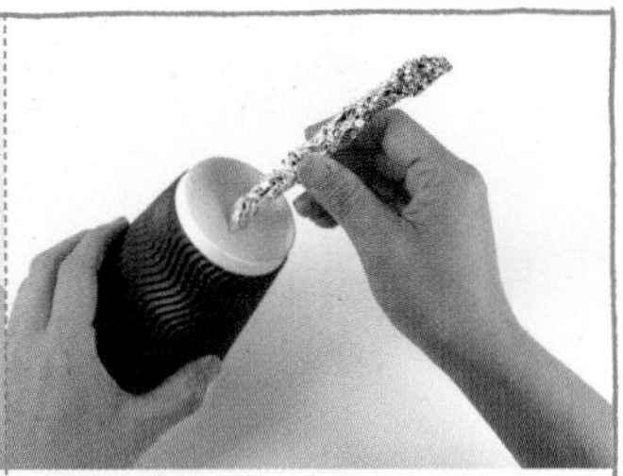

종이컵 칼집에 포일 막대를 끼워요.

종이컵 안쪽으로 2cm 정도 넣고 테이프로 붙여서 고정해요.

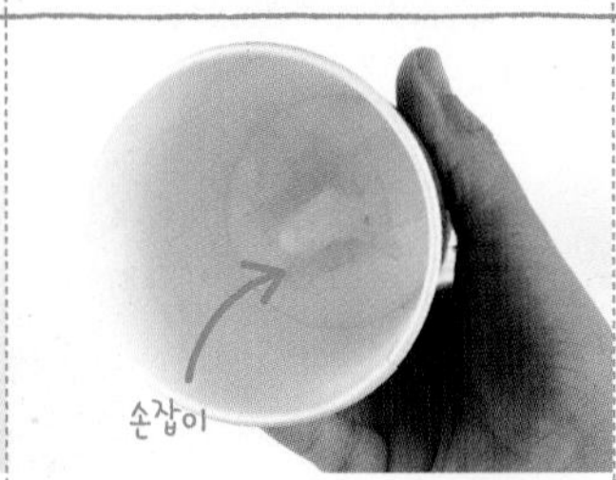

컵 안쪽의 포일 막대가 손잡이 역할을 할 거예요.

컵 바깥쪽으로 나온 포일 막대를 갈고리 모양으로 휘어지게 만들어요.

망원경

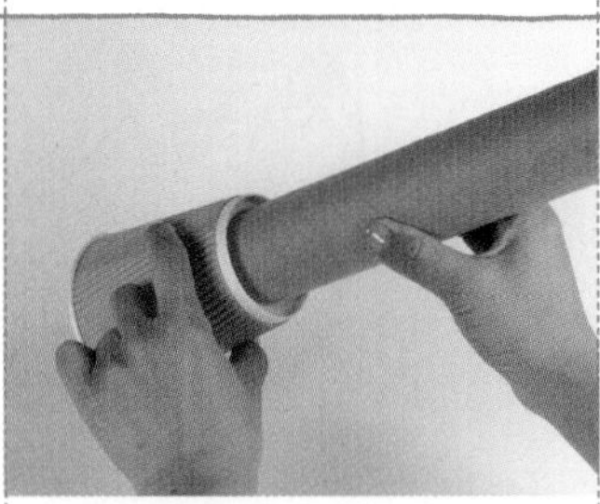

종이컵 밑면에 키친타월 심 크기의 동그라미를 뚫어요.

키친타월 심 한쪽에 가위집을 넣어서 접고, 목공풀을 발라요.

종이컵에 끼워서 가위집 낸 곳을 바닥에 단단히 붙여요.

망원경 완성!

신나게 놀아요

해적과 관련된 동화를 읽고 역할 놀이를 하면 더 재미있어요!

보물을 찾으러 떠나볼까?

찾았다! 보물!

TIP 금박, 은박으로 싸인 코인 초콜릿을 금화와 은화로 주면 해적 놀이가 실감 나요.

역할 놀이

요정 놀이

아동심리전문가의 조언

여자아이들에게 요정과 공주는 자신의 소망을 투사해볼 수 있는 특별한 캐릭터입니다. 요정이라는 특별한 존재가 되어 마음의 숨은 소망을 이야기하거나 무엇이든 해결하는 능력을 발휘하면서 주도적인 마음을 드러낼 수 있습니다. 여럿이 함께 요정 놀이를 할 때는 서로 더 특별해지고 싶은 마음으로 인해 갈등이 생길 수 있습니다. 따라서 요정 놀이를 할 때는 자신을 치장하고 예쁘게 할 수 있는 아이템들을 같게 주거나, 반대로 아이들 각자의 요구에 맞게 개별적으로 만들어 노는 것이 좋습니다.

글리터 시트지(반짝이 색종이), 리본, 나무젓가락, 망사 천, 넓은 고무밴드, 세탁소 옷걸이 2개, 색깔 스타킹

요술봉

글리터 시트지나 반짝이 색종이로 별 모양을 2개 오려서 만들어요.

나무젓가락에 리본이나 망사 천 등의 장식을 묶은 다음, 별 뒷면에 놓아요.

그 위에 다시 별 시트지를 붙여요.

TIP 다른 색 시트지를 이용하면 앞뒤가 다른 반짝이 요술봉이 돼요.

요정 치마

TIP 망사 천 조각이 많을수록 치마가 풍성해져요.

망사 천을 치마 길이의 2배가 되도록 길게 여러 장 잘라요.

아이의 허리둘레에 맞게 고무밴드를 잘라 바느질해서 링 모양으로 만들어요.

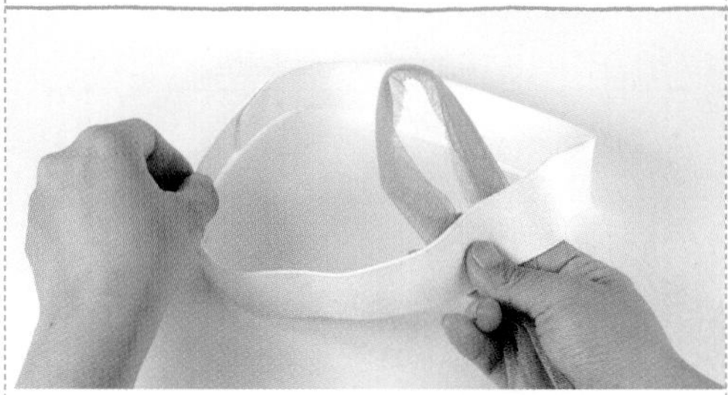

망사 천 조각을 반으로 접어 고무밴드에 묶어요.

묶은 매듭이 안으로 들어가 보이지 않도록 잘 매만져요.

잘라둔 망사 천을 모두 고무 밴드에 묶어요.

TIP 매듭이 모두 치마 안쪽으로 가야 깔끔하고 예뻐요.

치마허리 안쪽 모습

나풀나풀 요정 치마 완성!

요정 날개

세탁소 옷걸이 두 개를 구부려서 날개 모양으로 만들어요.

망사 천과 어울리는 색깔 스타킹을 옷걸이에 씌워요.

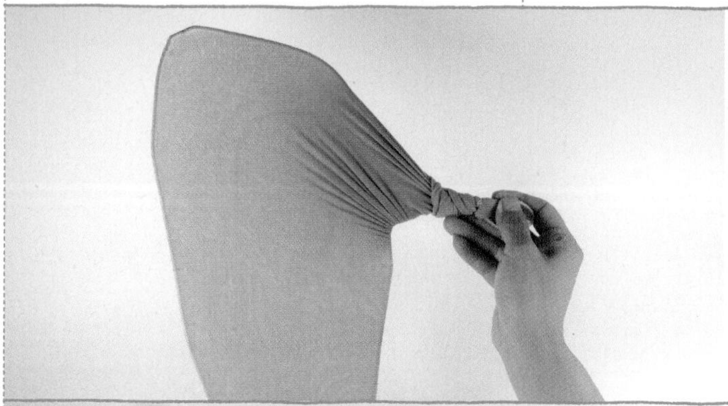

옷걸이 몸통부터 걸이 부분까지 모두 감싸요.

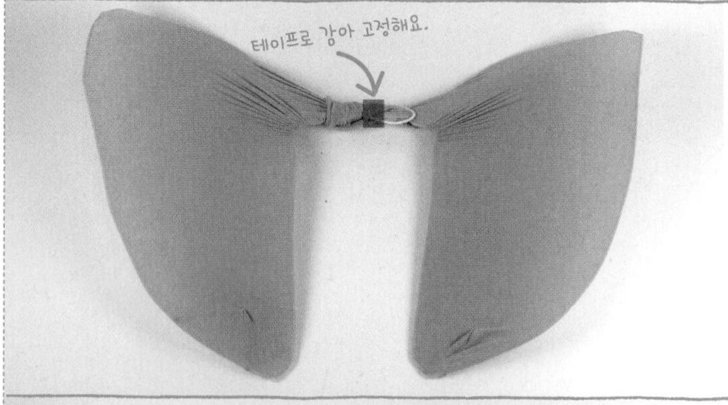
테이프로 감아 고정해요.

2개를 똑같이 만들어서 나란히 놓고 가운데를 테이프로 감아 고정해요.

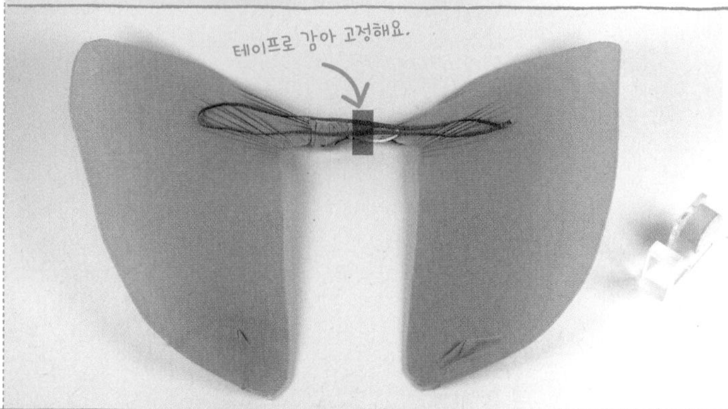
테이프로 감아 고정해요.

어깨에 걸 수 있도록 고무줄을 긴 링 모양으로 만들어서 가운데에 놓고 테이프로 감아 고정해요.

신나게 놀아요

요정 날개를 달고 요정 치마를 입고 요술봉을 들고 숲을 지키는 요정이 되어보자!

TIP 수리수리 마수리, 사라져라 뿅, 아브라카다브라처럼 요술봉을 흔들 때 외칠 주문을 하나씩 정해두고 놀면 더 재미있어요.

나는 바람의 요정!
나는 꽃의 요정!
나는 동물의 요정!

역할 놀이

인형극 무대 만들기

관중 앞에 서는 가상 놀이는 발표 불안이나 사회 불안이 있는 아이들에게 불안이라는 장벽을 넘어 자신을 표현해보는 도전의 장이 됩니다. 동화책 등 정해진 대본이 있으면 어떻게 이야기해야 할지 모르는 막막함에서 벗어나 당당하게 말하는 데 도움이 됩니다.

1

상자의 한 면은 모두 잘라내고 다른 면은 안쪽에 사방 2cm를 남기고 뚫어요. 그런 다음 검은색 종이테이프를 둘러요.

2

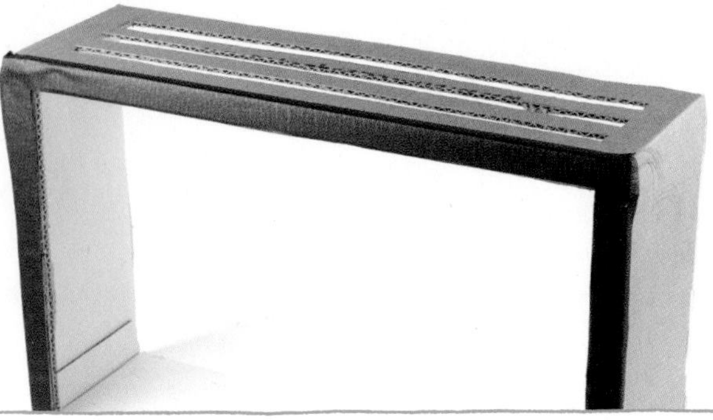

상자 윗면에 인형을 넣고 움직일 수 있는 구멍을 길게 여러 개 뚫어요. 그래야 인형이 입체감 있게 움직여요.

3

무대 위 장식을 만들어 붙이고, 남은 상자 종이와 종이테이프로 테두리를 둘러 꾸며요.

4

TIP 인형의 위쪽을 잡고 움직이니 방향을 확인하고 붙이세요.

이 책의 뒤에 있는 종이 인형들을 오린 다음, 뒤쪽에 두꺼운 도화지나 나무젓가락을 붙여요.

5

이제 뒤에 실은 인형극 대본을 참고해서
재미있는 인형극을 공연해보세요.

역할 놀이

커다란 순무

아동심리전문가의 조언

누군가에게 도와달라고 요구하는 것을 어려워하는 아이에게 도움을 요청하는 방법을 가르쳐줄 수 있는 유쾌한 이야기입니다. 도와달라고 부탁하는 것은 서로가 힘을 합칠 수 있는 즐거운 경험을 만드는 계기가 된다는 것을 놀이로 배울 수 있습니다. 다 함께 순무를 뽑은 뒤에는 고맙다는 표현을 배우는 확장 활동으로 연결하는 것도 좋습니다. 순무를 뽑는 것을 도와준 친구들에게 순무 요리를 해주며, 고맙다는 표현을 하는 것도 사회성을 기르는 좋은 활동입니다.

인형극 무대, 《커다란 순무》 종이 인형들

(무대 한쪽에 순무를 세워놓는다.
할아버지가 등장해 순무 쪽으로 다가간다)

할아버지 순무가 이렇게 크게 자랐네! 뽑아야겠구나.
(순무를 당기며) 영차, 영차! 왜 이리 안 뽑혀.
안 되겠다. 할멈, 할멈!

할머니 (등장) 왜 불러요?
할아버지 이리 와서 좀 당겨 봐, 순무가 안 뽑혀.
할아버지+할머니 영차, 영차!
할머니 얘, 지유야, 이리 좀 오너라.

지유 (등장) 왜요, 할머니?
할머니 이리 와서 순무 좀 당겨보자. 순무가 안 뽑히는구나.
할아버지+할머니+지유 영차, 영차, 영차!
지유 멍멍아, 이리 좀 와 봐!

멍멍이 (등장) 멍멍?
지유 이리 와서 좀 잡아봐, 순무가 안 뽑혀.
할아버지+할머니+지유 영차, 영차! 영차, 영차!
멍멍이 멍멍, 멍멍! 멍, 멍!
지유 야옹아, 너도 이리 와서 같이 하자.

야옹이 (등장) 야~옹?
할아버지+할머니+지유 영차, 영차! 영차, 영차! 여~엉 차!
멍멍이 멍멍, 멍멍! 멍멍, 멍멍! 머~엉 멍!
야옹이 야옹, 야옹! 야옹, 야옹! 야아아~옹!
지유 찍찍아, 너도 와서 도와줘!

찍찍이 (등장) 찍찍찍!
할아버지+할머니+지유 영차, 영차! 영차, 영차! 여~엉 차!
멍멍이 멍멍, 멍멍! 멍멍, 멍멍! 머~엉 멍!
야옹이 야옹, 야옹! 야옹, 야옹! 야아아~옹!
찍찍이 찍찍, 찍찍! 찍찍, 찍찍! 찍찌이이~익!

(순무가 쑥 뽑힌다)

할아버지 아이고, 이제 겨우 뽑았네.
할머니 모두 도왔으니 오늘 저녁은 다 함께 순무 파티다!
모두 함께 우아~, 신난다!

역할 놀이

돌멩이 수프

아동심리전문가의 조언

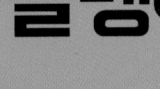

내가 원하는 것이 없을 때 낙심하기보다는 긍정적으로 상황을 받아들이도록 도와주는 이야기입니다. 그리고 원하는 것을 구체적으로 요청하는 방법을 배울 수 있는 놀이이기도 합니다. 요청해보는 놀이를 할 때 어떤 아이들은 종종 "뭐 가져와." 하며 명령을 하기도 합니다. 이렇게 명령을 하게 되면 놀이의 의도가 달라지므로 " ~ 가져다줄래?", " ~ 필요한데 줄 수 있니?", " ~가 있으면 줘." 등 구체적으로 요청하는 말을 가르쳐주는 것이 좋습니다.

인형극 무대, 《돌멩이 수프》 종이 인형들

(가운데 나그네 여우가 있고, 주변에 다른 동물들도 나와 있다)

여우 아이고, 배고파. 저 먹을 것 좀 나눠 주세요.
토끼 (멀어지며) 어머, 우리 집엔 먹을 게 없어요, 없어.
돼지 (휙 뒤 돌며) 먹을 거? 나 먹을 것도 없어요, 없어!
곰 (몸을 흔들며) 우리도 배고파요. 없어요, 없어!

여우 (한숨 쉬며 작은 소리로) 이 마을은 인심이 별로 안 좋구나. 어, 여기 큰 돌멩이가 있네? 아하, 좋은 생각이 났어!

(무대 가운데 큰 솥을 세워 놓는다)

여우 (큰 소리로) 여기 먹음직한 돌멩이가 있네?
그럼 내가 제일 잘 만드는 돌멩이 수프를 만들어볼까?
먼저 솥에 돌멩이를 넣고 물을 좀 부어 끓이자.

토끼+돼지+곰 (가까이 오며) 뭐? 돌멩이로 수프를 끓인다고?
토끼 돌멩이로 수프를 끓인다는 게 정말이에요?
여우 그럼요. 정말 맛있는 수프예요.
곰 에이, 거짓말 같은데.
여우 아니에요. 벌써 좋은 냄새가 나잖아요?
돼지 킁킁, 그런 것 같기도 하고….

여우 아, 여기에 당근을 조금 넣으면 더 맛있을 텐데.
토끼 (나갔다가 들어오며) 여기 당근 있어요.

여우 감자도 조금 넣으면 더 더 맛있을 텐데.
돼지 (나갔다가 들어오며) 여기 감자도 있어요.

여우 이제 양배추만 넣으면 정말 맛있을 텐데.
곰 (나갔다가 들어오며) 저한테 양배추가 조금 있어요.

여우 감사합니다. 다 넣고 끓어봅시다.
모두 흐음, 정말 맛있는 냄새가 나네~.
정말 신기하네, 돌멩이만으로도 이렇게 맛난 수프가 되다니!

역할 놀이

브레멘 음악대

아동심리전문가의 조언

브레멘 음악대는 '속상해, 너무해'라는 마음속 감정을 친구들과 얘기하고 즐거운 음악 놀이로 해소하는 정화의 효과를 가진 이야기입니다. 놀이는 아이들의 마음을 편안하게 이완해주는 효과가 있습니다. 특히 인형극 놀이는 이야기 속 친구를 통해 내 마음을 표현하기 때문에 안전감을 느끼고 속상했던 마음을 얘기하기가 쉬워집니다. 아이가 자신의 감정을 표현하길 어려워한다면 미리 감정 단어 카드를 준비해두었다가 인형극 놀이를 할 때 감정 카드로 감정을 표현하는 놀이를 하는 것도 좋습니다.

인형극 무대, 《브레멘 음악대》 종이 인형들

(동물들이 슬프게 울며 한 마리씩 등장한다)

당나귀 히잉히잉, 주인님은 너무해. 늙었다고 나를 내쫓았어.
개 멍머엉, 나도 도둑을 잘 못 잡는다고 쫓겨났어.
고양이 야아옹 야아옹, 이제 쥐를 못 잡는다고 쫓겨났어.
닭 꼬꼬댁 꼬꼬, 주인이 나를 잡아먹는다고 해서 도망쳤어.

당나귀 너희들도 나랑 같구나. 우리 함께 여행을 떠나자. 우리 음악대를 만들어서 노래하고 곡을 연주하면 어떨까?
모두 좋아, 좋아.

(무대 한쪽에 집을 세워 놓는다. 집 창문으로 도둑들의 그림자가 보인다)

개 벌써 해가 졌네. 오늘 밤은 어디서 보내지?
고양이 저기 집이 보인다. 가보자!

도둑들 이제 우린 부자다! 신난다~!

닭 도둑들 집인가 봐?
당나귀 집도 있고, 먹을 것도 있네. 부럽다.
고양이 좋은 생각이 있어. 이리 모여봐.

(동물들 의논하는 모습으로 모여 있다가, 겹쳐 서서 집으로 가까이 다가가 큰 소리를 내며 몸을 흔든다)

모두 (큰 소리로 동시에) 꼬끼오! 멍멍멍멍! 히이잉히이잉! 냐아아아옹!
도둑들 (깜짝 놀란 목소리로) 이게 무슨 소리야? 창밖에 뭐가 있어! 유령이 나타났나 봐! 도망가자!

(도둑들, 무대 밖으로 사라진다)

모두 와! 우리가 도둑들을 쫓아냈어!
여기 음식이랑 보물이 하나 가득이야.
여기서 우리끼리 함께 행복하게 잘 살자.

인형극 종이 인형

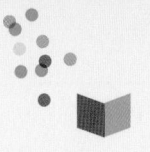

《커다란 순무》, 《돌멩이 수프》, 《브레멘 음악대》에 등장하는 캐릭터 종이 인형이에요.
선대로 오린 다음 뒤쪽에 두꺼운 도화지나 나무젓가락으로 손잡이를 붙여 인형극 놀이를 해보세요.

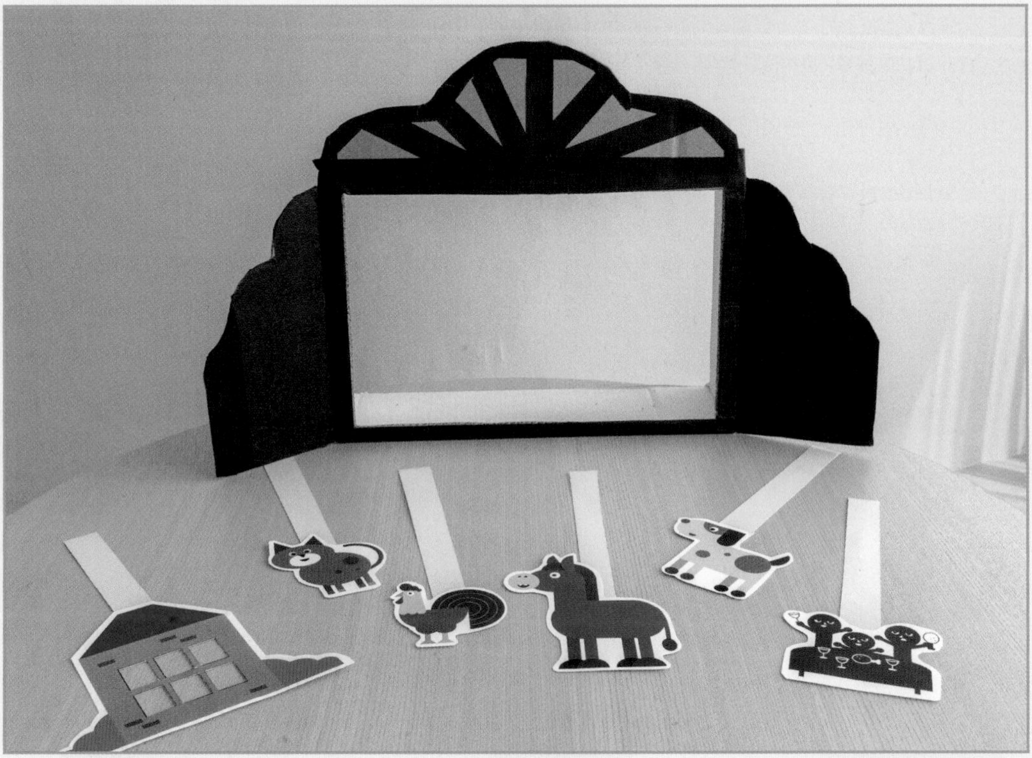

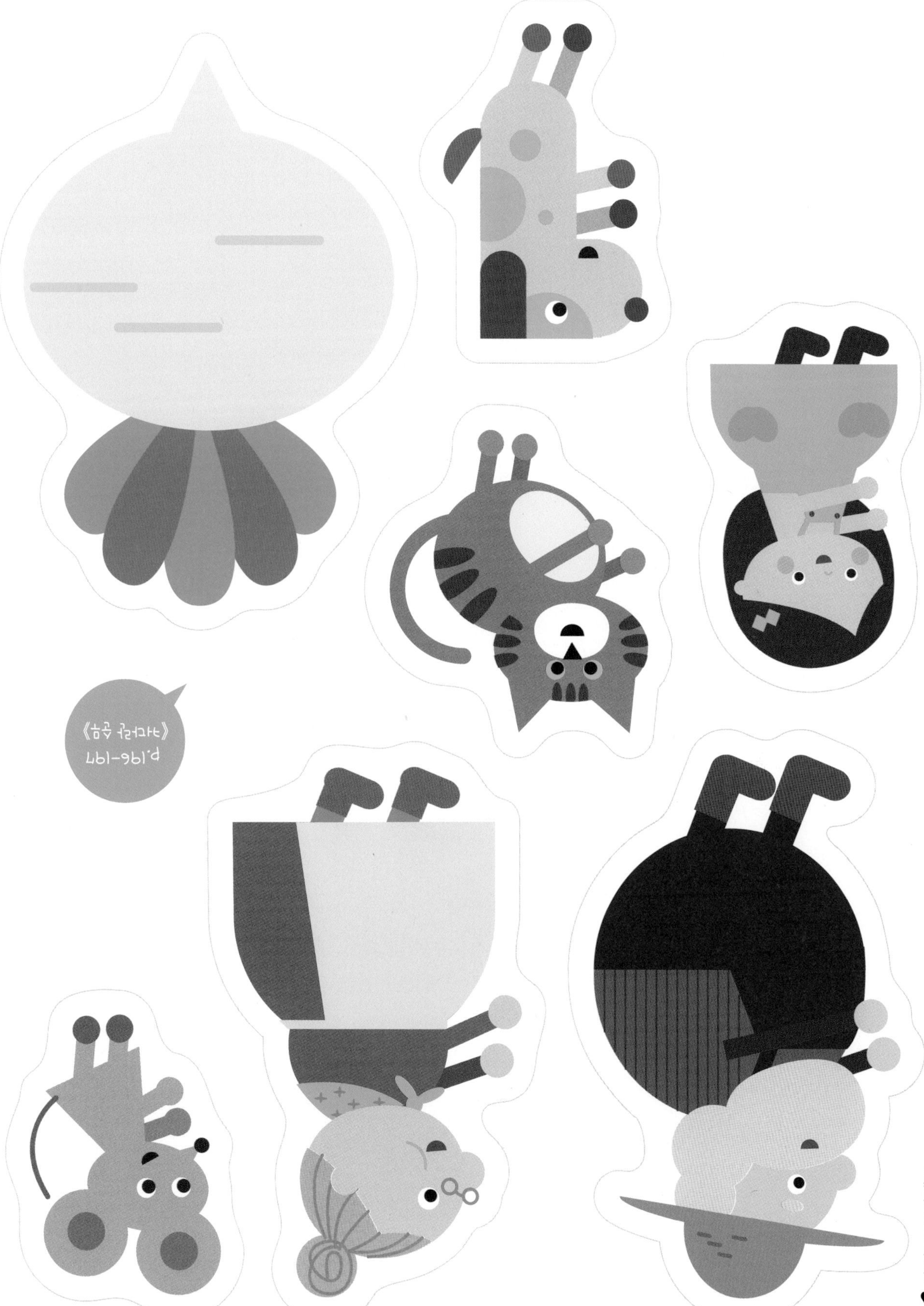

✂ 가위로 오리세요.

가위로 오리세요.

p.198-199
《돌멩이 스프》

가위로 오리세요.

p.200-201
《브레멘 음악대》

창문을 뚫어야
도둑 인형이
창문 너머로
보여요.

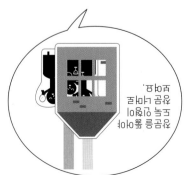